教师教学行为与学生学习行为转变研究

以新课程初中数学课堂为例

王道勇◎著

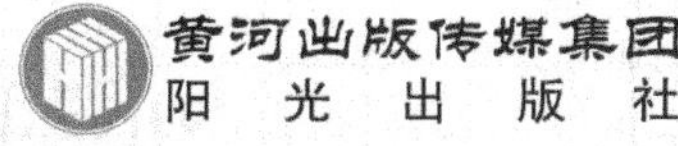

图书在版编目（CIP）数据

教师教学行为与学生学习行为转变研究：以新课程初中数学课堂为例 / 王道勇著. -- 银川：阳光出版社，2023.12
ISBN 978-7-5525-7142-4

Ⅰ. ①教… Ⅱ. ①王… Ⅲ. ①中学数学课 - 课堂教学 - 教学研究 Ⅳ. ①G633.602

中国国家版本馆CIP数据核字(2023)第242051号

JIAOSHI JIAOXUE XINGWEI YU XUESHENG XUEXI XINGWEI ZHUANBIAN YANJIU: YI XINKECHENG CHUZHONG SHUXUE KETANG WEILI
教师教学行为与学生学习行为转变研究：以新课程初中数学课堂为例　王道勇　著

责任编辑　朱双云
封面设计　候　泰
责任印制　岳建宁
策　　划　东方巨名
统　　筹　赛　娜

黄河出版传媒集团
阳光出版社　出版发行

出 版 人　薛文斌
地　　址　宁夏银川市北京东路139号出版大厦（750001）
网　　址　http://www.ygchbs.com
网上书店　http://shop129132959.taobao.com
电子信箱　yangguangchubanshe@163.com
邮购电话　0951-5047283
经　　销　全国新华书店
印刷装订　运河（唐山）印务有限公司
印刷委托书号　（宁）0027784

开　　本　710 mm × 1000 mm　1/16
印　　张　19
字　　数　220千字
版　　次　2023年12月第1版
印　　次　2023年12月第1次印刷
书　　号　ISBN 978-7-5525-7142-4
定　　价　68.00元

目　录

CONTENTS

第一辑　课题研究综述

第一章　导论

第二章　初中数学课堂教学行为与学习行为现状调查

第三章 “初中数学课堂各年级各课型教学新模式”探索

第四章 “初中数学课堂各年级各课型教学新模式”构建

第五章 初中数学课堂教学行为和学习行为的转变

第二辑 研究成果集锦

第一章 教师教学行为类

第一辑　课题研究综述

第一章　导论

第一节　研究问题的提出

一、课题研究的背景

数学是承载着思想和文化，是人类文明的重要组成部分。学生的数学学习内容应当是现实的、有意义的、富有挑战性的，这些内容要有利于学生主动进行观察、猜想、实验、计算、推理、验证、数据分析、直观想象和交流等数学活动。

伴随着新一轮“基础教育”的改革，《义务教育数学课程标准》（2022年版）应运而生。其基本理念是“义务教育数学课程应使学生通过数学的学习，形成和发展面向未来社会和个人发展所需要的核心素养，课程目标以学生发展为本，以核心素养为导向，进一步强调使学生获得数学基础知识、基本技能、基本思想和基本活动经验（简称“四基”）的获得与发展，发展运用数学知识与方法发现、提出、分析和解决问题的能力

（简称“四能”），形成正确的情感、态度和价值观。”[①]

当前我国数学课堂教学以解题教学为主。也就是说，大多数数学课堂教学基本上仍停留在“以‘解题’为中心组织教学，即教师大体按‘概念（定义）或定理（公式）、例题、应用（解题）’ 的形式进行”[②]教学，学生以“解题”进行练习和作业，考试以“解题”进行学习效果的检测，以“解题”的能力评价学生的数学能力。这无形中忽略了数学学习或教育的根本目的，让人对学习或教授数学的实践作用产生了怀疑，从而从根本上否定了数学的科学价值和人文价值。

二、课题研究的意义

数学不仅是一门逻辑演绎的科学，而且是宏观上的策略创造与微观上的逻辑演绎的结合。它需要观察、实验、发现、猜测和归纳、验证，从实际问题中提炼出数学要素，通过数学建模去解决，培养学生分析问题和解决问题的能力，体会数学在实践中的应用。这就要求教师的教育教学行为和学生的学习行为必须从“填鸭式”教学、“被动接受”的角色中转变过来。

教师在数学课堂教学活动中，如何为学生创设问题情境？如何组织

---

① 中华人民共和国教育部．义务教育数学课程标准[S]. 北京：北京师范大学出版社，2022.04:2.

② 王琰．小学四年级数学教师课堂提问有效性调查研究[D]. 石家庄：河北师范大学，2013.

学生去独立尝试？如何组织学生以何种方式进行广泛而有效的合作交流？又在哪些方面进行归纳、总结、反思？学生又如何在教师的组织和指导下成为数学知识的探究者——从多角度、多方向探索？在不断猜测、不断否定、不断总结探索的过程中去完成研究，从而丰富和提高学生的数学基础知识和基本技能，锻炼和培养数学思想、数学方法和数学思维品质，提升学生的情感态度和价值观，逐步完善用数学的思想、数学的方法、数学的思维去观察、认识世界，是本书要思考和解决的。

三、课题研究的具体问题

1. 新课程初中数学课堂中各年级各课型教学新模式。

2. 新课程初中数学课堂教师教学行为中，从强调“学生解题结果”向强调“学生过程参与”转变的具体措施；从“教师权威”向“师生民主平等”转变、教师从“台上”走向“台下”转变的具体措施；从“知识的传授者”向“教学的研究者”的转变、“教研会”向“科研会”转变的具体措施。

3. 新课程初中数学课堂中学生学习行为中，从重“结论”向重“过程”转变的具体措施；由单一的学习方式向多样化的学习方式转变的具体措施；从“不会用数学”到“能用数学”解决生活中实际问题转变的具体措施。

4. 新课程初中数学课堂中教师教学新行为方式与学生学习新行为方式相互影响的研究。

5. 学生学业水平差异性关注和情感差异性关注。

第二节　课题研究的主要成果与现状

一、国内研究的主要成果与现状

自20世纪80年代前后，我国不断地根据教育学、心理学、社会学、行为学和哲学等理论进行了至少七次重大教育教学整体改革，特别是《基础教育课程改革纲要》的制定，响亮地提出了“素质教育”这一革命性口号，并于20世纪末调整和改革基础教育的课程体系、结构、内容，2001年制定了《义务教育数学课程标准（实验稿）》，2011年形成了《义务教育数学课程标准（2011年版）》，2022年制定《义务教育数学课程标准（2022年版）》，使初中数学课堂中教育教学明确了方向，使学生学习更具有现实意义和终身学习意义。

二、市内研究的主要成果与现状

21世纪初，重庆市北碚区开展了全区域性的新课程初中数学课堂中教师教学行为模式和学生学习行为方式的有效探索和研究，已取得了预期效果。

数学教师如何在数学课堂教学活动中，组织学生通过对其所熟悉的大量材料，从多个方面探索，在不断猜测、不断否定、不断总结中去粗取精、去伪存真、整理分类，又通过实践的检验或理论的论证去索取数学基础知识和基本技能，体味和感悟数学思想和数学方法，从而明确学习数学的真正目的、学习数学对自身情感态度和价值观的作用是一线数学教师所应思考的。简单来说，就是把“刷题的数学”或者说是“应试的数学”转变为“教育的数学”，甚至于转变为“科学的数学”。对此，我们提出了“新课程初中数学课堂中教师教学行为与学生学习行为转变研究”。

三、本研究的意义

“新课程初中数学课堂中教师教学行为与学生学习行为转变”研究的意义在于：将以“解题”为中心的“应试数学教育”转变为以“组织”为中心的“数学活动教育”，即教师从“知识的传授者”转变为“教学的研究者”；将学生“被动接受知识”的学习方式转变为“主动体验数学知识的发生、形成、发展”的学习方式，即学生从“知识的接受者”转变为“知识的研究者”。丰富完善新的国家课程标准，使其更加具体化、操作性也更强，实现真正意义的“大众数学”。

第三节　课题研究的方法和技术方案

一、“新课程初中数学课堂中教师教学行为转变”的含义

“新课程初中数学课堂中教师教学行为转变”的含义是，教师创设情境，把教师的类比讲解转变为引导学生利用已有知识探究新问题；教师营造轻松的课堂氛围，学生独立尝试，自主探究，让学生充分发表自己的意见，把“灌输”式教学转变为引导学生“过程参与”。学生亲身实践，大胆猜想，大胆质疑，激烈辩论，将自己对数学的看法由应付考试转变为“指导自己的生活、美化自己的生活”。也就是说，教师利用学生所熟悉的现实事实或材料，根据本数学课堂的核心内容提出一系列的“问题串”，引导学生做一系列化操作，指导学生经历观察、思考并最终解决问题。在此活动过程中，学生对数学知识和技能、研究的过程和方法、情感态度和价值观产生根本性的转变。教师从“知识的传授者”向“教学的研究者”转变。

二、研究方法

鉴于本研究实践的特殊性，本书主要采用了观察研究法、文献研究

法、问卷调查法、经验总结法、个案研究法和行动研究法，其中以行动研究法与问卷调查法为主。

（一）观察研究法

观察研究法是指研究者根据一定的研究目的，制订相应的研究计划，通过感觉器官和辅助设备，对处于自然状态下的研究对象进行系统考察，从而获得第一手信息资料的一种科学研究方法。

本研究根据新课程初中数学课堂中教师教学行为与学生学习行为的有效互动来观察，获取新课程初中数学课堂中有效的教师教学行为与学生学习行为及其相互关系。

（二）文献研究法

文献研究法主要是指搜集、鉴别、整理文献，并通过对文献的研究，形成对事实科学认识的方法。

本研究需要研读的文献主要包括：国内外关于课堂教师教学行为和学生学习行为的研究专著、学术论文、会议报告等。获取文献资料的途径与方法主要有：图书、期刊和报纸，中国知网（也是主要途径与方法）等。

（三）问卷调查法

问卷调查法是指调查者运用统一设计的问卷向被调查者了解情况或者征询意见的方法。本研究主要采用问卷调查法。

本研究使用自编调查问卷《“数学课堂中教师教学行为”调查问卷》[①]和《“数学课堂中学生学习行为”调查问卷》[②]，根据实证调查的可行性和就近原则，从重庆市巴川中学某年级30个班中随机抽取了教学效果好的（每次月考在年级前十名）三个班，中间的（每次月考在年级中间十名）三个班，靠后的（每次月考在年级后十名）三个班，对9个班共465名学生进行了“数学课堂中学生学习行为”的调查。同时，对9位数学任课教师进行了“数学课堂中教师教学行为”的调查，并对问卷调查数据进行统计分析。

（四）经验总结法

经验总结法是指通过对实践活动中的具体情况，进行归纳与分析使之系统化、理论化，从而上升为经验的一种方法。

本研究中，在寻找到具有新课程元素的课型课例后，与执教教师就课堂中教师教学行为与学生相应的学习行为做一番总结、验证、提炼加工，找出其有效的、可重复的行为，并寻求二者是否有必然联系。

（五）个案研究法

个案研究法也称为案例研究法，是指对某一个体、某一群体或某一组织在较长一段时间里连续进行调查，从而研究其行为发展变化的全过程。

---

① 参见附录二《“数学课堂中教师教学行为”调查问卷》。

② 参见附录三《“数学课堂中学生学习行为”调查问卷》。

本研究中，采用对所寻找到的具有新课程元素的课型课例，对教师教学行为与学生学习行为进行观察、面谈、收集文件证据、描述统计，找出其中有效的、可能重复的行为。

（六）行动研究法

行动研究法是指从实际工作需要中寻找课题、在实际工作过程中进行研究，由实际工作者与研究者共同参与，使研究成果为实际工作者理解、掌握和应用，从而达到解决实际问题，改变社会行为目的的研究方法。

行动研究法是贯穿本研究全过程的研究方法。在本研究的全过程中，带着"新课程初中数学课堂中教师教学行为与学生学习行为的有效性和可重复性"，在自己的课堂教学实践中去获取"有效性和可重复性"，又把所获得的"可能是'有效性和可重复性的新课程初中数学课堂中教师教学行为与学生学习行为'"在自己的教学实践中去实验，经历两个轮次的循环，每次循环都经历计划、行动、观察和反省四个环节，[①]使模式内容更加形象化、具体化。

① 马利．培养小学生尊重同伴行为习惯的行动研究[D].成都：四川师范大学，2015.

（七）课题研究总技术方案

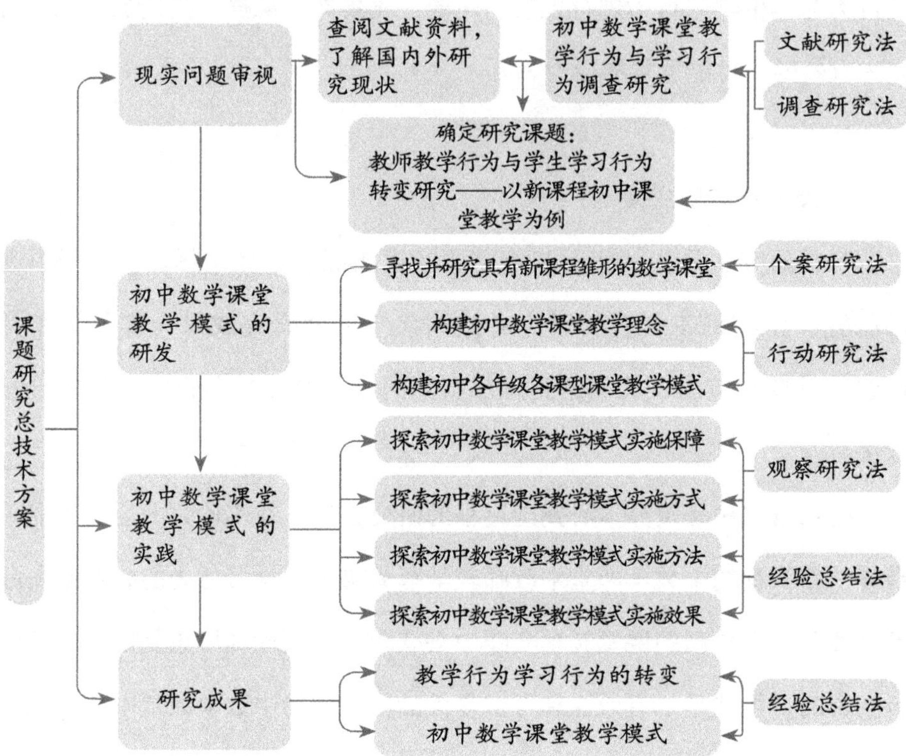
课题研究总技术方案
现实问题审视
查阅文献资料，了解国内外研究现状
初中数学课堂教学行为与学习行为调查研究
文献研究法
调查研究法
确定研究课题：
教师教学行为与学生学习行为转变研究——以新课程初中课堂教学为例
初中数学课堂教学模式的研发
寻找并研究具有新课程雏形的数学课堂
个案研究法
构建初中数学课堂教学理念
行动研究法
构建初中各年级各课型课堂教学模式
初中数学课堂教学模式的实践
探索初中数学课堂教学模式实施保障
观察研究法
探索初中数学课堂教学模式实施方式
探索初中数学课堂教学模式实施方法
经验总结法
探索初中数学课堂教学模式实施效果
研究成果
教学行为学习行为的转变
经验总结法
初中数学课堂教学模式

第二章　初中数学课堂教学行为与学习行为现状调查

第一节　数学课堂教师教学行为和学生学习行为调查①

历时四个多月，我们完成了“数学课堂中学生学习行为”调查问卷和“数学课堂中教师教学行为”调查问卷。之后，我们结合问卷分析了465名学生数学课堂学习行为和9位数学教师课堂教学行为的共同点和不同点。

表2-1　传统数学课堂师生行为对照

教师喜欢的方式		学生喜欢的方式	
上课开始时，要求学生注意力转向教师，你是：		上课开始后，注意力转向教师，你是：	
随学生	80.00%	自己认为应该	74.00%
对教学内容的处理是：		对教师在课堂上所教给的数学方法，你是：	
根据学生情况，做适当的增删和以问题串的形式层层递进	91.67%	对教师所讲的方法有选择地去掌握	68%

① 参见附录一《“数学课堂中教师教学行为与学生学习行为”调查报告》。

续表

教师喜欢的方式		学生喜欢的方式	
当学生提出的问题不够准确，或者学生回答你的提问而不够准确时，你的态度是：		课堂中，对同一个问题，他人有不同的观点，你是：	
觉得学生理解得还可以，和蔼作出肯定的评价	100%	用心倾听或用心倾听并发表自己的意见	87.42%
对学生的书面作业要求是：		对现在数学课中的作业量，你认为：	
分层要求	100%	作业设置合理，做得轻松且有趣，因为它贴近自己的生活	63.64%
上课前预习，你对学生的要求是：		上课前的预习情况：	
不要求预习	10%	从不预习和不必预习	55.49%
课堂中时，你的常用授课方式是：		上课时，你认为应该：	
教师讲和学生练习有机结合	60%	以教师提出问题，学生解决问题为主和以教师提出一个接一个的问题，以师生协作解决问题为主	76.36%
课后对学生的要求是		对教材，你认为	
应用于自己的生活实际	10%	联系生活实际来理解和掌握	51.39%
对学生在课堂上的发言在形式上的要求是：		你在课堂上的发言是：	
举手，教师同意后发言	0%	经常举手发言	7.6%

从上表中可以得出以下这些结论：

1. 教师尊重了学生这个学习主体。80%的教师在组织数学课堂教学前，做到了根据学生实际要求，让学生将注意力转向数学课堂及数学教师；91.67%的教师在数学课堂教学中对教学内容的处理，根据学生情况做到了适当的增删和以问题串的形式层层递进；100%的教师，在学生提出的问题不够准确或者学生回答教师的提问而不够准确时，教师的态度仍是觉得学生理解得还可以并仍作出肯定的评价；100%的教师，从学生现有数学学业实际出发，对学生的书面作业进行分层要求；100%的教师，对学生在课堂上的发言在形式上的要求是“学生随时都可以发表自己的意见”。这一方面符合“义务教育阶段的数学课程，基本出发点是促进学生全面、持续、和谐地发展。它不仅要考虑数学自身的特点，更应遵循学生学习数学的心理规律，强调从学生已有的生活经验出发，让学生亲身经历将实际问题抽象成数学模型并进行解释与应用的过程，进而使学生获得对数学理解的同时，在思维能力、情感态度与价值观等多方面得到进步和发展”，[①] 另一方面也符合“马斯洛需要层次论”等社会学、心理学原理。

2. 学生尊重了教师这个学习主导者。苏联心理学家列昂捷夫认为，个体在活动中“数学为人们提供了一种描述与交流现实世界的表达方式。通过数学的语言，可以简约、精确地描述自然现象、科学情境和日常生活中的数量关系与空间形式，能够在现实生活与其他学科中构建普适的数学模型，表达和解决问题；能够理解数据的意义与价值，会用数据的分析结果解释和预测不确定现象，形成合理的判断或决策;形成数学的表达与交流能力，发展应用意识与实践能力。”[②]74%的学生认为上课开始后注意力应该主动转向数学教师与数学课堂；87.42%的学生在课堂中，对同一个问题或他人有不同观点，还是用心倾听或用心倾听后发表自己的意见。这为“学习者是从不同背景和不同角度出发，在他人或教师的帮助、指导下，通过独特的信息加工活动，构建自己的意义的过程”[③]奠定了环境与情感基础。

---

① 中华人民共和国教育部．全日制义务教育数学课程标准（实验稿）[M]. 北京：北京师范大学出版社，2001.

② ［苏联］阿·尼·列昂捷夫．活动·意识·个性 [M]. 李沂等，译．上海：上海译文出版社，1980:4.

③ 朱莉．苏教版高中语文《唐诗宋词选读》教学研究 [D]. 扬州：扬州大学，2013.

3. 师生在授课方式与听课方式上存在较大差异。在数学教师内部，只有60%的教师经常采用“教师讲和学生练习有机结合”的授课方式，说明“满堂灌”的现象还较为严重；在学生中，76.36%的学生在课堂中认为，应该以教师提出问题、学生解决问题为主或以教师提出一个接一个的问题，以师生协作解决问题为主，这说明学生被动学习现象较为严重；只有68%的学生，对教师在课堂上所教的数学方法，是有选择地去掌握，说明学生“生搬硬套、死记硬背”的现象也比较严重。

4. 教师对学生主动学习的指导乏力。美国著名行为学家汉森提出：“人的行为习惯决定着人的成功与否和发展方向，优良的行为习惯成就成功之路，不良行为习惯使人沦落甚至成为人类的罪人。”[①]其核心是：行为习惯就是方法。在调查中，虽然90%的数学教师对学生进行了“课前预习”的要求，但是，还有55.49%（已超过半数）的学生上课前的预习情况是“从不预习和不必预习”；虽然100%的教师，对学生在课堂上发言在形式上的要求是“学生随时都可以发表自己的意见”，但是，只有7.6%的学生在课堂上经常举手发言。

5. “三会”数学核心素养在师生心中的地位悬殊。苏联教育学家L.N.休金娜强调：认识兴趣不是人内在固有的属性，也不是与生俱来的品质。认识兴趣是人发展的结果，它还伴随着人的发展并促进着人的发展。认识兴趣具有极大的价值，它能促使学生思维过程积极化，表现在积极探索、大胆猜测、深入研究、刻苦钻研等问题实质的倾向上。它还能使学生

---

① 乐国安．从行为研究到社会改造——斯金纳的新行为主义 [M]. 武汉：湖北教育出版社，1999.

思维活跃，灵活运用知识，迅速地调动已获得的知识和技能，去解决各种问题。认识兴趣在情绪方面表现为“惊奇”，与之相联系的是由某种新的东西意外地激发的想象以及对新的东西的期待。问题的解决、新知识的发现还能使学生产生成功感，增强自信心。具有认知兴趣的学生通常注意力比较集中，不受外来刺激的干扰，遇到困难不气馁、有较强的自制力和坚忍的毅力。他们不受课堂教学内容的限制，广泛地利用各种知识渠道，去获取超出教学大纲范围的广泛知识。显然，认识兴趣丰富的外在表现证明，其心理结构是以人的智力、情绪、意志过程的统一整体为基础的特殊的“合金”，其核心是思维过程。在调查中，虽然只有10%的数学教师对学生进行了把数学“‘四基’‘四能’应用于自己的生活实际”的要求，但是，有51.39%学生主动联系生活实际来理解和掌握教材；更有63.64%的学生认为“数学课堂作业设置合理，做得轻松和很有趣，因为它贴近自己的生活”。

综上所述，在传统初中数学课堂中，教师的“学生主体观念”和“教师主导观念”，以及学生的尊重教师和友爱同学等优良行为习惯，是符合新时代教育教学规律的，是值得提倡与发扬光大的。但是，在传统初中数学课堂中，教师的教学行为对学生的数学核心素养的提升和终身学习的正面影响力还不富有远见、还不够得力，学生的学习行为的主动性、创新性和终身性还没有得到更广泛的关注。

第二节　数学课堂教师教学行为和学生学习行为反思

传统的数学课堂教学是教师预先生成的，它注重教师单方面的表演式的模式化教学，教师传授知识注重认知结果的达成；学生主要是在“听中学”和“看中学”，即学生听教师讲解，学生看教师提供的教具、图片或视频，在听或看的过程中思考记忆，学生学习是被动的、接受式、封闭的学习方式。因而传统的数学课堂教学实质是教师组织下的以“解题”为中心的教学，学生成了知识填鸭的对象，是形式上的主体。在新课程改革不断深入的背景下，我们反思传统的数学课堂中教师的教学行为和学生的学习行为，进而转变教师的课堂教学观念，实现以“组织”为中心的“数学活动教育”，形成学生“主动体验数学知识的发生、形成、发展”的学习方式。

一、传统数学课堂教师的教学设计理念反思

传统的数学课堂教学设计是以完成教学任务为前提，提高学生解题能力为目的设计的，整个课堂教学结构严谨，按“概念（定义）、定理（公式）→例题→应用（解题）”的形式进行，整个课堂教学围绕“解题”而进行，如教学反比例函数图象与性质。

教师首先复习一次函数的性质，接着便列举函数 $y=4x$，回顾它的图象、性质和画法；其次给出反比例函数，告诉学生反比例函数图象的画法和性质，教给学生像这样用光滑曲线连接而成的反比例函数图象叫双曲线；最后，用一个例题讲解，学生反复练习即可。至于什么叫光滑曲线，大部分学生都没弄清楚。按照这样的常规教学，学生只需要按部就班地接受、模仿，既保险，又顺利。

思考：函数为什么总是成为制约初中生数学学习的瓶颈呢？为什么教师们都知道函数学习是初中生数学学习的难点，却一直没有有效的解决办法呢？今天看来，没有有效的改进学生的数学学习方式是一个不可忽视的原因。如果直接给学生足够时间去探究，在体验中认识新知识、解决新问题，这样会有利于学生对数学知识的理解和运用。因而，数学教学活动“必须建立在学生的认知发展水平和已有的知识经验基础上”，即数学课程、数学教学活动要围绕学生的发展而展开。教学的完成，不应该只是教学计划的完成，更重要的是学生学习能力、研究能力的发展能够得以完成。也就是说，教学中，学生综合素质的发展应该放在首要位置，应积极向学生提供充分从事探究活动的机会，使学生在自主探究的过程中理解和掌握数学思想、方法，并获得广泛的数学活动经验。

二、传统数学课堂教学中师生交往的现状及反思

交往是一种交往双方互为主体、相互平等的主体之间关系，这就决定了交往是一种相互对话、相互沟通和相互理解的过程。在传统的数学课堂

教学中，由于不少教师没有真正理解“数学教学是师生之间、学生之间交往互动与共同发展的过程”中“交往”的主体间性的内涵，因而师生（实际上主要是学生）不能作为平等、自由、自主和全面发展的主体而存在于课堂中是比较普遍的现象，造成数学课堂教学中的交往成为某种程度上被异化、呈现出不真实的交往，这些不真实的交往主要表现为以下四方面。

（一）形式上的交往

数学课堂教学中形式上的交往较为普遍存在，这种交往徒具交往的形式，而无实质性的内容。其表现形式很多。如：在数学课堂教学中，教师问“3^2加4^2是不是等于5^2”，学生齐答“等于”；教师问“一百万是不是很大的数”，学生齐答“是很大的数”；教师问“通过这节课的学习，你们是不是感到数学是有用的，是有价值的”，学生齐答“是有用的，是有价值的”。又如：教师向学生提出某一个数学问题，某一学生站起来作出了正确的回答，其他学生明明已经知道是正确的，教师仍然要问“他的回答对不对啊”，学生齐答“对”，教师继续追问“他的回答好不好”，学生齐答“好”。诸如此类的形式上的交往在数学课堂教学提问中还可以举出许多。所以，教师必须建立一种能进一步启迪学生思考的交往方式。一些教育教学研究者发现，“在课堂教学中，教师的提问中有80%的问题只需要运用死记硬背的知识就能解决”。由此可见，课堂教学中形式上的交往已经是一个比较严重的问题了。

这种形式上的交往不仅存在于数学课堂教学师生的交往中，也存在于课堂教学学生间的交往中。有些教师为了表示课堂中有学生之间的交往互动与合作交流，为形式而安排讨论，而不是为了真正促进学生之间的相互交流与理解而安排讨论。比如：一个非常简单的数学问题，学生都能完全理解或解答，教师却要求4～6个学生组成一组进行5分钟的讨论，讨论后各组选代表发言，发言的结果也完全一样。由于一些教师对课堂教学中的师生交往、学生交往存在认识上的差距，所以在交往内容的安排、交往方法的运用以及交往时机的选择上都存在诸多问题，正是由于这些问题的存在，造成数学课堂教学师生交往中的诸多“空壳”现象出现。这种形式上的交往难以对学生的智慧活动构成挑战，难以形成学生良好的数学素养。教育的核心是人格心灵的唤醒，教育是人与人精神的契合，从这种意义上来讲，形式上的交往不具有教育性。

（二）造作式的交往

数学课堂教学中造作式的交往是一种人为包装的交往，在这种交往中增加了一份人为造作，少了一份真实自然。比如：有些数学课堂教学中，教师为了创设师生交往互动的氛围，不注意从学生数学认知的角度和数学知识教学的角度去思考交往问题，而是用与数学关联不大的文学艺术的方式、方法来造作课堂的交往。我们在一些学校七年级“有理数”的教学中看到，有的教师用对对联、对诗和学生一唱一和，来创设交往互动的氛围，称这是在文学艺术中感受数学。教师说“两个黄鹂鸣翠柳”，学生答“一行白鹭上青天”；教师说“窗含西岭千秋雪”，学生答“门泊东吴万里船”。场面非常热闹，却使人感到这不像是一堂数学课中的交往，倒像是一堂语文课中的交往。

这种交往，从其目的来看，是为了加强师生或学生之间的交往，表面上似乎也有利于交往的顺利进行。但这类交往带有明显的“造作”成分或“矫情”成分，这种“造作”或“矫情”使得这种交往偏离了数学学科教学的内容和主题，使交往的过程无法满足交往双方的期望与需求，无法实现教与学各自的利益与价值，因此失去了学科教学的互惠性，远离了学科教学的真实。

（三）垄断式的交往

数学课堂教学中的垄断式交往是指交往为少数人所独享，教师忽略了学生之间学习的差异性。比如：学生在教师心目中的“优、良、中、差”的身份或“好学生、中等生、差学生”的类别，以及他们在教室中的位置都成为交往的重要结果和标志。有的学生因自己的身份或类别只能坐在教室的角落里，他们偶尔一次的交往不仅得不到应有的表扬和尊重，甚至还会受到嘲笑或侮辱。对学生来说，没有了课堂教学中这些所谓的“交往”，其实是一种解脱。

数学课堂教学中交往的垄断性的一个重要的体现是在教学交往机会上。在数学教学的师生交往中，许多教师都会因对象的不同给予不同的交往机会。数学教师一般都愿意更多地同学习成绩好的学生或学生干部进行交流，很少或不愿意和成绩差、学习困难的学生进行交流。他们认为，如果过多地和学习困难的学生进行交流，会干扰自己的教学，会妨碍自己的教学进度和教学目标的实现。因此，我们可以在许多学校的数学课堂教学中看到，有的学生一堂课被提问到十几次，有的学生却始终无人问津，成为“被遗忘的角落”。

数学课堂教学中交往的垄断性还体现在交往的言语形式上。在课堂教学的交往过程中，学生中的优势群体（所谓“优生”群体）垄断了教师的积极方面的言语。教师期望通过交往得出公式、定理、正确计算、准确判断的言语均由这些优势群体垄断，而学生中的弱势群体（所谓“差生”群体）则垄断了教师的消极言语。教师所要求的错误回答或错误判断的言语往往由这些弱势群体给出，因而当这些学生站起来和教师进行交往时，往往是不寒而栗。另外，在数学课堂教学交往中的口头言语的互动过程中，对于成绩优秀的学生，教师往往“倾向于采取民主的、肯定的、充分考虑学生个性的言语表达，教师对学生回答问题的质量要求高，在言语互动期间进程中表现出极大的耐性”；而对于成绩不好的学生，教师往往“倾向于专制的、否定的和控制的言语表达，在言语互动的进程中，教师较少给予学生思考与表达的机会，提问的要求也很低。”

（四）独裁式的交往

数学课堂教学中的交往牵涉师生之间对数学的认识、社会的经历以及思维方法、情感、伦理及社会关系等诸多方面。在这些方面，受过高等教育的教师，其数学知识与社会经历都使其处于一种优势地位。在这种背景下，数学课堂的师生交往很容易由于教师自身的优势而改变为独裁式的交往，即教师是交往的主人和发起人，学生是从属者和执行者，教师在教学交往中间接地掌控着学生的思维，使学生完全按自己的思路进行交往。

在数学课堂教学的交往中，独裁式的交往主要体现在师生之间交往地位上的不平等，更多地表现为教师是数学教学的主人，而学生是数学学习的被动者和从属者。比如：在不少实施了新课程学校的数学课堂教学中，仍然存在一堂课基本由教师一讲到底的满堂灌，学生只是抄黑板，按教师的提问回答问题，按教师布置的习题练习，很少主动提问也不敢提问。在一堂数学课堂教学中，教学内容是“勾股定理”。教师一开始就说：“勾股定理是中国古代数学的杰出成就，‘勾股定理’在古书上称为‘勾三股四弦五’，即若一个直角三角形的两直角边长分别是3和4，则它的斜边长是5，满足的关系是$3^2+4^2=5^2$.”接着，没有让学生动手实践与自主探究，立即在黑板上写出“勾股定理：一个直角形的两边a、b的平方和等于斜边c的平方即$a^2+b^2=c^2$.”再接着，教师在黑板上写出四组数据，要求四个学生在黑板上计算直角三角形的斜边c，其余学生在练习本上计算。在这堂课的教学中，我们的感受是：教师是一个至高无上的指挥官，完全按自己的意愿与思路，指挥着学生学习“勾股定理”。教学中的交往基本是教师分派任务，学生完成，最终由教师判定任务完成的好坏。

在数学课堂教学的交往过程中，教师和学生都是交往的主体，应该得到双方的相互承认，即承认双方在交往过程中都承担一定的责任、权利和共同义务与平等的地位。但在独裁式的数学课堂教学交往中，学生在承担责任的同时，相应的权利和平等的地位或多或少地被教师有意无意地剥夺了，这样的课堂教学交往，对学生来说显然是不公平的。

反思：这些不真实的交往，会给学校数学新课程的实施带来怎样的后果呢？其主要表现在：（1）学生数学学习的主动性被压抑，学生的主体性，即学生是数学学习的主人得不到尊重，因此学生会越来越不愿意参与数学课堂教学活动，从而缺乏数学学习的热情，其学习态度和人生态度久而久之也会呈现消极的特点，最终厌恶数学学习；（2）由于没有了学习积极主动的参与，数学课堂教学活动缺少了对话与沟通，缺少了生机与活力，数学新课程所倡导的“学生的数学学习活动应当是一个生动活泼的、主动的和富有个性的过程”就无法实现；（3）教师的教学失去了与学生真实交往的快乐，新课程赋予教师应该成为数学学习的组织者、引导者和合作者的专业性角色大大降低了，这不利于教师自身素质的提高和学生的健康成长。因此，建构平等对话、相互尊重、彼此评判的师生交往，是当前数学课堂教学改革的有效途径。

三、传统数学课堂教学中教学问题的处理与反思

（一）教学“意外”反思

传统的数学课堂教学是预先生成的，是为完成教学计划而设计的，但是在教学过程中，由于学生认知水平不同，往往发生并非教师所预设的想法，甚至是“错误”，这就是教学“意外”。如：在学习反比例函数的图象和性质后，常常布置练习画反比例函数（如$y=\frac{}{x}$）的图象，此时，由于学生对反比例函数并没有彻底理解，常画出如下“意外”的函数图象（见图2–1）。

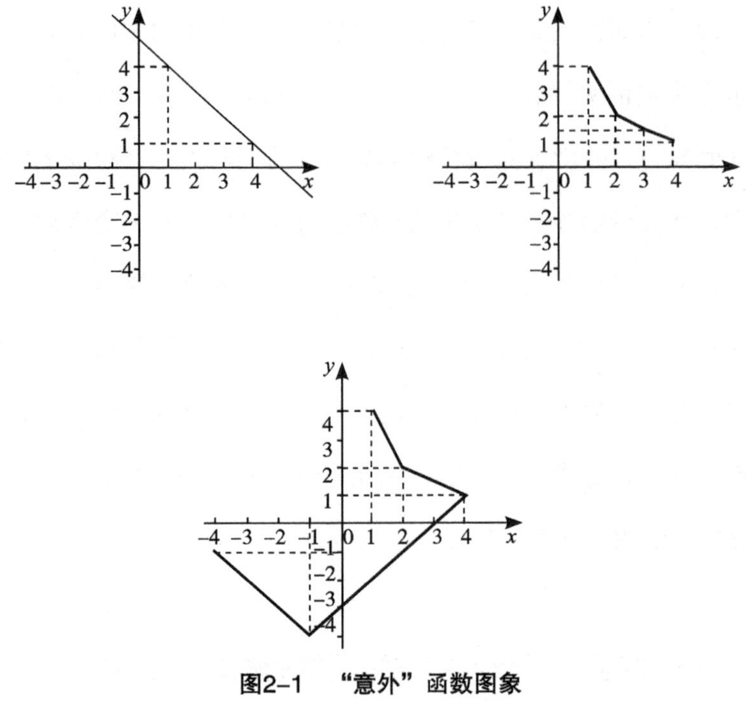

图2-1 “意外”函数图象

此时，传统的数学教学中，教师经常喊“我讲了多少遍，你怎么就不懂”，接着就纠正学生的错误，引导学生思维到教师预设的教学程序中。

思考：为什么会发生这样的教学“意外”，我们怎样利用这样的教学“意外”去拓展学生的思维。事实上，课堂教学是一个动态的过程，由于学生认知水平的差异，常常会发生“意外”，甚至是“错误”。但只要是有价值、有利于学生自主学习、有利于学生发展，这样的“意外”是可以允许发生的，在发生了“意外”事件后，教师要冷静处理。教师要分析“意外”事件发生的原因及其价值，哪些是值得去探索和总结的，要顺着学生的思维去展开，而不是用已设计好的条条框框去约束自己和学生，有时学生思维的闪光点也正是在这种“意外”的事件中被发现的。

（二）练习、习题设计反思

传统的数学教学中，练习、习题的设计是为“解题”而服务的，主要表现在：过分强调“熟能生巧”，练习、作业陷入了机械式的重复，让学生囚禁于浩瀚无边的“题海”中；采用“一刀切”的方式布置练习，作业缺乏针对性，导致成绩好的学生感觉“吃不饱”，水平一般的学生难以提高，学习有困难的学生却“吃不了”；作业呆板，内容单调，形式冰冷无情，就是一些纯粹的数和形的舞台。练习习题的处理，一般是学生先独立做，然后以教师讲评为主。

思考：在传统的教学中，为什么会出现学生解决熟悉的题非常轻松，而解决与现实生活息息相关的“数学建模”问题非常困难。事实上，对于练习、习题的设计，不仅要注意对基础知识的掌握和运用，还要有必要深入挖掘练习、习题的丰富内涵，以及潜在的数学价值，以利于充分发挥练习、习题的丰富内涵，以及潜在的教学价值，以利于充分发挥练习、习题的教学功能，起到鼓励创新、发展思维、总结规律，形成新的技能、技巧的目的，练习、习题的设计要新颖、富有生活气息，最终能够培养学生的“数学建模”思想方法。同时，练习、习题的设计还要有层次性，一题多解有利于求同式聚合思维的培养，更有益于求异思维和发散思维的发展，从而达到提高学生解题能力的目的。练习习题的处理，可以是学生独立完成，也可以合作交流，以“生教生，生帮生，生评生”等形式完成练习及其讲评。

（三）复习课设计反思

传统的数学复习课堂教学，大体是按“复习概念（定义）、定理（公式）—例题讲解—复习练习”的形式进行，知识框架由教师提出，例题的教学是以教师讲解为主，引导为辅，设计的复习练习缺乏针对性、变通性，学生也只是进行机械、重复的练习。

思考：为什么学生在传统的数学复习课堂中感觉枯燥无味，练习量大，但收效甚微，究其原因是传统的数学复习课堂教学没有遵循学生的认知规律，没有抓住学生的个性差异，复习形式单一，学生被动地复习、练习，缺乏自主学习的积极性，因而收效不大。

事实上，数学复习是为学生下一步学习打好基础，为学生的进一步发展做好准备，数学复习主要是认知结构的重组和优化。因而，数学复习要充分考虑到以学生的学习和学生的活动为主，教师的作用体现在组织、指导学生开展活动上，数学复习应以学生为核心，活动为主线；教师在其中扮演的角色是组织者与指导者，负责引导学生积极参与复习活动，并对他们的学习成果进行评价与反馈；这样的复习方式不仅能激发学生的学习兴趣，还能提升他们的数学能力和综合素养。本质上是对认知结构和解决问题策略两方面进行优化。在学生梳理知识时，教师要适时介入，并对学生梳理的结果进行评价，以帮助学生优化认知结构；在学生开展数学活动时，教师要为学生的认知搭建必要的脚手架，以保持学生高水平的认知活动。总的来讲，数学复习应该提供具有较强现实性、应用性、探索性和开放性的数学活动，习题设计要概括程度高、综合性较强、具有适度的挑战性、开放性和实用性，形式可以设置“知识梳理，课堂活动、练习、问题与思考、综合实践与应用”等栏目，针对这些栏目，可以设置成“议一议”“做一做”“想一想”，达到动静结合，自主探索与合作交流相结合，从而使学生在学中乐，在乐中学。

（四）讲评课反思

数学讲评课是数学教学中的一种重要课型，其目的在于纠正错误，扬优补缺，巩固“四基”，规范解答，熟练技巧，开拓思路，开发创造性。传统的数学试卷内容讲评主要有三种形式。形式一：书面张贴式，在黑板上公布试卷答案；形式二：从测试试卷的第一题开始，一讲到底，题题不放过，往往要花上几课时才讲完；形式三：根据测试情况，有所侧重，多数学生做对的试题不讲，错误较多的试题重点评讲，仍以教师讲、学生听为主，形式单一，就题论题。试卷讲评后，练习的布置上，教师不是要求学生把全部试卷重做一遍，就是要求学生把错的试题在作业本上重做一遍。

思考：为什么会发现一些试题稍做变式和创新，出现在下一次的试题中，仍然有学生不会做的现象？究其原因是传统的数学试卷讲评，仅以机械地逐题对答案、改正错误和教师讲解为主，往往就题论题，面面俱到，目标不明确、重点不突出，以教师讲、学生听为主，学生的收获仅仅是只会解一道题，不能举一反三，未能体现学生的主体地位。

数学教学的根本任务在于发展学生的认知结构，而数学的认知结构是由数学的知识结构转化而来的。因此，数学试卷讲评过程要使学生形成系统知识结构，使学生在头脑中形成一个经纬交织、融会贯通的网络。这样，有助于学生对所学知识的深刻理解和长期保持。数学讲评应是师生交流、生生交流的课堂，要给学生表述自己思维过程的机会，增加教师与学生、学生与学生讨论问题的时间，允许学生对试题“评价”作出“反评价”。通过“错误让学生改，思路解法让学生讲，提炼概括让学生想”等方式，让学生积极主动参与，得到相互启迪，使整个讲评过程中学生情绪亢奋，容易接受大量有关知识及解题信息，形成“会通法，但不一定用通法”“要模式，但不要模式化”的综合解题能力。

（五）学生学习方式反思

在传统的数学课堂教学中，学生在完成学习任务时倾向于采用被动的、接受式的和封闭的学习方式。被动的学习方式就是教师往往把学生看作被动接受知识的对象，学生没有主体性可言，学生的学习强调对知识的机械记忆和死记硬背。接受式学习就是教师在讲台上滔滔不绝、慷慨激昂，学生在下面聚精会神忙于笔记，考试的时候学生又以笔记的内容为记忆对象，考试完则把笔记扔掉，知识在头脑里过一遍就什么踪迹也没有了。“上课记笔记，考试背笔记，考完扔笔记”，学习已经异化为应付考试，学习仅仅是为了交差。封闭性学习是指学生在完成学习任务时缺少合作，为学业成绩突出，压倒学习同伴，学生的学习充满竞争，火药味甚浓，学生在完成学习任务时往往采取单打独斗的方式，缺少讨论与合作，同样是在课堂上遇到一个困难的、很有价值的问题，学生往往在下课后向教师请教，以免跟同学分享结果，给自己造成竞争。

思考： 对于什么是“学习”，学生的回答可能就是“听课”“做练习”“做作业”“考试”等。为什么传统教学下学生解决学习上的困难依赖性强，合作意识差，缺乏主动探索、发现、解决问题能力，究其原因是学生学习以被动接受式的学习方式为主，存在着单一、被动、封闭、单向的知识接受，而缺少自主探究、合作学习等获得知识能力等其他生动活泼的学习方式。教师以讲授为主，很少让学生通过自己的自主性的学习活动获得知识、发展能力，每个学生都有一个自己的小天地，集体讨论和合作完成学习任务的学习机会很少，学生的学习也经常是阅读书本知识，做教师布置的书面作业，而活动性和实践探究性后的学习，如观察、实验、制作、社会调查等很少。因此，在数学课堂教学中，教师应把学习过程中的发现、探究、研究等认识活动凸显出来，引导学生主动参与、乐于探究、勤于动手，使学生的学习过程更多地成为他们发现问题、提出问题、解决问题的过程，培养学生运用知识、自主探究、合作交流和规划人生的能力。

课堂教学还应注重培养学生的科学思维品质。教师要积极鼓励学生对书本提出质疑、对教师有所超越，乐于赞赏学生富有个性的理解和表达，使课堂教学面貌焕然一新，使学校成为学生学习的乐园，让学生真正成为学习的主人。

伴随着新一轮“基础教育”教学的进一步深入，教师要反思自己的课堂教学是否融入新的教育教学理念，是否存在“穿新鞋，走老路”的现象，通过反思，教师才能深刻体会教育家波则亚所说的：学习任何知识的最佳途径是自己去发现，因为这种发现理解最深刻；也只有通过反思，教师才能真正落实让学生在“探究中发现，发现中明晰，明晰中创新，知识与方法，如鱼水相融，浑然天成”。这样，数学课堂教学才能真正体现以“组织”为中心的“数学活动教育”。

第三节　数学课堂教师教学行为和学生学习行为分析

一、应该继承和发扬的行为

（一）教师尊重学生心理实际，师生间相互尊重

根据调查，教师把学生的注意力集中到课堂上是“随学生”的占80%，学生认为注意力应主动转向课堂的占74%。说明教师是遵循了“以学生为主体”的教学原则，也遵循了学生学习心理规律，寻找到了“最佳切入点”。

例如，在七年级上学期，由于学生刚从小学升入初中，对课前准备等初中数学常规还没有形成习惯，因此，在七年级上学期（甚至于在七年级下学期里的相当长的一段时间），数学教师在候课时，都应当多次提醒学生：请准备好教材、草稿本、文具等，准备好后静息。如有特殊要求，如有自制学具等，更要在准备事项中加以提醒。为了让所有师生都把精力集中于即将开始的课堂，每堂数学课开始时都必须做到值日生呼“起立”、师生互致问候，每堂数学课结束时师生都要互致谢意。再如，在每堂课的重要环节或有新的要求之时，数学教师都要用语言（甚至于是很特别的语言）加以提醒和强调。

（二）教师合理利用和开发教材，学生根据自身实际扬长避短地学习行为

调查发现在对教材处理方面，90%的教师不是按教材和知识体系上课，而是根据学生的情况做了适当的重组和增删，有82%的学生不按教师所讲的方法去套用，而是有选择地去掌握。说明学生喜欢教师不是“教教材”，而是“用教材教”；不是简单地学教材，而是把教材作为“引子”、作为“材料”；不是把教材奉为神圣不可侵犯的，而是根据学生的实际情况对其进行必要的取舍与加工。这符合建构主义的“知识在被个体接受之前，它对个体来说是毫无权威可言的，不能把知识作为预先决定了的东西教给学生，不能用科学家、教师、课本的权威来压服学生，学生对知识的‘接受’只能依靠他自己的建构来完成。由教师与学生、学生与学生互动与合作获取新的知识。教师传递的只是信息，信息通过学生的主动建构才能变成其认知结构中的知识，”[①]体现了尊重学生实际，从学生“最近发展区”切入。

在进行人教版七年级数学“9.1.1 不等式及其解集”的教学时，为了让学生更加真切地感受到不等式、等式的真实存在及其相互关系，感受到不等式的解与解集的真实存在与关系，数学教师利用师生之间的身高，对教材进行二次开发。

1. 创设情景，发现问题。

（1）问题1。

---

① 温彭年，贾国英．建构主义理论与教学改革——建构主义学习理论综述 [J]. 教育理论与实践，2002,(05): 18.

师：教师身高与×××同学身高都是数量，是有大小之分的。谁高谁矮？怎样用数学符号来表示这一事实？

生1：师身高<同学身高；同学身高>师身高。

（2）问题2。

师：也就是说，教师身高与×××同学身高是不相等的。又怎样用数学符号来表示“身高是不相等”这一事实呢？

生2：同学身高≠师身高。

师：若教师的身高是160cm，×××同学身高是175cm，就是我们常见到的：160<175①，175>160②，175≠160③。

（3）问题3。

师：若教师踩一条凳子，使师生头顶在同一水平线上。用数学符号表达这一事实，又是怎样的？

生3：师身高+凳高=同学身高

师：其中，只有凳高是不知道的，是问题，可设为未知数$x$cm，则有：$160+x=175$④。

（4）问题4。

师：若教师踩另一条凳子，使教师头顶超过×××同学头顶。用数学符号表达这一事实，又是怎样的？

生4：师身高+凳高>同学身高。

师：其中，只有凳高是不知道的，是问题，可设为未知数$x$cm，则有：$160+x>175$⑤。

（5）问题5。

师：在这些事实中，式子④$160+x=175$是我们已经研究过的什么式？

众生：等式，也是方程。

师：那么，根据这些事实，式子①、②、③、⑤所表达的意义，你们准备给它们取什么名称？

众生：不等式。

师：这些事实说明了，数量大小有哪两种关系？

众生：不等关系和相等关系。

师：是的，且不相等关系广泛存在，相等关系只是数量大小中一种特殊情况。这启发我们：不相等关系的研究方向、内容和方法可以类比等式与方程。

（三）教师随时对学生进行肯定性和鼓励性评价，师生间互相尊重

对学生回答问题，不管正确与否，所有教师都觉得可以理解，作出肯定的评价；有87%的学生都能用心去倾听学生的发言，有1/3的学生能用心去倾听并能发表自己的意见。数学教学中要做到：把自尊还给学生，把童趣还给学生，把自主还给学生，把选择还给学生。快乐的感受是更好地学习的情感基础。在数学教学中，教师为学生创设快乐的学习环境，以激发他们浓厚的学习兴趣，让他们喜欢数学从而达到学习的自主性，从而提高课堂效率。

1. 教师对学生进行肯定性和鼓励性评价对学生具有重要意义。在初中数学课堂教学中，肯定性和鼓励性评价对学生具有重要意义。它能够激发学生的学习动力，增强自信心，培养学生的学习兴趣和良好的学习习惯。

（1）课前准备方面。对课前准备及时且充分的同学，要当众夸奖。“×××同学今天应用数学的分类思想方法整理自己的学习用品，

并提前整齐地摆放于课桌的左上角，做好了上课的准备，值得大家学习！”“×××同学还仔细地挑选出课堂上可能用到的书籍、资料和用具，并将其按照课程需要进行排序，他的这些细致入微的举动，显示出他对待学习的认真和热心！”“×××同学在每一节课前都进行了精心和充分的准备，这种认真负责的态度值得我们学习。”特别是在七年级起始时期，对学生课前准备中进行肯定性和鼓励性评价尤为有效。

（2）课堂表现方面。教师在课堂上时刻关注学生的表现，对于积极回答问题、思路清晰、勇于挑战困难的学生都给予肯定和表扬。当学困生争取展示时，就可以说：“×××同学很用心，已经有了自己的想法，给我们分享分享！”当学生正确回答问题时，可以说：“非常好，你做得很好！”或者“这个想法很独特！很有眼光！”等等。

（3）作业方面。教师在批改作业时，不仅关注学生完成的质量（用等级来显示），还注重对学生的作业态度、解题思路等进行评价。对于出色的作业，在作业本上写上肯定性的评语，如“继续保持，非常棒！”等；对进步的学生给予鼓励性评语，如“这次作业比上次更好，继续努力！”等；对学习困难的学生也给予鼓励性评语，如“加油”“上课听讲，你就行！”等。

（4）小组合作方面。在小组讨论和合作项目中，教师表扬表现突出的小组或个人，如：“×××组讨论热烈，讨论充分！”“×××组展示积极，大有必胜之势！”“你们小组的讨论成果非常出色，值得其他小组学习！”“某某某的交流方式值得所有同学学习！”等。

2. 教师尊重学生间的关系对学生是十分重要的。教师尊重学生间的关系，不但有助于营造积极的数学学习氛围、激发学生的数学学习兴趣、提高数学学业成绩，而且还有助于学生情商与逆商的提高。例如，教师在进行人教版七年级数学“8.2 消元——二元一次方程组的解法”的“加减消元法”课堂教学中，利用小组合作学习，首先肯定了每个小组成员对问题的解答，然后鼓励他们相互交流、讨论，以找到更多的解法。这样学生会更愿意与教师和同学们分享自己的想法、感受和问题，不但有助于培养学生的合作精神，有助于营造积极的数学学习氛围、激发学生的数学学习兴趣、提高数学学业成绩，而且还有助于提高学生的情商与逆商，从而提高他们的合作能力和数学技能。

（四）教师分层要求

现代教育是以发展学生素质为主的教育，教育要面向全体学生。教学过程中要使每个学生都得到发展，当学生的个体差异受到重视时，他们才能学得好。所有教师对学生作业都分层要求，有63%的同学认为作业设置合理、有趣。数学作业的设计要考虑学生群体的个体差异，关注每个学生，根据每个学生的认知特点，设计不同层次的作业，编排时由易及难，层层递进。让学生根据不同的需要选做不同层次的作业。特别是学困生，要设计使他们能够自主完成的作业，让这些学生体验到成功的乐趣。这符合因材施教的原则。

例如，在进行人教版七年级数学“9.1.1 不等式及其解集”教学时的课后分层作业如下。

1.必做题：人教版七年级数学“同步解析与测评”P61，第1题至第7题。

2. 选做题：人教版七年级数学“同步解析与测评”，第8题。

3. 课外活动：上网了解“等号与不等号的来历”（网址：https://www.docin.com/p-1600037343.html）。

这样的分层作业，有保障“四基”的“必做题”，也有提升“四能”和“三会”的“选做题”，还有丰富学生课外生活、丰富学生数学文化的“课外活动”，进而形成层次丰富、有立体性的作业体系。

二、需要教师转变的课堂教学行为

（一）教师要善于捕捉学生和自己身边的数学信息

调查发现，有51%的学生喜欢联系生活实际来理解和掌握教材，教师对学生布置的作业要求应用于生活实际的只占10%。用学生生活中的人和事来进行教学，使学生感到：数学离我们不远，就在我们身边；我们可以用所学的知识解决身边的问题；数学可以提高我们的生活效益。使数学课堂体现学生熟悉的生活场景。

教育心理学研究表明：当学习的材料与学生已有知识体系和经验相联系时，更能激发学生学习和解决数学问题的兴趣。数学才是活的、富有生命力的。[①]因此，数学课堂教学，要紧密联系学生的生活实际，从学生的生活经验和已有的知识体系出发，创设生动有趣的情境，引导学生开展观察、操作、猜想、推理、交流等活动，使学生通过数学活动，掌握基本的

① 孙娴．小学数学“学习解决生活原型问题”的实践研究[J].上海师范大学学报（基础教育版），2008，37（2）:106-110.

数学知识和技能，初步学会从数学的角度去观察事物、思考问题，激发学生对数学的兴趣。使学生感受到数学就存在于自己熟悉的现实世界中，让学生主动建构知识的体系。这应该是数学课堂中教师教学行为转变的一个重点研究内容。

（二）数学课堂教学模式的研究迫在眉睫

调查发现，教师常用的授课方式是教师讲和学生练习相结合占60%；学生喜欢教师提出问题，学生解决和师生共同解决则占了76%。数学教学是数学活动的教学，数学学习不是单纯的知识的接受，而是以学生为主体的数学活动。《义务教育数学课程标准》（2022年版）指出："动手实践、自主探索与合作交流是学生学习数学的重要方式……"数学学习活动应当是一个生动活泼的、主动的和富有个性的过程。这就告诉我们，数学课堂教学模式的研究迫在眉睫，这也是我们数学课堂中学生学习行为转变的一个重点研究内容。

三、需要学生转变的课堂学习行为

（一）"预习"行为应该成为习惯

据调查，90%的教师要求学生预习，只有44%的学生基本预习。教育心理学研究表明：当学生带着问题学习时，其学习目的相对更明确，其学习欲望进而更强烈，注意力也更容易集中。[①]因此，教师应该重视对"预

① 赵永标，张其林．以学生为中心的计算机专业英语互动教学实践 [J]. 计算机时代，2021（3）:97-99、103.

习”行为的研究，使预习的形式多样化、丰富多彩，使预习成为学生个人或者是集体（小组）的自觉行为习惯。

建构主义认为：“学生是预习的主体、意义的建构者；教师是学生预习的服务者、支持者和合作者。”①预习不只是为了更好地完成预设的任务，更重要的是为了使课堂上形成更多的“生成性”内容。例如，在人教版七年级数学“第五章 相交线与平行线的复习”的复习课中，第一环节是“复习提问”。

本章相交线、平行线中学习了哪些主要基础知识和基本技能?教师根据学生的回答，逐步形成本章的知识结构图，使所学知识系统化。

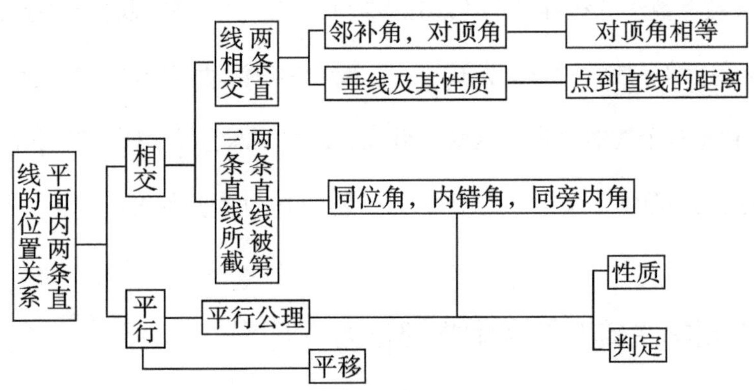

在此环节中，如果不按照数学教师的要求去做好预习，或者是数学教师没有安排预习，学生在本课时课堂中，必然是跟不上课堂节奏，必然是被拽着走，甚至是恍惚不清的。只有提前进行了预习，才能与教师一道进行全章梳理、回顾并得到提升。

① 史金花．基于“课前预习指导”策略的高一化学教学实践研究[D].南京：南京师范大学，2011.

（二）研究方法，使学生真正成为课堂的主人

调查发现，经常举手发言的学生不到8%。建构主义认为：学习是知识的建构，是知识的生长，是新旧经验的相互作用，而不简单是知识的传递和接受。在建构性的学习和教学中，教师——学生之间的交流将更为充分。对一个问题的讨论过程，有学生会产生不同的看法，师生之间和生生之间没有举手发言的习惯，是不能得到好的效果的。调查中学生没有举手发言的习惯，有80%的学生上课不举手而由教师点名才发言，还有12%的学生没有发言。而要建构新的知识就必须让学生在课堂上能说、敢说、想说，真正成为课堂的主人。这就要求我们找到造成这种“课堂沉闷”的主要原因是什么？转变这种“课堂沉闷”的路径在哪里？转变这种“课堂沉闷”的方法是什么？

基于此，通过查阅相关文献资料，对数学课堂教育教学活动中所表现出的上述三方面问题的合理性和科学依据进行了研究，同时对所造成的原因进行了剖析，最后理出构建“新课程初中数学课堂教学新模式”“新课程初中数学课堂中教师教学新行为方式”和“新课程初中数学课堂中学生学习新行为方式”的思路。

例如，九年级数学“第二十六章二次函数复习（二）——二次函数图象的综合应用”的教学中有这样的活动设计：出示问题（在一张纸上作出函数$y=x^2-2x+3$的图象，沿x轴把这张纸对折，描出与抛物线$y=x^2-2x+3$关于x轴对称的抛物线，这条抛物线是什么二次函数的图象？）→抽2名学生分别展示。→观察图象特征你发现了什么特征？→师生点评。

本活动的设计意图是通过学生审题、确立解题方向、独立演算、观

察、交流、发现：新抛物线是原抛物线关于x轴的对称图形，从而找出新抛物线的图象特征和解析式规律。

教师要做到精讲精评，留给学生充足的时间去落实其自身的数学课堂学习行为。教师做到30%的启发，70%的等待，即科学的“闭嘴”；学生做到70%的动手、动脑、动口，30%的反思感悟和交流辩论。在此教学活动中，若学生仅仅带着耳朵听、用一双眼睛看、顶个脑袋想，而不主动去操作、观察、分析、猜想、论证和归纳，就只有死记硬背和生搬硬套之路可走，时间稍久远或题目稍有变化，就毫无办法，又怎能成为课堂的主人呢？

第三章 “初中数学课堂各年级各课型教学新模式”探索

第一节 构建课型新模式探索

一、寻找典型案例

根据对“数学课堂中教师教学行为调查”的研究，在七年级寻找到了近于“新课改”的课堂教学类型，并以此课为典例，深入课堂，探究课堂教学中，如何组织学生通过对他们所熟悉的大量材料，从多个方面探索，通过不断的猜测、不断的否定、不断的总结，去粗取精，去伪存真，整理分类，又通过实践的检验或理论论证去索取数学基础知识和基本技能，体现和感悟数学思想和数学方法，从而明确学习数学的真正目的是什么，学习数学对自己的情感态度和价值观又有何作用。解读教案；观察学生课堂行为（教学活动参与的积极性、主动性和程度，以及学生的情感态度的变化等）。

二、分期构建七、八年级课堂教学模式探索

根据前期研究所取得的成果，进一步确立了在七年级、八年级分期推进“新课程七年级和八年级数学新课课型、例（习）题课课型和复习课课型的课堂教学模式”的构建。

（一）构建七年级数学课堂教学新模式的探索

步骤一：明确七年级数学课堂教学新模式探索目标。

首先，深入系统学习了《义务教育数学课程标准》（2022年版）、人教版《义务教育教科书 数学 七年级 上（下）册》及其教师教学用书，还针对性地学习了儿童心理学与教育学，进而教师要明确七年级数学课堂教学新模式的目标为：七年级以数学与生活实际的联系为主，转变学生对数学的根本看法，从而增强他们对数学的学习兴趣，突出“趣”。

步骤二：研究典范数学课堂。

深入典范课堂，探究课堂教学中教师如何组织学生通过对其所熟悉的材料来提升学生数学核心素养，学生对数学学习的情感态度和价值观又有何作用？解读典范教案；观察学生课堂行为（教学活动参与的积极性、主动性和参与程度，以及学生的情感态度的变化等）。

步骤三：重构七年级数学课堂教学新模式雏形。

根据对七年级数学典范课堂的研究成果，按新授课课型、例（习）题课课型、复习课课型构建七年级数学课堂教学新模式；构建“七年级数学课堂中教师教学行为”新模式；构建“七年级学生数学学习新行为”新模式，整合“七年级数学课堂中教师教学新行为及学生学习新行为方式”。

步骤四：研课磨课，反复修正七年级数学课堂教学新模式。

利用重构的七年级数学课堂教学新模式雏形，用2年时间在近60个行政班级中反复研课与磨课，特别关注了新课程七级数学课堂中教师在教学理念、态度、方法、劳动强度、教师自身提高发展等方面的变化，以及新课程七年级数学课堂中学生在数学课业负担、数学学习的情感和态度、学生的数学核心素质等多方面的变化，5个轮次反复修正七年级数学课堂教学新模式。

步骤五：反思与提炼，形成七年级数学课堂教学新模式。

在5个轮次修正七年级数学课堂教学新模式的基础上，梳理、归纳七年级数学课堂教学新模式中的优秀教学个案、教案集，对“七年级数学课堂中教师教学行为转变”进行第三轮全面研讨。同时，梳理、归纳七年级数学中学生各类成果集，对“七年级数学课堂中学生学习行为转变”进行第三轮全面研讨，形成七年级数学课堂教学新模式并进行全面推广。

（二）构建八年级数学课堂教学新模式及通用课型模式的探索

在已有的探索经验下，加速对构建八年级数学课堂教学新模式的探索。同时，增加了“试卷讲评课”和“数学自习课”通用课课型新模式的探索。

步骤一：明确八年级数学课堂教学新模式探索目标。

首先，深入系统地学习了《义务教育数学课程标准》（2022年版）、人教版《义务教育教科书 数学 八年级 上（下）册》及其教师教学用书，还有针对性地学习了青春期儿童心理学，进而明确了八年级数学课堂教学新模式的目标为：以用数学的眼光去观察、思考和描述学生的生活世界为主，培养学生的观察力和逻辑思维能力——“思”。同时，明确增加“试卷讲评课新模式”和“数学自习课新模式”的构建。

步骤二：重构八年级数学课堂教学新模式雏形和“试卷讲评课新模式”“数学自习课新模式”雏形。

利用已有探索经验，按新授课课型、例（习）题课课型、复习课课型构建八年级数学课堂教学新模式，即构建“八年级数学课堂教师教学行为”的新模式；构建“八年级学生数学学习新行为”新模式；整合“八年级数学课堂中教师教学新行为及学生学习新行为方式”。同时，仍按上述程序、研究内容等构建“试卷讲评课”和“数学自习课”通用课课型新模式。

步骤三：研课磨课，反复修正八年级数学课堂教学新模式及通用课型新模式。

利用重构的八年级数学课堂教学新模式雏形，用一年时间在30多个行政班级中反复研课与磨课，特别关注了新课程八年级数学课堂中教师在教学理念、态度、方法、劳动强度、教师自身提高发展等方面的变化，以及新课程八年级数学课堂中学生在数学课业负担、数学学习的情感和态度、学生的数学核心素质等多方面的变化，反复3个轮次修正八年级数学课堂教学新模式及通用课型新模式。

步骤四：反思与提炼，形成八年级数学课堂教学新模式及通用课型新模式。

在3个轮次修正八年级数学课堂教学新模式的基础上，梳理、归纳八年级数学课堂教学新模式及通用课型新模式中的优秀教学个案、教案集，对“八年级数学课堂中教师教学行为转变”及“通用课型新模式中教师教学行为转变”进行第二轮全面研讨。同时，梳理、归纳八年级数学中学生各类成果集，对“八年级数学课堂中学生学习行为转变”及“通用课型模式中学生学习行为转变”进行第二轮全面研讨。最终形成八年级数学课堂教学新模式及通用课型新模式并进行全面推广。

三、构建九年级课堂教学模式探索

面临升学考试，九年级在七年级和八年级所构建的“新课程七年级和八年级数学新授课课型、例（习）题课课型和复习课课型的课堂教学模式”取得预期成果后，立即进行了“新课程九年级数学新授课课型、例（习）题课课型和复习课课型的课堂教学模式”的构建。

步骤一：明确九年级数学课堂教学新模式探索目标。

首先，深入系统地学习了《义务教育数学课程标准》（2022年版）、人教版《义务教育教科书 数学 九年级 上（下）册》及其教师教学用书，并有针对性地学习了初中毕业生心理学与考试心理学等，进而明确了九年级数学课堂教学新模式的目标为：以用数学综合解决学生的实际问题为主，提高其数学核心素养——“用”。

步骤二：重构九年级数学课堂教学新模式雏形。

利用“构建七、八年级数学课堂及通用课堂教学模式的探索”的探索经验，按新授课课型、例（习）题课课型、复习课课型构建九年级数学课堂教学新模式：构建“九年级数学课堂中教师教学行为”的新模式；构建“九年级学生数学学习新行为”新模式；整合“九年级数学课堂中教师教学新行为及学生学习新行为方式”。

步骤三：研课磨课，反复修正九年级数学课堂教学新模式。

利用重构的九年级数学课堂教学新模式雏形，用一年时间在30多个行政班级中进行反复研课与磨课，特别关注了新课程九年级数学课堂中教师在教学理念、态度、方法、劳动强度、教师自身提高发展等方面的变化，以及新课程九年级数学课堂中学生在数学课业负担、数学学习的情感和态度、学生的数学核心素质等多方面的变化，反复3个轮次修正九年级数学课堂教学新模式。

步骤四：反思与提炼，形成九年级数学课堂教学新模式。

在反复3个轮次修正九年级数学课堂教学新模式的基础上，梳理、归纳九年级数学课堂教学新模式中的优秀教学个案、教案集，对“九年级数学课堂中教师教学行为转变”进行第二轮全面研讨。同时，梳理、归纳九年级数学中学生各类成果集，对“九年级数学课堂中学生学习行为转变”进行第二轮全面研讨。最终形成九年级数学课堂教学新模式并进行全面推广。

第二节　新旧课堂教学模式转变措施探索

基于在各年级数学各课型课堂教学模式中，对教师教学行为和学生学习行为转变的具体措施进行探索。其中，仅“探究式学习”就探究了5种新模式。[①]

1. “情境—探究”式的学习。

例如：在“完全平方公式”的教学中，采用教师口算、学生笔算45^2、95^2、102^2、99^2，总是教师领先，再让学生随便报一个两位数的平方，教师对答如流。“教师为什么算得这么快？”这激发了学生的好奇心，产生了疑问，进而激起了求知的欲望，引发了兴趣，此时教师把话题一转，“欲知奥妙，得从学习完全平方公式开始”。

在探索中，我们发现只有在教学时选择一些“高而可攀”的问题，才能激起学生的兴趣，打开学生探究的心扉，点燃学生心中的创新之火，使其既有所得，又“乐在其中”。

2. “类比—探究”式的学习。

在“分式的约分”教学时，引导学生类比小学的“分数的约分”来学习，达到探究学习的目的。

---

① 本案例由原重庆市巴川中学校令狐云国教师提供，有改动。

通过类比，让学生观察：

（1）回顾$\frac{6}{18}=\frac{1}{3}$是怎样的一个化简过程？这个化简过程的依据是什么？

（2）猜想$\frac{6ab^2}{18b^3}=\frac{a}{3b}$是怎样的一个化简过程？这个化简过程的依据是什么？

问题：通过以上分数的约分，你能得出分式的约分规则吗？

学生通过回忆、观察分数的约分规则，再结合上述分式的约分规则，实现分数到分式的转化，进而总结出分式的约分规则。

3. “猜想—探究”式的学习。

例如，在“角平分线的性质”的教学中，先要求学生在草稿本上画出∠AOB的角平分线OP。在角平分线OP上任取一点C，过点C分别作$CE \perp OA$于E、$CF \perp OB$于F（见图3–1），然后提出问题：

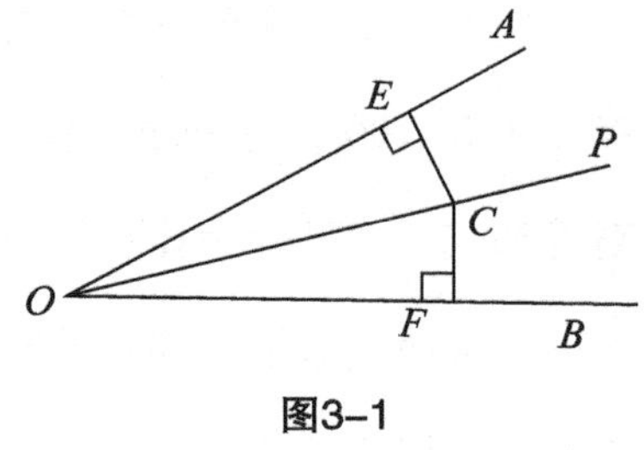

图3–1

试猜想两条垂线段CE、CF有怎样的数量关系？

学生通过直观的观察，容易猜想出数量关系是相等。教师追问，你能证明吗？

4. “引导—探究”式学习。

应用“引导—探究”对“一元二次方程根与系数的关系”进行教学，其教学步骤大致为：第一步，学生先解几个一元二次方程，包括二次系数为1和二次系数不为1的，并试着考察两根之和、两根之积、两根之差、两根之商与各系数有无关系？第二步，在教师的引导下，对探究结果加以验证、比较，反审自己的探究过程，巩固认知结果。第三步，结合两个例题，可选用方程解的定义和根与系数的关系进行讲解，通过两种不同的解法，比较得出哪一种方法更简单。

5. “交流—探究”式学习。

例如，在“已知$|x+y-5|+\sqrt{x-y+3}=0$，求x和y”的教学时，要求学生抓住以下四个小问题进行讨论与交流：（1）式子有何特点？（2）根据绝对值和算术根的意义，弄清$|x+y-5|$与$\sqrt{x-y+3}$是怎样的数？（3）式子右边为零，对左边的代数式取值有什么制约？（4）联系方程组的知识，想出其解法。上面四个问题一经出示，学生兴奋异常，算的算，议的议，几乎所有的学生都参加了讨论、交流。

一、关注学生差异性

（一）同一班级不同学业水平学生的关注

随着教育改革的不断深入，关注学生的个性化发展已经成为教育界的共识。在当前的初中数学课堂教学中，学生之间的学业水平差异日益显著。

美国教育心理学家Bloom认为，差异化教学是一种通过考虑学生现有的能力、需要和潜力，制定适应每个学生的教学方案的教学方式。国内的钟祖迁等学者认为，差异化教学是一种以学生的实际需求为出发点，根据不同学生的知识水平、接受能力、兴趣爱好和潜在能力，设计不同层次的教学目标，选择不同的教学方法，使每个学生的学习能力都能在原有基础上得到提高，学业水平得到最大限度的发展。

1. 课前准备阶段。在课前准备阶段，教师会根据学生的学业水平、学习能力和兴趣爱好等因素，将学生分为基础层、提高层和发展层三个层次。基础层的学生需要掌握数学基础知识，提高层的学生需要掌握较难的数学知识，发展层的学生则需要具备较高的数学思维能力和创新能力。教师根据不同层次的学生制定相应的教学目标，选择合适的教学方法和教学策略。

2. 课堂教学阶段。在课堂教学阶段，教师针对不同层次的学生进行教学设计。对于基础层的学生，教师主要注重基础知识的理解和巩固；对于提高层的学生，教师注重引导他们进行深入思考和探究；对于发展层的学生，教师则注重培养他们的创新思维和实践能力。在课堂上，教师还会采用小组合作学习的模式，让不同层次的学生互相交流、互相学习、互相帮助。

3. 课后辅导阶段。在课后辅导阶段，教师根据学生的实际情况进行个别辅导或集体辅导。对于基础层的学生，教师主要帮助他们巩固基础知识；对于提高层和发展层的学生，教师则帮助他们进一步提高数学思维能力。同时，教师还会根据学生的需求，为他们提供一些拓展性的学习资料和学习建议。

总的来讲，在初中数学课堂中实施差异化教学可以有效地关注同一班级中不同学业水平的学生，实现个性化教学。

（二）同一班级情感差异不同学生的关注

初中阶段是学生数学学习的重要阶段，也是学生数学兴趣和情感培养的关键时期。然而，初中数学课堂中常常存在同一班级情感差异不同学生的关注问题。这种情感差异可能影响学生的学习成果和自信心。

初中数学课堂教学实践证明：

1. 学生的数学学习情感与其学习成果存在显著正相关。情感表达较高的学生往往能够取得更好的数学成绩，情感表达较低的学生则更容易出现数学学习的困难。

2. 教师的情感支持和教学风格对学生的数学学习情感产生重要影响。教师倾向于通过鼓励、认可和引导来激发学生的数学学习热情，从而提高他们的学习成果。

3. 个体差异、家庭背景和学习经历等因素对学生的数学学习情感具有显著影响。例如，自信心强的学生往往表现出更高的学习积极性，家庭重视数学教育的孩子更倾向于对数学产生积极态度，过往成功的学习经历也可以增强学生的数学自信心。

为了更好地关注和解决这一问题，要从以下几个方面入手：

（1）数学教师教学行为方面。加强自身教学水平的提升，关注学生的学习动态，通过积极的教学方法和手段激发学生的数学学习兴趣。同时，注重与家长的沟通，共同关注孩子的数学学习情况。

（2）学生数学学习行为方面。帮助学生树立自信心，引导他们勇于面对挑战，积极寻求帮助和指导，培养良好的数学学习习惯。

（3）家庭教育行为方面。家长要重视孩子的数学教育，培养孩子正确的学习观念和态度，为他们营造一个积极向上的学习氛围。

二、观察教师教学新行为与学生学习新行为间的相互影响

观察数学教师教学新行为与学生数学学习新行为间的相互影响，是为了了解教师在数学教学过程中如何影响学生的数学学习效果，并探讨如何改进数学教育教学方法，提高学生的数学学习效率。通过观察十位有经验的数学教师的教学新行为和十个班级的学生数学学习新行为进行分析总结。

1. 数学教师教学新行为的观察。记录教师在数学课堂上的教学新行为，包括教学内容、教学方法、教学态度等。同时，记录教师的教学行为，如教学节奏、教学内容、教学方法等。

2. 学生数学学习新行为的观察。记录学生在课堂上的学习新行为，包括学习态度、学习方法、学习成果等。同时，记录学生的学习新行为，如参与度、学习态度、学习成果等。

3. 数据整理和分析：整理观察到的数据并进行定性分析。通过对比和分析教师和学生的新行为，探究两者间的相互影响。

观察分析后，得出如下结果。

（1）数学教师教学新行为的分析：通过统计和分析数学教师教学新行为的数据，新的教学行为能够激发学生的数学学习兴趣，提高学生数学学习的积极性和参与度。小组合作和项目式学习等方式既会让学生更加主动地参与课堂，也能培养学生的合作精神和创新能力。

（2）学生学习行为的分析：通过统计和分析学生数学学习新行为的数据，新的学习方式也促进了教师教学水平的提高。例如，教师在引导学生进行自主学习和合作学习的过程中，需要不断思考如何更好地帮助学生掌握知识、技能和思想方法，如何设计更为贴合学生实际的数学学习活动。

三、可重复性研究

在初中数学教师教学新行为与学生数学学习新行为转变研究中，可重复性研究具有重要的意义。首先，可重复性研究有助于保证研究结果的可靠性，避免样本差异或其他外部因素导致的误差。其次，可重复性研究有助于推动研究领域的科学性，确保研究成果的权威性和可信度。最后，可重复性研究还有助于提高研究结论的实用性，使教育实践者能够更加有效地应用研究成果，并加以推广。

1. “七年级数学课堂教学新模式”可重复性研究。

经过第一轮有效探索之后，伴随下一届七年级新生的入学，我们在该年级进行了“七年级数学课堂教学新模式”的有效性和可重复性研究，这样的研究共开展了两轮。

（1）选取实验对象：从某学校七年级选取10名数学教师和670多名学生作为实验对象。数学教师样本涵盖不同职称、教龄和学历背景，以反映研究的广泛性。学生的样本年龄、性别、学科背景等方面均应具有代表性。

（2）教师行为观察：对10名数学教师进行为期一学期的观察，记录他们在课堂教学中的新行为表现，如教学策略、师生互动、评价与反馈等。

（3）学生学习行为观察：在观察教师新行为的同时，观察学生在新学习环境中的行为变化，包括学习态度、学习方法、自主学习等方面。

（4）数据分析：对收集到的教师行为数据和学生行为数据进行定性分析，包括描述性统计、相关分析和回归分析等。

（5）结果显示。

①教师教学行为转变：观察发现，教师在教学过程中更加注重学生的主体地位，采用多样化的教学策略，加强与学生的互动交流，并及时给予反馈。此外，教师开始注重培养学生的创新思维和实践能力，教学质量得到有效提升。统计数据显示，教师教学新行为与学生的学习成绩和满意度呈显著正相关。

② 学生学习行为转变：在观察教师新行为的同时，发现学生在新环境下表现出积极的学习态度，学习方式由被动接受向主动探究转变。学生更倾向于采用自主学习、合作学习等多元化学习方法，学习动机和自信心逐步增强。学期末成绩显示，学生的学习行为转变与学习成绩显著相关。

③可重复性分析：七年级教师课堂教学行为与发现学生的学习行为转变具有较高的可重复性。这说明“七年级数学课堂教学新模式”具有一定的稳定性，可以在不同时间和地点进行推广和应用。

因此，“七年级数学课堂教学新模式”具有显著的可重复性，上述这些转变有助于提高教学质量和学习成果，促进学生的全面发展。

2.“八年级数学课堂教学新模式”和“试卷讲评课新模式”“数学自习

课新模式”可重复性研究。

基本采取“七年级数学课堂教学新模式”可重复性研究的方式方法进行研究，不同的是：第一，只进行了1轮可重复性研究；第二，“试卷讲评课新模式”“数学自习课新模式”可重复性研究各选取了2名教师和260多名学生为研究对象，得出以下结果。

①教师教学行为转变：观察发现，教师在教学过程中更加注重学生的主体地位，采用多样化的教学策略，加强与学生的互动交流，并及时给予反馈。此外，教师开始注重培养学生的创新思维和实践能力，教学质量得到有效提升。统计数据显示，教师教学新行为与学生学习成绩和满意度呈显著正相关。

②学生学习行为转变：在观察教师新行为的同时，发现学生在新环境下表现出积极的学习态度，学习方式由被动接受向主动探究转变。学生更倾向于采用自主学习、合作学习等多元化学习方法，学习动机和自信心逐步增强。学期末成绩显示，学生的学习行为转变与学习成绩显著相关。

③可重复性分析：八年级教师课堂教学行为与发现学生的学习行为转变具有较高的可重复性。这说明“八年级数学课堂教学新模式”及“试卷讲评课新模式”“数学自习课新模式”具有一定的稳定性，可以在不同时间和地点进行推广和应用。

因此，“八年级数学课堂教学新模式”及“试卷讲评课新模式”“数学自习课新模式”具有显著的可重复性。上述这些转变有助于提高教学质量和学习成果，促进学生的全面发展。

3.“九年级数学课堂教学新模式”及“试卷讲评课新模式”“数学自习

谭新模式”可重复性研究。

对“九年级数学课堂教学新模式”的可重复性研究，也基本采取“七年级数学课堂教学新模式”可重复性研究的方式方法进行研究，不同的是只进行了1轮可重复性研究，得出以下结果。

①教师教学行为转变：观察发现，教师在教学过程中更加注重学生的主体地位，采用多样化的教学策略，加强与学生的互动交流，并及时给予反馈。此外，教师开始注重培养学生的创新思维和实践能力，教学质量得到有效提升。统计数据显示，教师教学新行为与学生的学习成绩和满意度呈显著正相关。

②学生学习行为转变：在观察教师新行为的同时，发现学生在新环境下表现出积极的学习态度，学习方式由被动接受向主动探究转变。学生更倾向于采用自主学习、合作学习等多元化学习方法，学习动机和自信心逐步增强。学期末成绩显示，学生的学习行为转变与学习成绩显著相关。

③可重复性分析：九年级教师课堂教学行为与发现学生的学习行为转变具有较高的可重复性。这说明“九年级数学课堂教学新模式”具有一定的稳定性，可以在不同时间和地点进行推广和应用。

因此，“九年级数学课堂教学新模式”及“试卷讲评课新模式”“数学自习课新模式”具有显著的可重复性。这些转变有助于提高教学质量和学习成果，促进学生的全面发展。

综上所述，“初中数学教师教学新行为与学生学习新行为的转变研究”的研究成果具有较高的可重复性，这种转变对于提高教学质量和促进学生数学学习和发展具有积极影响。

第四章 “初中数学课堂各年级各课型教学新模式”构建

第一节 初中数学课堂各年级各课型教学新模式

一、七年级：以数学与生活实际的联系为主，转变学生对数学的根本看法，增强数学的学习兴趣——“趣”

心理学研究表明，七年级学生还保持着儿童的好表现、好奇、好胜但又好动、注意力易分散的心理特点。数学教师在课堂教学时应该时刻抓住其好奇、好胜的心理特点，最大限度地挖掘教材和学生身边所发生的蕴含本节课核心内容的直观、生动、形象的实际问题或事例，使学生将注意力始终集中在课堂中；抓住其好表现、好胜的心理特点，创造条件和机会，引导学生主动探究、归纳、自评互评，发挥学生学习的主动性，从而实现“新课程”所要求的“体验数、符号和图形是有效地描述现实世界的重要手段，认识到数学是解决实际问题和进行交流的重要工具，了解数学对促进社会进步和发展人类理性精神的作用；在独立思考的基础上，积极参与对数学问题的讨论，敢于发表自己的观点，并尊重与理解他人的见解，能从交流中获益；乐于接触社会环境中的数学信息，愿意谈论某些数学话题，能够在数学活动中发挥积极作用”，使学生认识到数学是为解释或者解决生活实际问题而学，进而增强其数学学习的兴趣，突出一个“趣”字。

（一）新授课课型

1. “问题”就是“发现并提出问题”，是指由教师出示学生所熟知的、发生在学生身边的、蕴含本节课核心内容的实际问题或事例，并提出问题。

例如：在进行人教版七年级数学第四章第4节“一元一次不等式组和它的解法”的教学中，教师讲：“同学们，天气预报显示今天最低温度7℃，最高温度15℃。假设今天的温度为x℃，我们将今天的天气预报改写为数学表达式——不等式，该是怎么样的？”

2. “探究”就是“分析并解决问题”，是指以教师所出示的“问题”为课题研究对象，教师由浅入深地用一系列“问题串”的形式，师生共同用已有的数学知识探索和研究解决所出示的实际问题或事例。

例如：在进行人教版七年级数学第四章第4节的“一元一次不等式组和它的解法”的教学中，教师由浅入深地提出一系列核心“问题串”。①是满足$x \geqslant 7$、$x \leqslant 15$单个不等式呢？还是同时满足？②大家请看：$\begin{cases} x \geqslant 7 \cdots\cdots\cdots(1) \\ x \leqslant 15 \cdots\cdots(2) \end{cases}$中（1）（2）式均为不等式的什么结构？③请大家在数轴上把它们表示出来。④由图可知，使不等式（1）（2）同时都成立的值，应该是其公共部分——两线之下的那部分——都是既大于等于7又小于等于15的x的值。显然应该记作$7\leqslant x\leqslant 15$。我们把$7\leqslant x\leqslant 15$叫一元一次不等式组$\begin{cases}x\geqslant 7\\x\leqslant 15\end{cases}$的解集。⑤你能总结出一元一次不等式组的解集的定义吗？⑥由此一元一次不等式组的解集是该一元一次不等式组中各个一元一次不等式的解集的公共部分。因此又提出一个新问题：这个一元一次不等式的解集的公共部分的具体找法又是怎样的呢？⑦请一位同学通过经历上述“解一元一次不等式组”的过程的体验，归纳总结“解一元一次不等式组的一般步骤”。

3.“归纳”就是“复盘数学活动经历”，是指由学生根据自己在解决问题的过程中的感悟，提出猜想、验证猜想，并以个人或小组形式归纳出新的数学知识和解题技能，归纳出新的数学思想和方法，这也是在逐步培养学生“会用数学的语言来表达现实世界”。

在上述问题中，学生归纳出一元一次不等式的解集的公共部分的具体找法：①解各不等式；②在数轴上表示以上各个一元一次不等式的解集；③找公共部分——不等式组中有几个不等式就该找几的线下那部分。

4.“互评”就是“对例题解法及过程的评价”，是指学生课堂练习中学生的自我评价、互相评价（也是互相学习）和教师精评。同时，在利用新知识解决问题的过程中，教师示范书写的格式、思考问题时的方向、方法的确定。

在上述所在课堂中，学生A在黑板上完成了“解一元一次不等式组$\begin{cases}2x-1\geqslant x+1\\x+8\leqslant 4x-1\end{cases}$”之后。师：“你觉得你的解题过程有什么得意之处吗？”

（待其回答完毕之后）“你觉得你的解题过程有什么遗憾吗？”（待学生A回答完毕后）“有不同看法的同学请举手！”

5.“再现”就是“课堂小结与反思”，是指学生通过反思感悟，对相关问题或事实再举例，从而形成良好的情感、态度和价值观，增强数学学习和应用的兴趣。

如在上述所在课堂尾声，师：“你还能举出生活中涉及‘一元一次不等式组’的具体事例或事实吗？”此处由学生畅谈。学生通过对这些“事例或事实”的反思，感悟到“一元一次不等式组”就在自己的身边，增强数学学习和应用的兴趣（流程图见图4–1）。

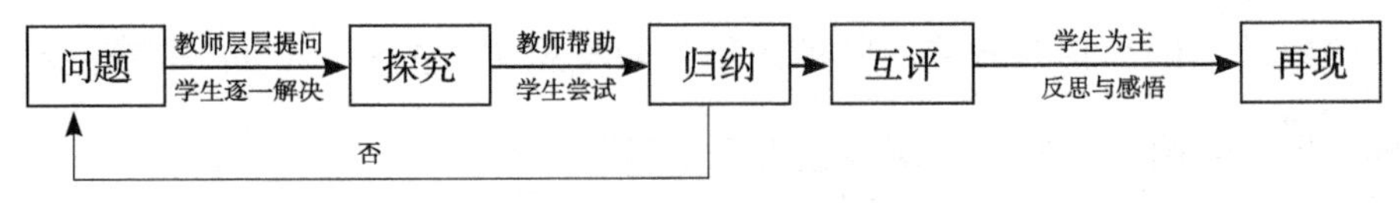

图4–1　新授课课型流程

（二）例（习）题课课型

1. 所谓“前测”就是“基础知识习题化检测”，是指以选择题、填空题等形式检测基础知识和基本技能的理解和掌握情况，并对检测出来的在基础知识和基本技能的理解和掌握中进行强化和弥补。

2. 所谓“试例”就是“独立尝试例（习）题”，是指在“检测”之后，教师立即出示第一组例（习）题，不经教师讲解先由学生按自己的理解去解决问题，抽取学生在黑板上展示（其余学生在座位上进行）。教师在学生操作过程中又出示第二组例（习）题。待学生完成第一组例（习）并自评互评后，立即进行第二组例（习）题的操作，以此循环往复，直至完成所有任务。

3. 所谓“互评”就是“师生间相互评价”，是指在黑板上展示的学生展示完毕后，先由展示的学生点评自己的解答有哪些成功之处？有哪些独到之处（自认为）？哪些不足？不足之处应该怎样修正？还有什么样的疑问？然后由其他学生自由提出自己的看法，或提出自己独到的见解，或向展示者质疑。

4. 所谓“后测”就是“例题的变式练习”，是指在完成所有题组之后，由学生再独立地解决由教师所出示的，体现本课时重点知识和技能、重要数学思想方法以及疑点的数学问题或事实，从而达到强化和拓展的目的（其流程图见图4–2）。

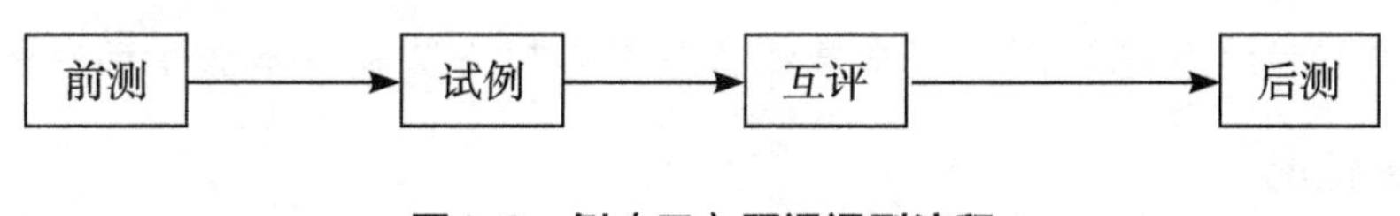

图4–2 例（习）题课课型流程

（三）复习课课型

1. 所谓“忆”就是“‘四基’的回顾”，是指师生以某复习专题为研究对象，以个人或小组为单位回忆本专题的基础知识、基本技能、基本思想方法和基本数学活动与记忆所遗失的基础知识、基本技能、基本思想方法和基本数学活动的复习活动。

如在“有理数的加减运算复习”中，“问题一、算一算”。

①（+5）+（+3）=____，−5+（−3）=____，+5+（−3）=____，−5+（+3）=____，−7+（+7）=____，−7+0=____；

②15−（+6）=______，−18−（+8）=______，36−（−5）=____，

0−6=____.

师："想一想，以上运算主要依据什么具体的法则？"

引导学生：归纳①可知，同号两数相加，取相同加数的符号，再把绝对值相加；异号两数相加，取绝对值大的加数的符号，再用较大的绝对值减较小的绝对值；互为相反数的两数相加为0，一个数同0相加仍得这个数。②减去一个数等于加上这个数的相反数（学生在通过简单的练习后诊断出自己对基本知识点的掌握情况，然后在交流中归纳出相应的运算法则，让学生在复习中真正落实到具体的知识点的掌握上达到知识回顾与补缺的目的，这是复习的第一步——忆）。

2. 所谓"测"就是"习题化检测"，是指以选择题、填空题等形式检测所复习专题基础知识、基本技能、基本思想方法和基本数学活动的理解和掌握情况。

在"有理数的加减运算复习"中，完成了"忆"后，出示题组：试一试（检测学生运用法则计算的情况）。

①$-5.6+(+3)+(-7.5)+15+(+7.5)+(-2.4)$，②$\frac{1}{2}+(-\frac{2}{3})+\frac{4}{5}+(-\frac{1}{2})+(-\frac{1}{3})$，③$(-5)+(+8)-(-12)-(+6)$，④$12-(-18)+(-7)-15$，⑤$4.7-(-8.9)-7.5+(-6)$（学生定时练习之后，教师抽几名学生说出自己的答案，检查全班学生测试情况，这是复习的第二步——测。其目的是了解学生掌握知识、技能的情况）。

3. 所谓"评"就是"集体评价"，是指学生"测"完后，学生间自由开展对展示学生在方法、过程和书写格式等方面的评价活动。

如在“有理数的加减运算复习”中，师：“怎么运算最快？你是怎么运算的？”（学生交流自己的计算方法之后，直到学生答到“观察式子结构，灵活运用运算律和技巧，采用‘凑零’‘凑整’等方法又快又准”。）

师：“同学们总结得很好。”

（通过对学生的检测，一方面复习具体的知识点；另一方面复习掌握该掌握的一些运算技巧。教师通过检测了解的情况对学生进行适时的点评，表扬做对的学生，鼓励出错了的学生，并督促出错的学生纠错。教师的适时点评，一方面可以让学生明白出错的原因；另一方面可以让学生对该掌握的知识、技能得到进一步深化理解。这是复习的第三步——评。）

4. 所谓“拓”就是“拓展延伸”，是指在完成“评”之后，对检测出来的在所复习专题基础知识、基本技能、基本思想方法和基本数学活动的理解和掌握中出现的问题，由教师出题进行强化和弥补。同时，更是对该部分知识的深化和拓展，从而加强学生对知识应用的训练，提高学生综合应用知识的水平和能力，向更高层次迈进。

在“有理数的加减乘除运算复习”中，又开展了下列三个活动。

①食品店一周中各天的盈亏情况如下（盈余为正）：132元，–12.5元，–10.5元，127元，–87元，136.5元，98元。请问该食品店一周总的盈亏情况如何？

②某做蔬菜生意的个体户去进了8筐白菜，他以每筐25千克为准，超过的千克数记作正数，不足的千克数记作负数，称重记录如下：1.5千克，–3千克，2千克，–0.5千克，1千克，–2千克，–2千克，–2.5千克. 请计算这8筐白菜的总重量是多少？

③小明于某年元旦连续三天观察了本地某商品的价格变动。第一天，这个商品的价格最高时比早上开门时的价格高了0.3元，价格最低时比早上开门时的价格低了0.2元；第二天，这个商品的价格最高时比早上开门时的价格高了0.2元，价格最低时比早上开门时的价格低了0.1元；第三天，这个商品的价格最高时与早上开门时的价格相同，但价格最低时比早上开门时的价格低了0.13元．计算每天这个商品最高价与最低价的差值，并求出这些差值的平均值（每个活动的要求都是学生先独立尝试，教师巡视作个别指导，然后小组交流，教师作必要的讲解），流程图见图4–3。

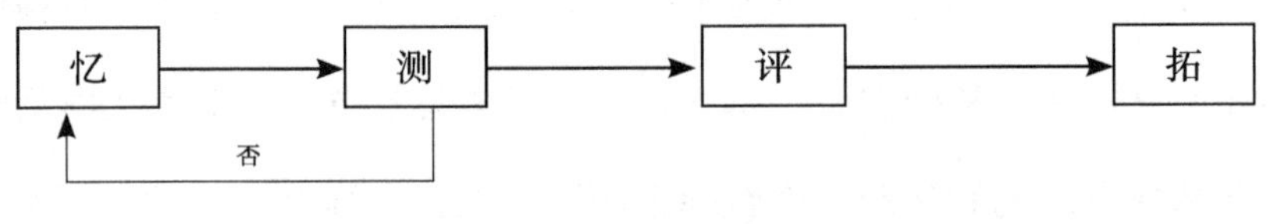

图4–3　复习课课型流程

二、八年级：以用数学的眼光去观察、思考学生的现实世界为主，培养学生 的观察力和逻辑思维能力——“思”

国内外近半个世纪的研究表明：三、四年级，八年级和高中二年级是逻辑思维发展的关键期。因此，我们应抓住这段黄金时期，以用数学的眼光去观察现实世界、用数学的思维去思考学生的现实世界为主和用数学的语言去表达现实世界，培养学生的观察能力、逻辑思维能力和表达能力。通过“经历观察、提出猜想、验证猜想和论证猜想的科学研究的过程”，从而获得数学知识和能力，增强学生的逻辑思维能力和表达能力；体验数学知识之间的内在联系，逐步形成对数学的整体性认识；同时获得一些研究问题的方法和经验，加深理解，发展思维，突出一个“思”字。

（一）新授课课型

1.“情景”就是“情景创设”，是指由教师出示发生在学生身边的、蕴含本节课核心内容的实际问题或事例，并研究此事例。

例如，在人教版八年级数学上册“勾股定理”的教学中做这样的引入：“小明的妈妈买了一台29英寸（约为74厘米）的电视机。小明量了电视机的屏幕后，发现屏幕只有58厘米长和46厘米宽，他觉得一定是售货员搞错了。你能解释这是为什么吗？”

2.“探究”就是“学生独立探究”，是指教师把“情景”问题交给学生，并根据问题的难易程度，由学生独立进行自主学习，或由小组合作学习完成探究任务。当学生有困难时，以“问题串”的形式对其提问。

如在“勾股定理”的教学中，这个问题本身涉及图解法，对八年级学生来说是比较困难的，需要教师帮助。因此，教师提出“问题串”：（1）你能对此问题构建几何模型吗？（2）请同学们在自己的方格纸上，任意画一个顶点都在格点上的直角三角形，并分别以这个三角形的各边为一边向三角形外作正方形，利用方格计算出三个正方形的面积。（3）观察正方形的面积之间有什么关系？

3.“归纳”就是学生自我总结归纳所获取的“四基”，是指在学生完成探究任务之后，由学生个人或合作小组归纳总结并阐述出新的数学知识和技能、新的数学思想和方法，这也是培养学生“会用数学的语言来表达现实世界”的行为习惯。

如在“勾股定理”的教学中，由学生归纳得出勾股定理的内容是：两直角边的平方和等于斜边的平方。

4.“运用”就是“独立尝试运用所学新知识、新技能和思想方法去解决问题”，指在学生完成“归纳”后，利用新的知识、技能和思想方法独自尝试完成例题及其变式练习题和课内练习的过程。

5.“互评”就是“学生先自评，再互评”，指学生在独自尝试完成例题或课内练习后，先让展示的学生总结自己的“得意之笔”及其来源，阐述“败笔”及其原因和修正方案，再由其他学生相互质疑，相互完善，相互点评。

6.“反思”是“反思感悟解决问题的过程和方法”，指对“探究”“归纳”“运用”等过程中，教师有意识地引导学生对问题的关键词、结构特征进行有目的的观察和思考，得出属于自己的结论，并反思总结自己的成功和失败，从而促进其观察力、逻辑思维能力的提高。

如在“勾股定理”的教学中，要引导学生感悟到，本节课我在知识方面学到了勾股定理；在数学研究方法方面了解到还有“图解法”；掌握了勾股定理的应用方向和方法；研究过程再一次体现了“数形结合”的思想方法；生活中大量存在勾股定理的事实等等，其流程图见图4–4。

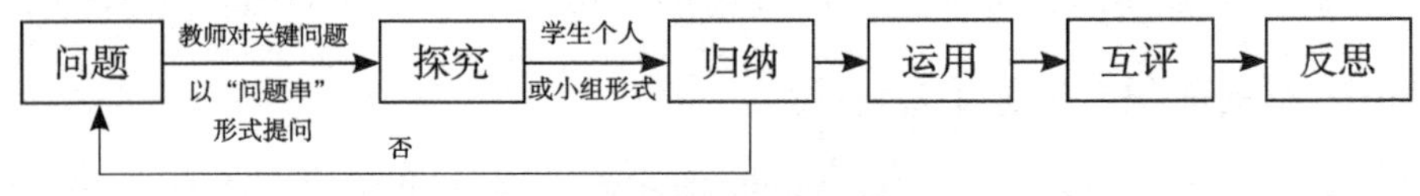

图4–4　新授课课型流程

（二）例（习）题课课型

1. 所谓“搭桥”，就是指以问题形式复习、检测所要巩固的核心基础知识和基本技能，并对检测出来的在基础知识和基本技能的理解和掌握中出现的问题，由学生自己出题或找题进行强化和弥补。

如在对人教版八年级数学上册中的分段函数进行讲解时，教师请同学们迅速画出 $y=20x+200$ 的图象（从学生最熟习的知识入手，教学生快速进入课堂氛围；独立操作，并请一位同学上台来完成；教师巡视，学生基本上都画对后）。接着教师问：“如果我们再给自变量加一个条件（同时教师板书 $0\leqslant x<5$），你会画它的图象吗？和刚才画的还一样吗？”

2. 所谓“试例”，就是“独立尝试”，是指在“知识搭桥”之后，教师立即滚动出示例（习）题，并抽学生简述解决问题的方向和思路（其他学生可以补充）后，不经教师讲解就由学生按自己的理解去解决问题。此过程中，学生可以向教师寻求帮助，但教师不进行集体性的讲解或提示。

如在讲述分段函数时，当学生成功解决了 $y=20x+200$（$0\leqslant x<5$）之后，教师出示课本第32页例5：“小芳以200米/分的速度起跑后，先匀加速跑5分钟，每分提高速度20米/分，又匀速跑10分钟，试写出这段时间里她的跑步速度 y（单位：米/分）随跑步时间 x（单位：分）变化的函数关系式，并画出函数图象.”（出示例题后，教师不作任何指引，让学生独立尝试，更能发现学生知识的漏洞。）

3. 所谓“碰撞”，就是“解释评价”，是指在黑板上展示的学生展示完毕后，教师视其与其他学生解答过程的异同再决定接下来的环节如何进行。若相同，则直接进入“归纳”；若不同，则先由展示的学生解释自己的解答思路和过程，然后由展示的学生点评自己有哪些成功之处？有哪些独到之处（自认为）？哪些不足？不足之处应该怎样修正？还有什么样的困惑或疑问？最后由其他学生自由提出自己的看法或独到的见解，或向展示者提出质疑。

4. 所谓“归纳”，就是解法比较与优化，是指在完成“碰撞”之后，由学生自由或教师归纳总结出有效方法和最佳方法的过程，从而提升、发展学生思维的流畅性。

如在对分段函数进行讲解时，直到学生归纳出“因为本题 y 随 x 变化的规律分成两段（前5分钟与后10分钟），所以写出的关系式也要分成两部分，画函数图象也要分成两段来画”为止。

5. 所谓“拓展”，就是课内提高训练，是指在“归纳”之后，教师出示一个与上述例（习）题密切相关且要求更高的问题，并由学生独立解决，延伸知识和技能。

如在对分段函数进行讲解时，教师继续出示练习题：巴川镇出租车收费标准，2公里起租，起租金额3元，超过2公里后，每增加1公里，加收1.2元。设周教师乘车的距离为 x 公里，所支付费用为 y 元，请写出 y 与 x 的函数关系，并画出函数图象. 通过学生自己的自主探索互评、反思，让学生充分体会成功带来的喜悦，提高学生学习数学的兴趣。以学生思维的就近发展区，出示变式练习，更有利于学生能力的形成，其流程图见图4–5。

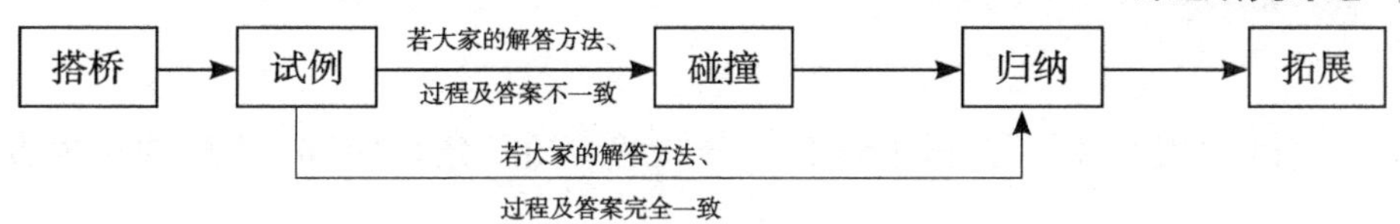

图4–5 例（习）题课课型流程

（三）复习课课型

1. 所谓“梳理”，就是“自我梳理”，是指教师指导下的，学生以某复习专题为研究对象，通过阅读课堂笔记、查阅教材等形式梳理出专题核心知识内容、技能和数学思想方法的复习活动。此项活动以小组为单位，对自我所梳理出来的复习专题核心知识内容、技能和数学思想方法进行交流和补充。

对“轴对称”的复习教学中，教师先请同学们翻到课本第155页，观察本章知识结构图，见图4–6。

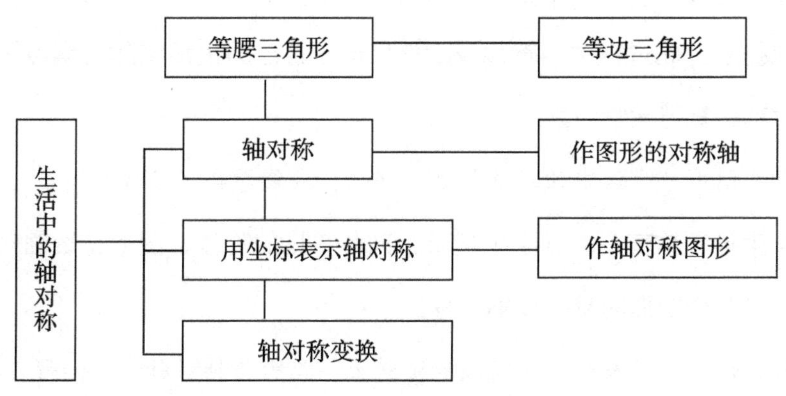

图4–6 轴对称知识结构

（让学生观察、思考）

师：进行这一章的学习，我们的学习顺序是怎样的？

（引导学生回顾：轴对称、轴对称变换、等腰三角形。）

师：在上述结构图中，有没有什么定义或者重要结论是延伸出来的？

引导学生回顾：线段的垂直平分线和直角三角形中30° 所对的直角边是斜边的一半。

师：看来有些同学对本章知识很熟悉。好，现在请同学们以这个结构图为“纲”，回想每一个部分所包含的知识点及得到的重要结论，并用铅笔写在结构图中相应的方框旁边。

（全体学生独立回想、翻书查阅后）

师：请分组交流你们的结果，并讨论，尽可能地完善。

生：（以小组为单位、讨论，并完善自己的笔记）

2. 所谓“查找”，就是自主检索，是指在教师组织下，以小组为单位，学生通过查阅资料，给出自认为能体现本专题重点、难点和疑点的习题的过程。此过程中，学生可以向教师寻求帮助，但教师不进行集体性的讲解或提示。此过程中，教师鼓励学生根据自己的生活实际自编习题。如在轴对称的复习教学中。

师：图中“生活中的对称”这一部分，我们学会了什么？

学生畅所欲言，直到学生指出：判断常见的物体、图形是否轴对称；还可判断两个图形间是否成轴对称。

师：请在书或与这一章有关的资料上，找出与轴对称相关的题目来。

生：（查找并熟悉）

师：同样地，请同学们找出与“轴对称变换”“用坐标表示轴对称”“等腰三角形”相关的题，并熟悉，对那些解答还模糊甚至不能解答的，可作上记号，课后再去复习。

生：（略）

师：这一章的最后一节“等腰三角形”，在应用知识解决问题时，有很多题，特别是某些题，我们还添加了辅助线，请同学们再找出添加了辅助线而后解答的题目。

生：（略）

师：这些辅助线是怎么添的？有什么特点或规律？可讨论。

生：（讨论、交流后小组代表回答）倍长中线，有和、差、两倍的截长补短，角平分线与平行线相结合……

3. 所谓“命题”，就是学生命题，是指在教师指导下，利用学生通过查阅资料，把公认为能体现本专题重点、难点和疑点的习题组成一套试题的过程。

在对轴对称的复习教学中，教师先请学生熟悉所查寻的题，再请每小组精选三题（此三题应是小组同学或者认为较难，或者认为不易理解，或一致认为典型的较重要的题目，也可创作），并阐述选择的理由。

4. 所谓“检测”，就是学生定时独立做题，是指学生在“命题”结束后，学生间交流和互评，评出优质题组，并作为课堂定时作业的活动。

5. 所谓“评析”，就是师生对题及其解题方式进行的评价与分析，是指学生在“检测”结束后，教师或学生对课堂定时命题和定时作业作出评价和分析、订正的活动，其流程图见图4–7。

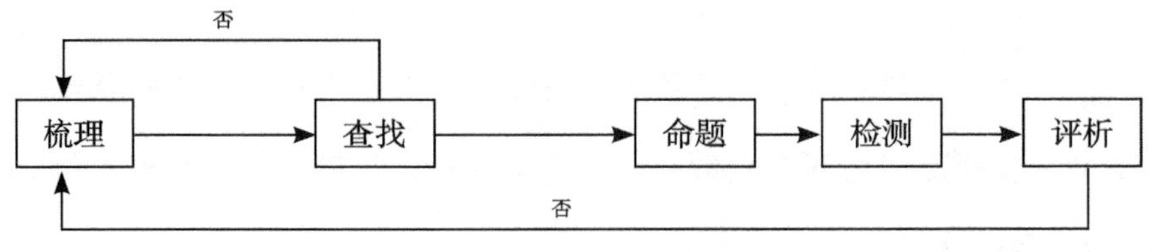

图4-7　复习课课型流程

三、九年级：以用数学综合解决学生的实际问题为主，提高学生的综合素质——“用”

《义务教育数学课程标准》（2022年版）要求“学生经历知识的形成与应用的过程，从而更好地理解数学知识的意义”“通过获得成功的体验和克服困难的经历，增进应用数学的自信心”。因此，我们构建了“以用数学综合解决学生的实际问题为主，提高学生的综合素质”的九年级数学课堂教学模式，突出一个“用”字。

（一）新授课课型

1. 所谓“情景”就是“情景引入”，是指以蕴含本节课核心内容的实际问题或事例为课题研究对象，激发学生求知欲，引发学生积极、主动思考。

在人教版九年级数学上册“切线长定理”的教学中，以这样的情景引入：“张师傅有一张三角形铁皮，如何在它的上面截下一块圆形用料，使圆的面积尽可能大？”

2. 所谓“探究”就是“自主探究”，是指学生通过亲自动手操作解决“情境”问题，自主发现自己认为是正确的规律和结论——数学概念、定理和公式等（允许错误结论的出现）。此过程中，教师应鼓励学生通过独立探究或小组讨论等多种形式尽可能地让学生去探索、去发现。

在“切线长定理”的教学中，问题一经出示便会立即引起学生的兴趣。学生通过观察容易发现：这个问题就是在三角形中画一个圆，使圆尽可能大，且圆与三角形的三边都相切时，这个圆最大。

3. 所谓“发现”就是“发现规律性结论”，是指从学生所发现的众多结论中，以“生评生”的方式进行点评、提炼、归纳和总结，得出正确的规律或结论的活动。

在“切线长定理”的教学中，当学生成功确定了最大圆之后，教师可以提示：“根据自己操作及所得的图形，你发现了哪些结论？”让学生畅所欲言，直到说出核心结论为止。

4. 所谓“论证”就是“规律和结论的证明”，是指利用前面所拥有的知识去证明新发现的规律或结论的正确性的活动。

5. 所谓“应用”就是例题及其变式的求解，是指学生独立运用所发现的新知识解决相关问题，并以“生评生”的方式开展点评。此过程中，教师可以对问题进行变式，以使学生通过总结规律、结论，达到做一题会一类的目的，培养良好的学习方法和习惯。

在“切线长定理”的教学中：

①学生独立完成教材第106页练习1、练习2，以生评生的方式点评。

②解决课首提出的实际问题（师生共同画出三角形的内切圆，并讲述三角形的内切圆、内心、外切三角形的概念，引导学生从文字与意义上区分“内切圆”与“外接圆”的概念）。

③变式拓展。

变式（1）：人教版九年级数学上册“切线长定理”例2。

变式（2）：见图4-8，把△*ABC* 改为“直角三角形”，∠C=90°.

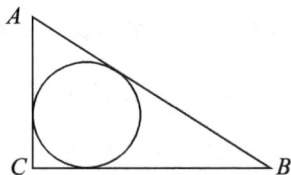

图4-8

已知：$AB = 13$ cm，$AC = 5$ cm，求内切圆的半径.

可抽一位学生在黑板上解答过程，可采用“生教生、生评生”的方法。解决问题后，引导学生得出直角三角形内切圆半径 $r = \dfrac{a+b-c}{2}$（其中a，b，c为直角三角形的两直角边和斜边）。

6. 所谓“反思”就是数学活动归纳与总结，是指在完成本堂主要目标之后，由学生自由畅谈自己在知识上有什么样的收获、在技能上有什么样的收获、在思想方法上有什么样的收获、在解决问题的过程中有什么样的情感体验；对数学的态度是否有进一步良好的改变，是否经常用所学的数学知识、技能、方法和思想去观察、思考或解释部分现实生活问题，形成“会用数学的眼光观察现实世界”“会用数学的思维思考现实世界”“会用数学的语言表达现实世界”的初中数学核心素养，从而提升自我——成为“眼里有数学、心里有数学、嘴上有数学”的“三会”数学人（流程图见图4-9）。

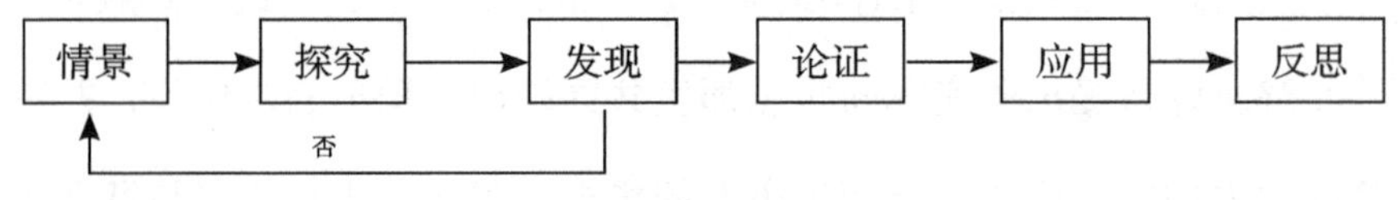

图4-9　新授课课型流程

（二）例（习）题课课型

1．“问题”是指把蕴含本节课核心内容的数学事实或困惑交给学生。

如在人教版九年级数学上册相似三角形判定的应用习题课中，已知如图4–10所示的△*ABC*中，点*D*、*E*分别在边*AB*、*AC*上，连接*DE*并将其延长，交*BC*的延长线于点*F*，连接*DC*、*BE*。若∠*BDE*＋∠*BCE*＝180°，∠*DBE*＝∠*DCE*，则请：

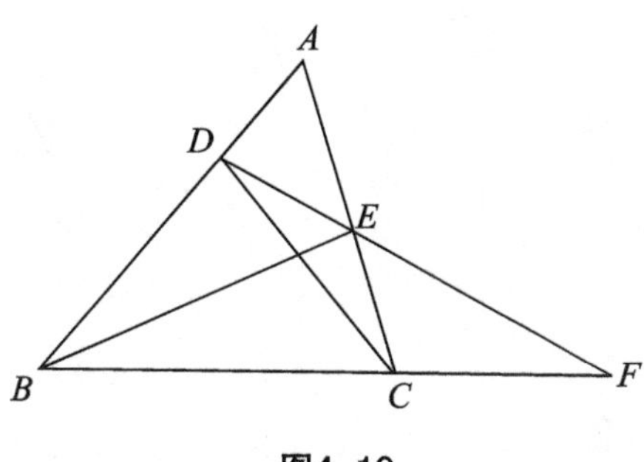

图4–10

①写出图中三对相似三角形（注意：不得添加字母和线）。

②在你所找出的相似三角形中任选一对，说明它们相似的理由。

2.“分解”就是把新问题分解为若干个熟悉问题，是指学生根据蕴含本节课核心内容的事实或数学困惑的难易程度，由学生自主，或由小组合作，将新问题或拆分或转化为若干个旧问题的过程。此过程教师可以引导或提供必要的帮助。

如在“相似三角形判定的应用”的习题课中，可将其图拆分或转化为：①“共角型”（补充一个什么条件可使图中的三角形相似），如图4–11、4–12所示。

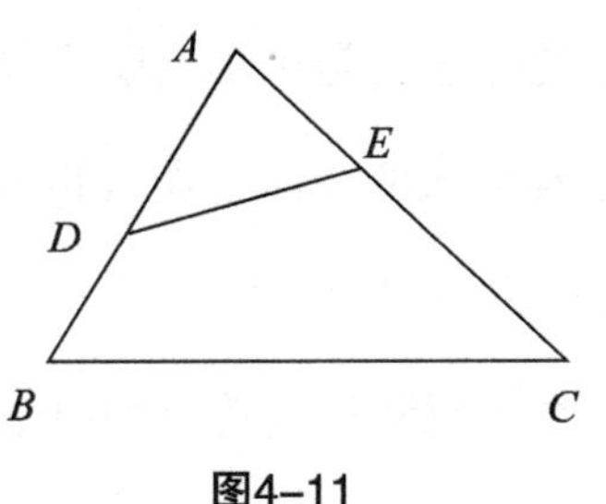

图4–11

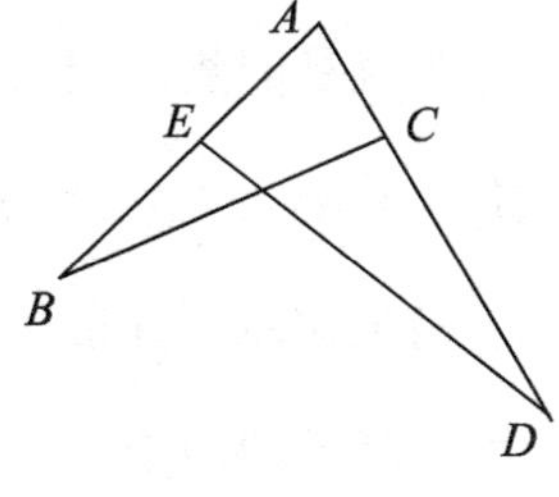

图4–12

②“蝴蝶型”（补充一个什么条件可使图中的三角形相似），如图4–13所示。

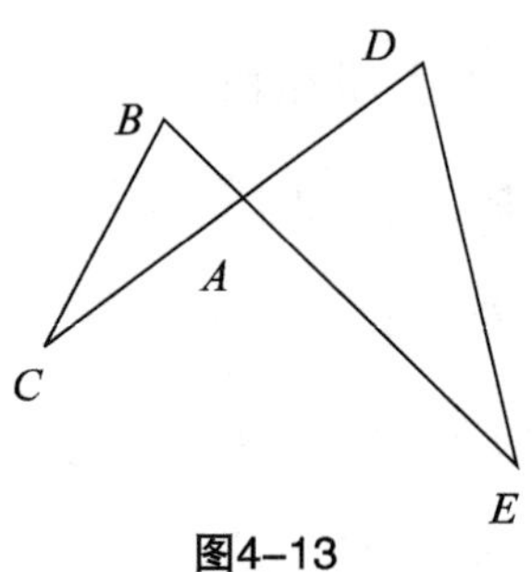

图4–13

③“共角共线型”公共角的对边不平行，且有另一对角相等，两个三角形有一公共边。若满足其他条件呢？如图4–14所示。

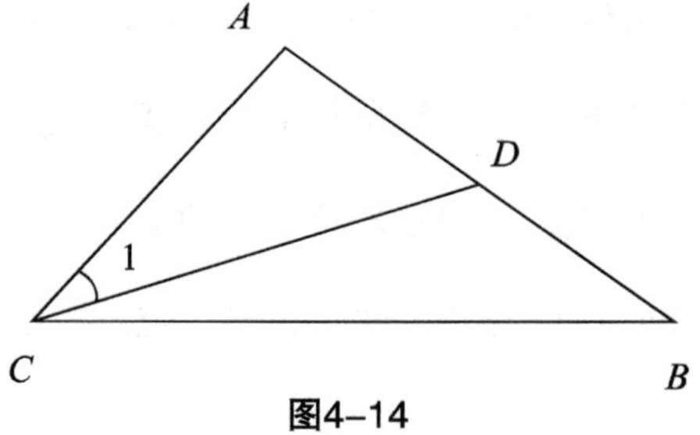

图4–14

3.“解惑”即“多方向解决数学事实或困惑”，是指学生利用前面的“分解成果”完成探究任务，并归纳总结出新的数学知识和技能，归纳出新的数学思想和方法。此过程教师只做方法优劣的点评。

4.“反思”就是回头找出有效解法的标志，是指学生经历“分解”和“解惑”之后，由自己总结并归纳自己和他人的方向、渠道和方法获取的根据是什么？有何启示？并形成和完善个人认知。

5.“应用”就是课内变式练习，是指例题和课内练习均由学生独自尝试多方向、多渠道、多方法去思考完成，从而引导学生用所学数学知识去打量生活——解释和解决现实世界的生产、生活和学习中的部分问题，促进学生良好情感、态度和价值观的形成，其流程图见图4-15。

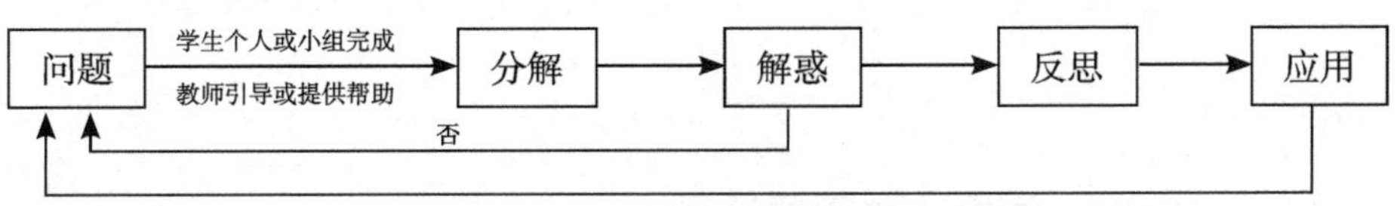

图4-15　例（习）题课课型流程图

（三）复习课课型

1.“测”即“专题习题化检测”，是指教师以承载所复习专题基础知识、基本技能、基本思想方法和基本数学活动的选择题和填空题等为课题研究对象，由学生自主定时完成任务，教师只做方法优劣的点评。

2.“试”即“独立尝试”，是指教师由浅入深地滚动出示题组，再由学生独自尝试多方向、多渠道、多方法去思考完成各题组。

3.“拓”即“拓展与提升”，是指师生共同对滚动出示的题组进行拓展变式并说明其解法（不一定要要求学生求解）。

4.“悟”即“内化”，是指由学生多方向、多渠道、多方法去思考和拓展后，自己总结归纳自己复习运用了哪些知识点？运用了哪些解题方法？体验了哪些思维方式？其流程图见图4-16。

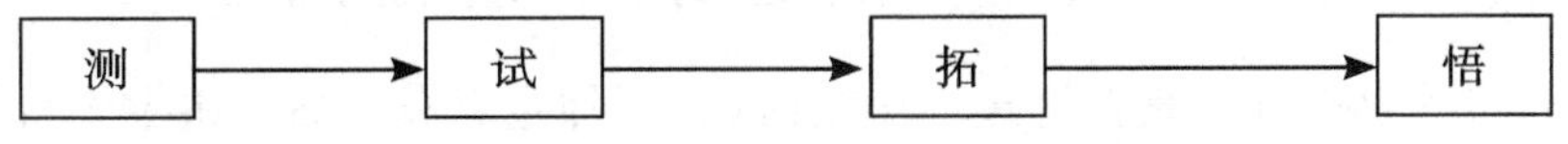

图4-16　复习课课型流程图

第二节　初中数学课堂各年级通用课型教学新模式

一、初中数学试卷讲评课课型

“数学测试”是数学评价的重要手段和方法之一，其目的和功能在于通过“数学测试”，让师生了解各自的教学或者是学习过程，在基础知识、数学技能、数学思想和方法上的得与失，并思考对“经验”的继承的方法和路径，对“失败”原因的探究，以及让“‘失败’变为‘成功’之母”的方法和路径，突出一个“晰”字。

1. “小组讨论”是指在教师组织下，学生以小组（一般3～6人为宜）的形式对各自的错题进行错误原因、正确解法、最优解法和避免错误出现的策略进行讨论，并在试卷上对在小组讨论中已经解决的问题标明错误原因、对在小组讨论中仍未解决的问题做上标记（20分钟左右）。此过程教师可以只作巡视、督促，也可以对个别小组进行必要的指点和提示。

2. “师生点拨”是指针对小组讨论仍未解决的问题，根据未解决问题的小组的多少，由教师或学生，或者进行点拨，或者进行详讲。

3. “反思提炼”是指通过“小组讨论”“师生点拨”后，由学生自行开展本次考试在知识、技能、方法和策略等方面的得与失的总结活动，其流程图见图4–17。

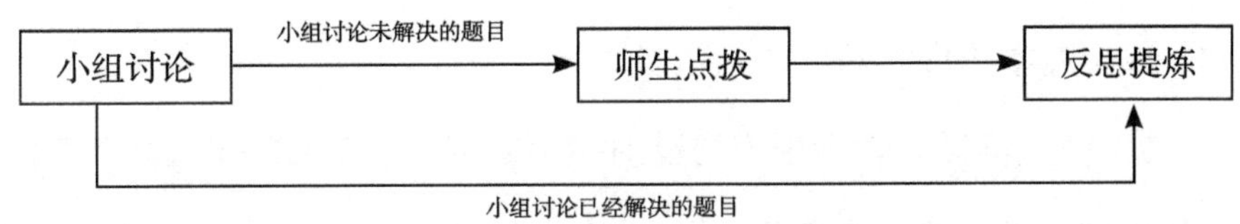

图4–17 数学试卷讲评课课型流程图

二、初中专题复习课型

专题复习也是项目学习或主题学习，是建立在某系统复习基础上的有针对性的复习课课型。其针对的是教材和课程标准中的重点内容所确定的必然出现题型或可能出现的新题型，因此，“专”“准”“透”是本轮复习的核心，其中“专”“准”是本轮复习的重点，“透”是本轮复习的难点。专题复习课的教学设计应当基于“问题驱动教学法”进行教学设计，目的是通过教学让学生精准找到专题题目的标志性特征及最佳解题路径。

1. 所谓“引入课题”就是创设情境、引入课题。教师精选专题经典题目或中考必考题目一个（在专题题目相对简单的课时中，可以安排2~3个专题题目）。通过审题，引入课题。

设计意图：体现题型的“专”与“准”。

2. 所谓“合作探究”就是问题驱动、合作探究。教师利用题目中的“关键词”“代数结构”或“基本图形”，通过“由此想到了什么”，进行多法分析。在此过程中，重在思路和方法获取——“这是由什么想到的”，重在理论依据——“此操作的依据是什么”。

（1）提出“问题串”。根据题目条件与结论中的“关键词”“代数结构”或“基本图形”提出“问题串”。

（2）学生尝试。学生根据自己对“关键词”“代数结构”或“基本图形”的理解，进行尝试性操作。若操作成功，要求能够回答此操作是由什么想到的，每个操作的理论依据是什么；若操作失败，查找失败原因。

（3）多法寻找。还可以怎么做？什么地方告诉你还可以这样做？若没有多法的重要题型，此环节跳过。

（4）解法归纳。哪种解法更优越？其标志性特征是什么？这些解法的共性是什么？解决本题的突破口、关键环节是什么？（此环节以学生为主体、教师为主导，给予学生充足的时空。）

设计意图：通过研究题，达到解题与思维的“透”，特别是思维的“透”，体现现实课堂梯度与深度。

3. 所谓“变式深化”就是师生互动、变式深化，是指在具有共同结构特征的情况下，让学生感悟题型的通性通法、让学生感悟特殊方法的特殊标志。这也相当于课堂针对性变式练习。（此环节在适当时间内，由浅入深地进行变式训练，给足学生操作时间，尽可能全面地进行变式。）

设计意图：引导学生探究“变”与“不变”之间的关系，感悟“不变的本质”，感悟题目背后所要传达的数学思想方法，实现课堂宽度。

4. 所谓“总结规律”就是活动领悟、总结规律，即对“问题驱动，合作探究”活动进行反思与总结，形成专题问题的解题规律——各种解法核心步骤、关键环节及各种解法的标志性特征，包括特殊方法及其标志性特征。这也是专题复习课的核心内容和核心价值。（此环节由师生共同完成。）

设计意图：形成解题技能，实现课堂长度，达到“做一题，通一类，会一片”的目标。

5. 所谓“巩固提高”就是独立操作、巩固提高，即根据当堂专题，分层布置课后作业。

设计意图：有效巩固和补充，课堂教学效果检测。

其流程图见图4–18。

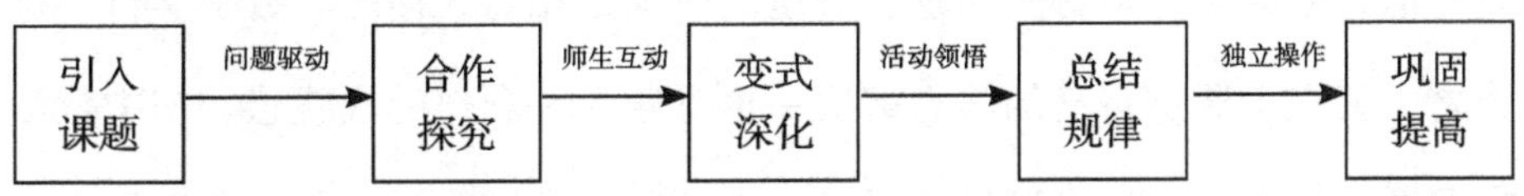

图4–18 初中专题复习课课型流程图

三、初中数学自习课

初中数学自习课应该是学生在数学正课外有计划、有步骤、富有成效的自主学习的时间，总结起来初中数学自习课有四大作用。

首先，进入初中阶段特别是八年级以后，学科增多了，数学课时量减少了、教学速度加快了，使学生产生一些数学学业上的漏洞和需要补强的地方。由于每个学生的情况不同，因此数学学业漏洞和有待补强之处也相应地有所不同。针对这种情况，初中数学自习课的存在可以使学生根据各自状况查缺补漏，强化自己在学习上的一些薄弱环节，去完成自身学业水平的消化与巩固，即消化与巩固。

其次，在初中数学自习课的时间里，不同的学生有着不同的需求。初中数学自习课的存在，能让学生在学习之余对已学知识和所掌握的基本技能进行思考，有利于培养活跃思维与创新能力，即拓展和提高。

再次，一个善于学习、成绩优异的学生，一定是一个善于自主自习、锻炼自己独立思考能力的高手（优生不是教师教出来的，是自己悟出来的）。数学课堂上，教师为了完成教学任务，往往给学生独立思考的时间和机会都相对有限，而初中数学自习课上，没有教师的提示与揭示，学生要凭借自己的努力来解决问题，这里的时间是相对充裕的。数学学科的魅力之一就在于通过自己的努力解决一道难题那一刹那的成就感。初中数学自习课上，学生通过自己的思考，“攻克”一道道难题，更加会激发学生学习数学的积极性与主动性。

最后，培养自主学习、自我教育、终身学习[①]的习惯和能力。初中数学自习课的存在，能够让学生根据自己的需求制定计划，从而更加有效率地学习数学，实现具备自我管理、自我教育的能力。

（一）制订自习计划

学生根据自己的实际情况，制订出当堂数学自习课的计划，并写在数学自习本上。

数学自习课的计划内容，应根据学生学习实际，在“当天正课内容的复习和梳理”“当天正课内容中遗留问题的弥补”“作业中错题的修订”“拓展与提高”四项中进行选择，其中前三项为必须选择项或必须完成项，第四项“拓展与提高”，学生视自身情况适时调整。

① 李兴洲，耿悦．从生存到可持续发展：终身学习理念嬗变研究：基于联合国教科文组织的报告[J].清华大学教育研究，2017,38(1):94-100.

（二）巩固与消化

1. 当天正课内容的复习和梳理。关闭书本对当天数学正课中概念的种概念及其类征、规定、数学表达等进行重现；关闭书本对当天数学正课中的定理（法则）、公理的结构、数学表达、实质和注意事项等进行再现；对基本技能和方法的应用步骤及每一步的目的、根据、注意事项等进行再现；对各题型的解题基本思想和方法进行再现。

2. 当天正课内容中遗留问题的弥补。翻阅教材或工具书或课辅资料对当天正课中还含混或者根本不懂的概念、定理（法则）和公理、基本题型展开研究。通过至少两遍深思熟虑后仍没有解决的问题，可举手与当堂初中数学自习课辅导教师交流、研讨，直到问题得以解决为止。

3. 作业中错题的修订。首先弄清自己错误的原因；其次，弄清此题有哪些正确方法及每一种正确解法的信息源；最后，这些正确方法中，最简方法是什么，又为什么，并把最简正确答案用红色笔修订在原作业本上。

（三）拓展与提高

数学课辅材料的操作。在前面两个操作完成的基础上，独立完成自己的数学课辅材料。当遇到困难后，通过至少两遍深思熟虑后仍没有解决的问题，在问题前面或下面做好标记，等待咨询初中数学自习课辅导教师或课后与教师或同学探讨解决。

（四）自主反思与小结

1. 计划完成情况。若计划完成得好，说明计划是合理的，应该保持，并在计划后画上“√”；若计划中多项都没有完成，说明该计划脱离了自己的实际，应该在第二天的初中数学自习课计划中作出相应调整，并在该计划后画“×”。

2. 专注度。用A、B、C、D或优、良、中、差来呈现。这也是学生对自己的一种反思、行为评价。

3. 收获。用言简意赅的语言给出本初中数学自习课在知识、技能和思想方法上的收获。

4. 知识与技能困惑。罗列出本堂初中数学自习课中还存在的数学知识和技能等方面的问题，等待下堂初中数学自习课独立解决或师生合作处理。

5. 自习困惑。罗列出自己在初中数学自习课上所存在的操作层面上的问题，以备下堂初中数学自习课警视并改善（其流程图见图4–19）。

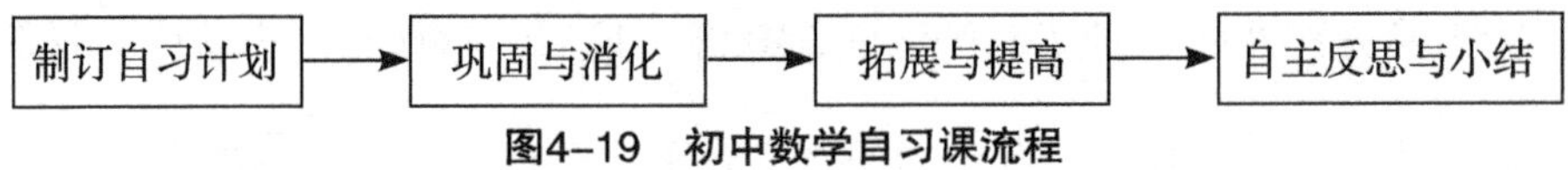

图4–19　初中数学自习课流程

初中数学自习课的四大主要内容是有逻辑顺序的，必须严格按照（一）（二）（三）（四）的顺序来操作，不可随意改变其顺序。

各年级初中数学自习课的四大主要内容应该有不同的时间分配指导。如七年级初中数学自习课，由于第二项操作的目的是复习巩固和查漏补缺，同时也是对自己学习方法的反馈。所花时间开始时可以控制在20分钟左右，熟练后应该控制在10分钟以内。“拓展与提升”主要是课辅材料的操作，通常应该在20～30分钟，且随着时间的推移，到七年级下学期，还可以考虑在其中加上对下堂数学正课的预习。

第三节 学生差异性的关注

儿童教育专家多萝茜·洛·诺尔特指出："如果一个孩子生活在表扬之中，他就学会了感激；如果一个孩子生活在接受之中，他就学会了爱；如果一个孩子生活在认可之中，他就学会了自爱；如果一个孩子生活在承认之中，他就学会了要有一个目标……"[①]最新研究显示，一个人的成功，只有20%归于智商的高低，80%取决于情商。[②]要实现"新课程"要求中使不同层次的学生获得不同的必备的数学知识和数学能力，对数学的情感态度和价值观的良性转变，我们就必须关注学生间的差异性。

一、同一班级不同学业水平的学生

1. "'先'困"是指教师优先把展示机会给予学困生，比如优先让有意回答问题的学困生解答问题。

在人教版七年级学数学"一元一次方程及其解法复习"教学中，第一环节是"基础前测"。有如下判定"一元一次方程及其解"的低起点题目：

---

① 转引自李如密．教学美的价值及其创造[D]．兰州：西北师范大学，2005.

② 沃斯，德莱顿．学习的革命[M].2版．顾瑞荣，陈标，许静，译．上海：上海三联书店，1998.

①下列方程是一元一次方程的是（　　）

A. $x-y=3$　　B. $x-6=2x$　　C. $x^3=1$　　D. $\frac{5}{x}-1=3$

②$x=-2$是下列某方程的解，此方程是（　　）

A. $x+1=2$　　B. $2-x=0$　　C. $\frac{1}{2}x=1$　　D. $\frac{x-2}{2}+3=1$

对这些较为简单的数学题目，数学教师优先让有意向作答的学困生来展示，或者教师让在教师心目中有十足把握能做对的学困生来展示。在其他环节中，只要学困生有展示的意向，数学教师都要帮助其有效展示。

2.“‘奖’困”是指在学困生展示的全过程中，教师只做积极的引导、点拨和鼓励性的赞扬性的点评（绝不含消极色彩），希望通过“先”困、“奖”困，在学困生中不断产生“罗生塔尔效应”（也叫“皮格马利翁效应”）。①

在“一元一次方程及其解法复习”教学第一环节——“基础前测”中，学困生只要勇敢地举手并作答，就可以用“某某某同学，通过自己的独立思考，已经有自己的答案了，请他（她）给我们分享分享！”；或者是教师对某学困生有把握其能够成功解答，就可以有“相信某某某同学已经有自己的答案了，请他（她）给我们分享分享！”。若解答正确，就结合现场实际，当众给予隆重的表扬与鼓励；若不能正确解答，就要给学困生“搭梯子”（如查阅资料、拆分问题及给予提示等）并给予充足的思考、操作时空，并对其每一次作答或每一次操作都给予积极的肯定与鼓励。

各课型课时中的基础或相对简单部分是“‘先’困”“‘奖’困”的

① 李春亭，邵宗富．金针度人 诲人不倦：浅论高校教师如何关爱学生成长成才[J].经济研究导刊，2012(10):287-288.

主阵地，但不排除其他教学环节适时的“‘先’困”“‘奖’困”。

3.“‘希望’中等”是指在学困生不能解答后，教师应把正确解决问题的‘希望’充分地寄托在中等学生的身上，并给他们以众多的机会和充分的时间，教师只作积极的点评。

在“一元一次方程及其解法复习”教学第三环节——“典例剖析”中的例题具有典型性，例如“解下列一元一次方程 $\frac{x-1}{4}+x-1=\frac{2x+1}{6}$、$\frac{2x}{0.03}+\frac{0.25-0.1x}{0.02}=0.1$”等；第四环节——“小结与反思”直奔课堂教学目标：（1）在基础知识方面，你捡拾回来了哪些？（2）在基本技能方面，你捡拾回来了哪些？（3）在基本数学思想方法方面，你捡拾回来了哪些？这些问题的解决往往有一定的难度或障碍，因此更多的是中等学生的天地，包括展示机会的争取、展示时空的给予、展示后的自我评价、展示生生评价以及数学教师的积极性点评与鼓励都应在此进行。

4.“‘命名’优生”是指在优生给出新颖性的，或者创新性的，或者多种方法等，就以其名字命名此解题方法。

在“一元一次方程及其解法复习”课堂教学所有环节（特别是第三环节、第四环节）中，一旦优生给出较为新颖的“金点子”，就可以以其名字命名此“金点子”——如×××法则、×××方法、×××规则等，以示褒奖。

二、情感差异不同的学生（特别是个性孤僻的学生）

1.“抑‘骄’”是指教师通过对一些大家易于忽视的简单问题，先让有骄气的优生回答，在其难以准确地答出后，再让经过一些预先指点的后进生答对（此操作不宜对学生进行任何形式的评价）。

A是八年级的学生。他在数学方面一直特别出色，经常在考试中取得高分（基本上是班级第一名，多次夺得年级第一名）。这些成绩让他在学校中崭露头角，也让他在家中备受赞扬。然而，随着时间的推移，A同学开始变得傲慢——数学课堂变得心不在焉、漫不经心……虽经教师、家长多次教育但依然如故。

在“全等三角形的判定”第三课时教学中，教师发现A同学仍然不在状态。教师出示题目后，首先叫该同学到黑板上展示，这位同学居然呈现出了如下“数学表达格式不全”“前后不一”且“具有知识性”的错误：

$$\begin{cases} \angle AOB=\angle COD & \text{（对顶角相等）} \\ OA=OC & \text{（已知）} \\ OB=OD & \text{（已知）} \end{cases}$$

$\therefore \triangle AOB \cong \triangle COD$ （SAS）

当A同学展示完成后，教师让在课堂巡视中发现做得精准（有时需要进行必要的指点）的后进生B同学在视频展示台上进行了展示。

此后，A同学又恢复到从前的良好状态。

2.“扶‘卑’”是指对自卑学生进行预先指点，或者是通过仔细的观察，确定其有较大把握正确回答问题后，优先让其展示自我。教师只做鼓励性的赞扬性的点评。

小陈因为学习方法不当（没有掌握好预习、听课、复习等环节），所以学习效率低下、数学成绩较差而即将失去学习信心——已经有放弃数学学习的迹象与念头。教师除给她做思想工作外，总是在数学课堂中，把最基础的或者观察到她有把握回答的课堂问题或练习解决的机会优先给她，即使她在展示过程中出现这样那样的障碍，或者请同学帮助她，或者由教师给她搭建更低矮的梯子，帮助她掌握好基础知识，并在过程中不断地赞扬与鼓励，让她建立数学学习信心。

经过四个学期的扶持，小陈的数学成绩有了明显的提高。期末考试中，她的数学成绩上升到百分制的60分及以上，并顺利考入重点高中。同时，她也变得更加自信和开朗，对数学学习充满了兴趣和热情。这个案例表明，通过有效的扶持策略，可以帮助学困生克服困难，提高数学成绩。

第五章　初中数学课堂教学行为和学习行为的转变

第一节　新课程初中数学课堂中教师教学行为的转变

《义务教育数学课程标准》（2022年版）提出："数学教学活动必须建立在学生的认知发展水平和已有的知识经验基础之上，且围绕学生的发展而展开的。"随着新课程改革的不断深入，数学课堂中教师教学行为已发生了根本变化。由注重"学生解题结果"向注重"学生过程参与"的转变；由"教师权威"向"师生民主平等"的转变；由"知识的传授者"向"教学的研究者"的转变，现结合初中数学课堂教学实践谈谈新课程下教师教学行为的转变。

一、教师教学行为由"教师权威"向"师生民主"转变

传统的师生关系是一种主动传授与被动接受的关系：教师是教育的主

体，处于至高无上的权威地位，为了更有效地进行知识传授，需要把学生放在客体位置上进行客观认识，以对象化的思维看待学生，学生无条件地接受教师的一切灌输。教师与学生处于相互对立的关系，学生逆反心理严重，教学常常达不到事半功倍的效果。

新课程理念要求数学教学过程是师生平等交往，共同发展的过程。应根据学生的认知规律，创设条件，引导学生主动学习，主动探索，在民主和谐的氛围中，教师、学生交流互动，相互理解沟通，相互启发与交流，分享彼此的思考、见解与发现，教师是学生数学学习的组织者、引导者、合作者，让学生成为数学学习的真正主人。课堂教学中，教师依据学生的认识发现规律，为学生营造平等和谐的课堂氛围，创设良好的问题情景，激发其兴趣，驱动其内因，让学生产生探索欲望，使他们能够勇于探索、勇于发表自己的见解，让教学过程真正成为学生“探究、归纳、运用、互评、反思”的过程，最终由学生自己解决面临的问题，并把已经解决的问题作为数学经验，纳入自己的认知系统，成为解决新知的基础。

下面是某实验学校八年级一位数学教师的一堂人教版的“分式的基本性质”的教学示范课。

（A）教学片段实录

片段一（上课铃声响后）

师：昨天我们认识了与分数形式很相似的“分式”，大家都知道分数有基本性质，那么分式有基本性质吗?

生（齐声）：有。

师：好，今天我们就一起来探究分式的基本性质，PPT演示以下内容。

提出任务——探究分式的基本性质。

（1）阅读材料：分数的基本性质，分数的分子与分母都乘（或除）以同一个不等于零的数，分数的值不变。

（2）问题探究，下列从左到右的变形成立吗？为什么？

①$\frac{1}{x}=\frac{1\times 4}{x\times 4}$， ②$\frac{1}{x}=\frac{1\times m}{x\times m}$， ③$\frac{1}{x}=\frac{x-1}{x\times(x-1)}$.

（3）归纳结论。分式的基本性质：________________。

（学生自主探索，遇到疑难问题，自己积极主动思索，不能解决时，提交小组讨论，小组不能解决的问题，由小组长安排人员整理出来，进行组间交流。5分钟后，学生汇报探究成果。）

生a：我认为①②③式都成立。

师：你是怎样判断的？

生a：我猜的？（学生哄堂大笑）

生b：我是代入字母的一些特殊值，发现等式左右两边的值相等。

师：判断方法不错。

生c：我认为①式正确，②③式不对。

师：为什么？

生c：因为②式中当“m = 0”和③式中“$x=1$”时，分式的分子和分母都乘以数0，整个分式无意义了。

师：考虑得真周到，若②式加上“$m\neq 0$”③式加上“$x\neq 1$”，从左到右的变形成立吗？

生（齐声）：成立！

师：好，请大家归纳分式的基本性质。

生：分式的基本性质：分式的分子与分母都乘以同一个不等于零的整式，分式的值不变。

师：不错，有需要补充的吗？

生d：我刚才分析了阅读材料，发现分数的基本性质中有“除法”，我认为分式的基本性质是：分式的分子与分母都乘以（或除以）同一个不等于零的整式，分式的值不变。

师：你太棒了，大家还有什么问题吗？

生e：我们小组刚才在思考，“分式的分子、分母都加上（或减去）同一个整式，分式的值变不变呢？如果分子、分母都平方，分式的值变不变？”

师：问得好，谁能帮助解答？

生f：我认为都不对，如：$\frac{3}{5}\neq\frac{3\pm2}{5\pm2}$，$\frac{2}{3}\neq\frac{2^2}{3^2}$.

师：回答得很好。

生g：在分式的基本性质中，强调的是分式的分子、分母都乘（或除）以同一个非零整式，为什么一定要是整式，是分式行不行？

生h：不行，为什么呢？如果行的话，我刚才看了书，书中给出的分式的基本性质都没有提到？（学生哄堂大笑）

师：是的，书上是这样说的，请同学们想想这是为什么？

生i：我认为，分数的基本性质是用来化简的，那么类似的分式的基本性质也是用来化简分式，如果分式的分子和分母同时乘以或除以同一个不为零的分式，有时结果反而会越来越复杂。

师：分析得好，大家明白了分式的基本性质了吗?

生（齐声）：明白了。

［PPT演示“分式的基本性质：分式的分子与分母同乘以（或除以）同一个不为零的整式，分式的值不变。”］

……

长期以来，我们总是这样教分式的基本性质：教师先复习分数的基本性质，接着便类似地推出分式的基本性质，让学生机械重复地记忆和练习，没有经过学生的观察、探究、想象与质疑，学生在运用分式的基本性质进行化简求值、解分式的方程及解决有关分式的函数问题时会产生思考不缜密，甚至是错误的现象。

（B）从案例中体会教师教学行为的转变

1. 教师创造性地开发、利用教材，把教师“教教材”转变为让学生充分展示自我。

由于受篇幅的制约，教材省略了分式基本性质的探索过程，只是用“类比法”直接得到了分式的基本性质，这样，学生学到的只是“死”的结论。因此，教师不能是“教教材”，而应是“用教材教”和创造性地开发教材、利用教材。教学实践表明，正是因为教师能还原教材，带领学生通过“拟真”发现，模拟数学家的思维活动，历经分式基本性质的产生过程，进行知识的“再创造”，所以学生不但学到了“死”的结论，还学会了提出问题、分析问题、解决问题的方法，尝到了知识探究过程中成功的喜悦和失败的失落，具体表现在以下几方面。

（1）学生用“归纳法”得出分式的基本性质。

由教师给出的探究题中的①题知，分式的分子、分母都乘以同一个不为零的数，分式的值不变；由②题知，分式的分子、分母都乘以同一个不为零的字母，分式的值不变；由③题知，分式的分子、分母都乘以同一个不为零的多项式，分式的值不变。而单独的一个数字或字母都是单项式，单项式和多项式统称为整式，所以分式具有“分式的分子、分母都乘以同一个不为零的整式，分式的值不变”的性质。

（2）学生用“类比法”得出分式的基本性质。

分式与分数类似，所以分式应该有类似于分数基本性质的性质，即“分式的分子、分母都乘（或除）以同一个不为零的整式，分式的值不变。”

（3）学生用“猜想—验证”的方法得出分式的基本性质。

“分式是否也会有类似于分数基本性质的性质呢？”“如果有，教师给出的三个探究题应该成立。如果成立，代入字母的一些特殊值，等式左右两边应该相等。”“通过代入一些特殊值，等式两边果然相等，说明分式有类似于分数基本性质的性质。”

（4）学生用“转化”的数学思想方法得到分式的基本性质。

把分式中的 x 换成一个具体的数，于是就变成了一个分数，因此，分数具有的性质，分式也具有。

2. 让学生自主反思感悟，把教师引导小结转变为让学生时时对数学学习的反思。

反思应该是元认知，是人们以自己的认识活动过程及结果为认识对象的认识活动。数学学习反思，即对数学学习的反思性活动，是指学生借助于对自己学习实践的行为的思考，不断反思自我对学习数学的规律，学习数学的目的、方法、手段以及对经验的认识，发现自我的学习水平、合理性的活动过程。

具体而言，在“分式的基本性质”的数学学习反思活动主要包括以下几点。

（1）对自己在整个课堂教学中的思考过程进行反思。

（2）对学习活动涉及的知识（分数及其基本性质、分式等）进行反思。

（3）对学习材料涉及的思想方法（归纳法、类比法、转化法、猜想验证法等）进行反思。

（4）对活动中有联系的问题（为什么有的题目中有隐含条件，有的题目没有）进行反思。

（5）对解题思路、运算过程和语言表述（利用分式的基本性质对分式进行恒等变形）进行反思。

（6）对数学活动的结果（探究分式基本性质及其应用，进行分式的恒等变形时成功的喜悦与失败的失落）进行反思。

二、教师的教学行为由强调“学生解题结果”向强调“学生过程参与”转变

传统教学只重视知识的结论，忽略知识的来龙去脉，侧重于例题的

精选，偏重知识简单的重现或重演，直接把学生当作“容器”进行“灌输”，教师教的、学生掌握的都是正确的方法，忽视了知识产生形成的过程是一个充满了挫折和战胜挫折的过程。

“有效的数学活动不能靠单纯依照模仿和记忆，动手实践、自主探究与合作交流是学生学习的重要方式。”因此，在数学教学中，教师要为学生实际情况创设合适的问题情境，展示数学家们的思维过程和教师的思维过程，“点拨”和“引导”学生揭示知识的形成过程。让学生通过探究、归纳、运用、互评、反思的活动过程去发现知识，让学生在过程体验中训练思维，达到增长知识和发展能力的目的，培养学生多角度看问题、分析问题的能力。

下面是某实验学校八年级一位数学教师上的一堂人教版“反比例函数的图象与性质”的教学研究课。

A 教学片段实录

片段一 （上课铃响后）

师：昨天我们认识了反比例函数 $y=\frac{k}{x}(k\neq 0)$，请问反比例函数有图象吗？

生（齐声）：有！

师：那大家想知道反比例函数的图象吗？

生（齐声）：想！

师：好！那请大家结合自己已有的函数知识，画出你认识的反比例函数 $y=\frac{4}{x}$ 的图象。

长期以来，我们总是这样教反比例函数的图象与性质：教师先复习一次函数性质，接着便列举一次函数，回顾它的图象、性质和画法，然后给出反比例函数，告诉学生反比例函数图象的画法和性质，最后，告诉学生：像这样用光滑曲线连接而成的反比例函数图象叫双曲线。至于什么是光滑曲线，学生什么也没弄清楚！

学生画了10分钟的图象，画出的函数图象主要有以下三类（见图5-1）。

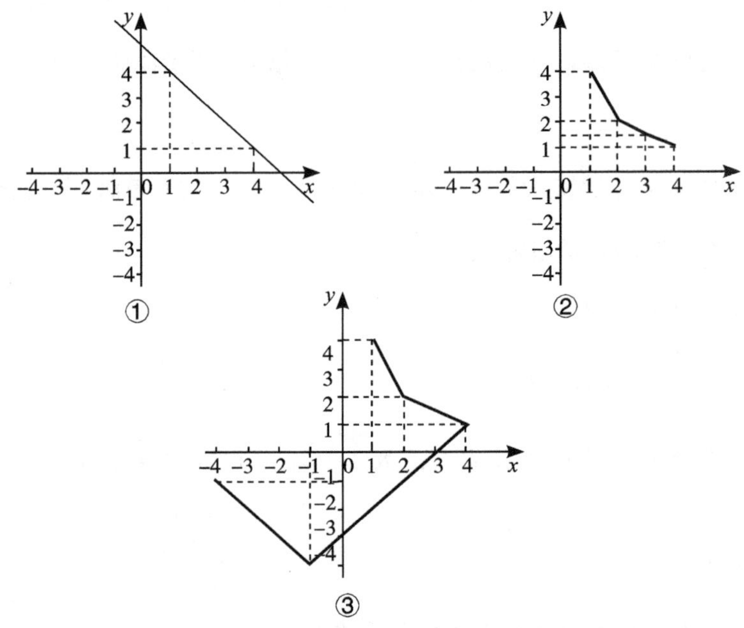

图5-1 学生所画函数图象

片段二

师：同学们都画出了自己认为的反比例函数$y=\dfrac{4}{x}$的图象，你们认为自己画的图象正确吗？请大家一起谈谈自己的想法。

生a（指着图5-1①）：这个图象不对，因为反比例函数中，$x \neq 0$，这个图象中 x 可以为0。

师：说得好，图5-1①中，图象与 y 轴有交点是不对的。

生b：通过看图5-1②、图5-1③，我感到函数 $y=\frac{4}{x}$ 的图象不是直线。

师：函数 $y=\frac{4}{x}$ 的图象不是直线？

生b：是的，我是这样做的：先把图形放大，并在数值2和3之间取 $x=2.2$、2.4、2.6、2.8再描点，连线后发现，相邻的两点之间也不会是线段。

师：你太棒了，那该是什么？

（生b的思想亮点显然是原始的“微分”思想，这些足以说明学生的许多解决问题的思维并不一定为教师所预见。）

生c：应该是一条曲线。

师：你怎么知道？

生c：我猜的（学生哄堂大笑）。根据生b的方法，两点之间的连线自然应该弯曲过来。

师：是的，若我们非常密集的描点，就会体会到函数 $y=\frac{4}{x}$ 的图象不是直线，而是弯曲的曲线……

生d：从图5-1③可知，x 的值既可以取正值，也可以取负值，如−1，−2等，但 $x \neq 0$，所以，它的图象是分开的两部分。

师：很好，你的发现说明函数 $y=\frac{4}{x}$ 的图象有一部分在第一象限，还有一部分在第三象限。

生e：函数 $y=\frac{4}{x}$ 的图象不是直线，不能只取两点。我认为列一个表格比较合理。

生f：表格中，$x\neq0$，但 x 可以取一对对一正一负相对应的数。

生g：教师，如果 x 是1000…000，−1000…000，或0.000…0001，−0.000…0001，y 的值会怎么样？图象会怎么变化？

师：问得好，谁来答？

生h：若x=1000…000或−1000…000，y 的值很小，点越来越靠近x轴，但不会与x轴相交；同理，若x=0.000…0001或−0.000…0001，那点越来越靠近 y 轴，但不会与 y 轴相交。

师：现在，大家明白自己开始画的图象为什么错了吗？……请大家结合上述讨论评议，再画函数 $y=\frac{4}{x}$ 的图象。

学生在过程中参与之积极，学生就会对自己的“错误”有这么深刻、丰富的批评，特别是他们体验过后会产生如此多的奇思妙想，这是传统数学中难以想象的。

B 从案例中体会教师教学行为的转变

1. 教师创设情景，把教师的类比讲解转变为引导学生利用已有知识探究新问题。

案例中的教学开门见山，直接让学生自行画反比例函数 $y=\frac{4}{x}$ 的图象，把数学学习的任务直接交给了学生，创设了探究的情景。因为学生在此之前，已经学习了一次函数的图象和性质，具备了探究简单函数的图象和性质的能力，这正体现了教师的教学是建立在学生的认知发展水平和已有的知识经验基础之上，在此过程中教师只是向学生提供了从事探究活动的条件。学生用画直线的方法去画反比例函数$y=\frac{4}{x}$的图象，是合情合理的，这恰恰反映了教师创设情景去引导学生利用已有知识解决新问题的数学能力。

2. 教师营造宽松课堂氛围，把教师的“灌输”转变为引导学生“过程参与”。

画错之后，教师没有直接讲解函数图象的画法，而是花大量的时间让学生自己去探究交流，为学生过程参与提供了机会和时间。事实上，部分学生在作图过程中，私底下的讨论和小范围内的争议导致了他们对自己所做的函数图象产生怀疑，从而在思想上开始动摇，直至开始怀疑自己的图象的正确性。正是在这样的认识触动下，他们开始认真思考反比例函数$y=\frac{4}{x}$图象的秘密，使反比例函数$y=\frac{4}{x}$的图象的“真面目”浮出“水面”。同时，错误体验容易激发学生的求真心理。因此，错误之后，教师应该抓住这一引导学生积极探究的学习契机，积极主动地引导学生从不同的角度观察、分析图象、辨析其中的合理性与不合理性，从而培养其观察、分析问题的能力和决策能力，充分认识掌握探究方法的重要性。从案例中看出学生解决问题的策略，并不是教师能预见的，学生b解答“函数$y=\frac{4}{x}$图象不是直线”时的做法是先把图形放大，并在图5-1②和③之间取 x=2.2、2.4、2.6、2.8再描点，连线后发现，相邻的两点之间也不会是线段。这个结果，其实就是“微分”思想的体现，可这样的闪光点，课堂内，教师若不给予独立思考的机会和充足的时间，仅凭教师教是非常困难的。

3. 教师让学生充分尝试，把由“教师讲，学生听”转变为引导学生知识的发现、探究的过程，即在“做中学”。

教育家波利亚说过：“学习任何知识的最佳途径是自己去发现，因为这种发现理解最深刻。”数学教学，首先要利用学生对未知知识的好奇心，去激励学生的探究和学习的愿望，使教学不至于“先入为主”；其次要培养学生观察、实验、猜测、验证、推理与交流等数学活动能力，使其循序渐进。这个过程中可能会经历形形色色的“失败”，而这些失败，才会让我们的学生深刻懂得掌握研究方法的重要性。案例中，教师不加任何暗示地让学生独立画一画函数 $y=\frac{4}{x}$ 的图象，让学生在画中知错，错中修正，修中明晰，知识与方法，如鱼水相融，浑然天成。

4. 让学生充分发表自己的见解，把教师的“授业解惑”转变为教师营造和谐平等的课堂氛围，为学生提供自主探究的舞台。

上述数学教师的“反比例函数的图象与性质”的教学研究课中，充分体现了“让学生发表自己的意见”，真正做到了“我的课堂，我做主”。

三、从“知识的传授者”向“教学的研究者”的转变

新课程教学中，教师不仅要研究数学知识、研究解题技巧，还需要加强研究数学活动的组织方式。研究活动中要研究学生学习的情感和态度的变化，研究如何创设情境，如何关注每一个学生，如何引导他们，如何与他们交流彼此的情感、思想理念和方法，如何鼓励和赞赏学生，即研究

如何实现教师角色的真正转变，使教研活动专题化，专题问题科研化，把“教研会”转变为“科研会。”

（一）教研活动组织实施特色化

我校数学教研活动是以年级为单位具体组织实施的，分为七、八、九三个年级数学学科组，每个年级学科组又分成若干个小组（一般以4位教师为一小组），每学期开学初，学科组根据本学期教研活动计划，把相应的教研专题具体细化到各个小组，然后由各个小组研讨自己承担的教研内容，确立好中心发言人在学科组的教研活动中交流发言（学科组的教研活动每周一次）。数学教研活动体现的是“教研活动人人化，人人参与促教研”，即每位数学教师每学期至少承担一次中心发言，撰写高质量的教研论文一篇，每学年承担教学研究课（或教学示范课）一次。只有这样才能真正落实“教研促教改，教改促科研”。

（二）教研活动专题化

各学科组每次的教研活动都有1~2个专题，每个专题都是根据各年级的教研计划及教学进度制定的，具有较强的针对性、指导性和实践性，如九年级“‘统计问题’及‘函数建模问题’的复习”的教研活动，主要是根据统计初步及函数的应用而设计的，在教研活动中，各位教师根据近年来中考命题的发展趋势，有针对性地精选复习课教学的例（习）题，并注重根据学生的特点，引导他们如何解决有关“统计”初步，以及“函数应用”的各类型试题的方法和策略，如何与他们交流彼此的情感、思想理念和方法，对教师教学行为的转变具有指导性。同时，通过“统计初步”及“函数应用”的专题化研究，避免教师复习课堂教学中机械重复训练，真正地让学生做一题会一类，提高数学复习课堂教学效果。

（三）专题问题科研化

每次教研活动的每个专题，都需要学科组的全体教师去认真研究，特别是负责专题中心发言的小组内的每位教师，在总结教学实践经验的基础上，查阅大量的有关专题资料，这无疑是对教师教学理论的丰富和提高。教研活动中，各教师的真诚的交流，也提供了相互学习、提高的机会。如九年级“‘统计问题’及‘函数建模问题’的复习”教研活动中，两位中心发言人的“中考统计题变化给教学的启示”以及“函数建模应用题的解题策略”，实际上也是九年级学科组课堂教学中两个微型课题研究的具体体现。专题问题科研化，不但丰富了教师的教学实践经验，而且也大大提高了教师教学科研的理论水平，也为真正落实课堂教学中教师是学生数学学习的组织者、引导者、合作者，让学生成为数学学习的真正主人打下坚实的基础。

第二节　新课程初中数学课堂中学生学习行为的转变

《义务教育数学课程标准》（2022年版）倡导“学生是数学学习的主人”。数学课程要实现“人人学有价值的数学；人人都能获得必需的数学；不同的人在数学上获得不同的发展。”初中数学课程改革是学习、探索、实践和反思的三年，在这三年中教师的教育教学理念、教学行为发生了根本的变化，学生的学习行为也发生了很大的变化。学生能主动进行观察、实验、猜想、验证、推理和交流的数学学习活动，经历知识形成的过程，体验数学无穷的魅力和学习数学的乐趣。现结合教学实践谈一谈新课程初中数学课堂中学生学习行为的转变。

一、从重“结论”向重“过程”转变

（一）从“刷题生”向“研究生”的转变

从“刷题生”向“研究生”的转变，即由“看、听、答、做”转变为“探究的全程参与”——学生独立尝试，自主或合作探究。

传统的课堂学习经常是“教师讲，学生听；教师问，学生答；教师演示，学生看；教师阅卷，学生改错。”学生以教师的“讲”为中心，围绕“讲”而“练”，这样的学习是“重结果轻过程”，只重视知识的结论，

忽略了知识的来龙去脉，学生被教师当作“灌输”的“容器”。

新课程下学生独立尝试，自主探究，使学生在课堂上拥有自主探索、合作交流、动手操作的机会和热情、有自主参与揭示知识的形成过程，通过情景—探究—发现—验证—应用—反思的思维去发现真知、掌握规律，形成多角度看问题，分析问题，在过程体验中训练思维，发展能力，使学生成为数学学习的真正主人。

如在前面所述的“反比例函数的图象与性质”的学习中，学生通过主动参与课堂活动，大胆探索、质疑，提出自己的见解和方案，自主参与揭示反比例函数图象本来面目的全过程，在过程中培养兴趣、训练思维、发展能力，从而培养了自己学习的主动性和积极性。

（二）从“恭顺服从”角色向“合作研究”角色的转变

从“恭顺服从”角色向“合作研究”角色的转变，就是由“坐听、静观”转变为“积极思考、据理力争”——学生大胆质疑，激烈辩论。

传统的课堂学习经常是教师教的、学生掌握的都是现存的方法和知识，忽视了知识产生形成的过程，是一个充满挫折和战胜挫折的方法的过程。在课堂学习活动中缺乏师生、生生之间的互动，师生交流乏味，学生是被动学习，缺乏主动探索和创新的机会，学生的主体地位得不到落实，处于被动学习的地位。

新课程下，学生在课堂上大胆质疑，激烈辩论，充分发表自己的意见，既能体验探究的乐趣，又能体会到成功的喜悦，也能发现自己的错误、找到错误的原因，还能获得校正的方法和措施。学生对数学的好奇心、求知欲和学习数学的兴趣得以激发，思想上变“要我学”为“我要学”，行为上从被动学习变主动学习。

二、由单一的学习方式向多样化的学习方式转变

传统课堂活动中学生的学习方式是以被动接受为主。具体表现在：课堂活动中以教师讲授为主，很少甚至不可能让学生通过自己的活动与实践来获取知识并发展自己；以自己查阅资料、集体讨论为主的学习活动很少，作业是书面习题和阅读教科书，很少甚至没有观察、制作、实验、社会调查、数学日记、数学作文等实践性作业；学生很少有根据自己的理解发表看法与意见的机会。学生创新精神和实践能力得不到培养，这种单一、被动的学习方式使学生感到枯燥、乏味。

新课程提出“有效的数学学习活动不能单纯地依赖模仿和记忆、动手实践、自主探索与合作交流是学习数学的重要方式”。学生在学习过程中处于主体地位，通过学习能提升学生的创新意识和实践能力、培养学生的合作精神。

（一）学生亲手实践，大胆猜想，放手运用探究学习

探究学习是通过学生自主、独立地发现问题，实验操作、调查、信息收集和处理、表达与交流等探索活动，获得知识、技能、情感与态度的发展，特别是探索精神和创新能力发展的学习方式和学习过程。与接受学习相比，探索学习具有更强的问题性、积极性、实践性、参与性和开放性，

它有助于学生综合地获得和应用知识解决问题的能力；有助于学生把学习过程与自我原有的生活和社会实践联系起来，能激发学生积极的学习情感和体验，能培养学生正确的学习态度、树立明确的学习目标，从而保证课程的达成。

如在“反比例函数的图象与性质”的学习片段中，学生得到充分的信任，就能动手实践、大胆猜想；就能积极参与课堂活动。通过学生大胆猜想，多角度、多层次、多侧面地思考问题，开拓了思维，培养了善于思索、大胆质疑等良好习惯，让学生的个性得到充分、自由、和谐地发展。这样既能在轻松愉悦的氛围中体验到知识的形成过程，又能逐步养成自主探究和合作交流的习惯。

（二）合作学习

合作学习是指学生以小组为单位，为完成共同的学习任务而进行的有明确责任分工的互助性学习。通过学习者之间的沟通互动，他们会了解到不同的理解和思路。在此过程中，学习者要学会厘清和表达自己的见解，学会聆听、理解他人的想法，学会互相接纳、赞赏、争辩、互助。学生要不断对自己和别人的看法进行反思和批判，通过合作交流，学生能看到问题的不同侧面和解决问题的途径，从而对知识产生新的洞察，有利于培养合作意识，提高合作技能，有利于培养团队精神，凝聚人心，增进认识和理解，有利于促进学生不断进行自我反思。

学生学习片段一：三角形内角和定理的论证过程。

师：在所准备的三角形硬纸片上标出三个内角的编码（如图5-1），

以小组为单位，猜想三角形内角有怎样的关系，并证明你们的猜想。

（学生以相邻两桌4人为1小组进行探究，7~8分钟后，各组轮值发言人进行班内交流）

轮值发言人1：把一个三角形的两个角剪下拼在第三个角的顶点处，见图5-2。

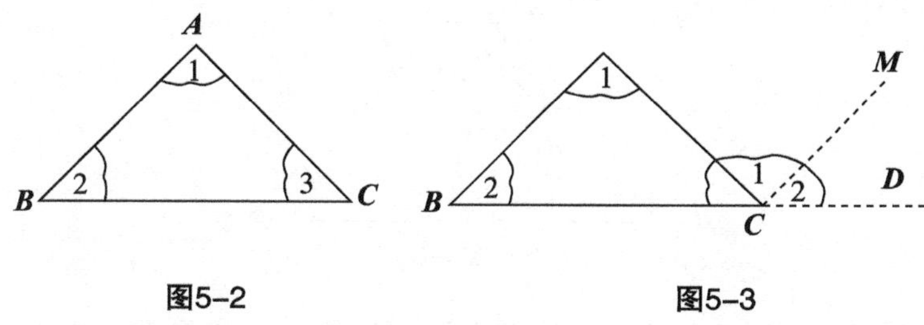

图5-2　　图5-3

经过度量我们发现$\angle BCD=180°$，所以三角形的内角和等于180°.

轮值发言人2：把$\angle A$剪下，按图5-3所示拼在一起，其中$\angle A$的顶点与$\angle C$的顶点重合，它的一边与AC重合。

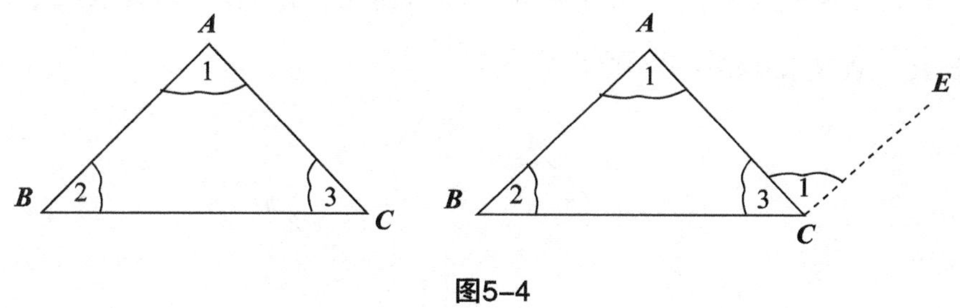

图5-4

由上面的操作可知$\angle ECA=\angle A$，得$AB/\!/CE$.

这是根据“内错角相等两直线平行”.

从而也可以得到$\angle A+\angle B+\angle ACB=180°$.

轮值发言人3：把∠B、∠C剪下按图5-4所示拼在一起，把∠C的顶点C与A重合，一边和AC重合，另一边为AM，把∠B的顶点B与A重合，一边与AB重合，另一边落在AN上，由上述操作可知：$AM/\!/BC$，$AN/\!/BC$，由于边BC外一点A有且只有一条直线与BC平行，所以N、A、M共线.

即可推得∠B+∠BAC+∠C=180°.

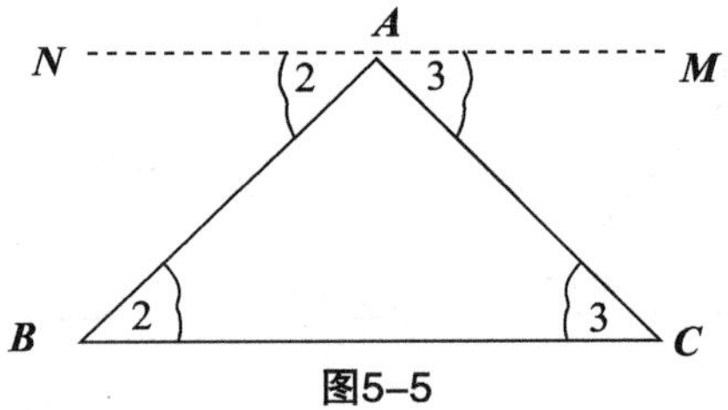

图5-5

轮值发言人4：用剪、拼的办法得出的结果，还需要推理论证，我们是这样做的。

已知：△ABC.

求证：∠A+∠B+∠C=180°.

我们先从平角入手考虑，要获得平角只要延长BC到D，或延长CB，或延长AC，或延长BA……均可实现。

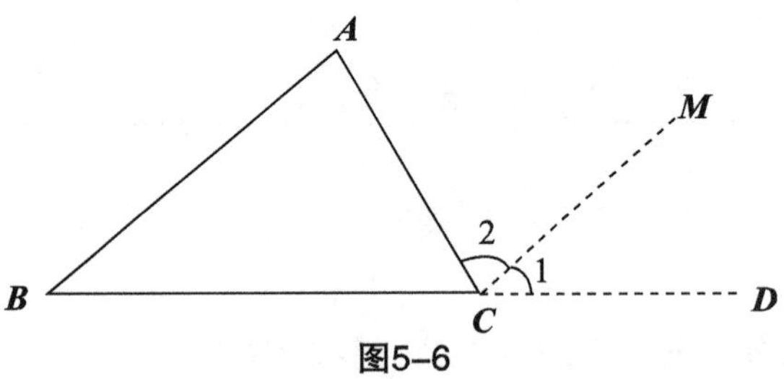

图5-6

证明一：见图5-5，延长BC到点D，作$CM/\!/AB$，则∠BCD=180°，∠2=∠A，∠B=∠1.

∴ $\angle A+\angle B+\angle ACB=180°$.

轮值发言人5：由于平行线的同旁内角和=180°，而题目所给的图形没有平行线。可以过 C 作 $CN/\!/AB$，即得$\angle A=\angle 1$，$\angle B+\angle BCN=180°$.

即可推得$\angle A+\angle B+\angle C=180°$.

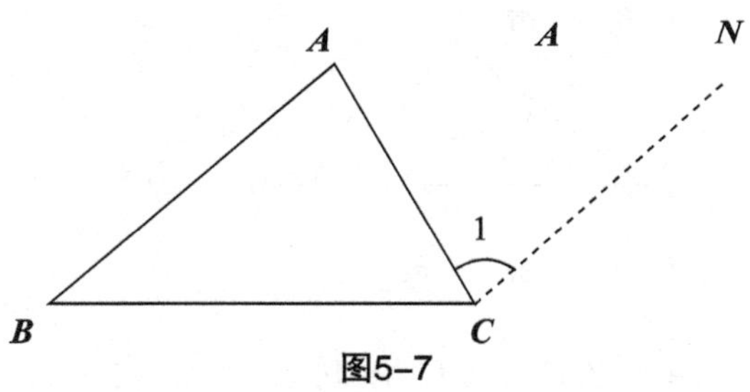

图5–7

证明二：如图5–6，作 $CN/\!/AB$.

则 $\angle A=\angle 1$；

$\angle B+\angle BCN = 180°$；

即$\angle A+\angle B+\angle ACB = 180°$.

轮值发言人6：根据平行线有搬角的功能。我们可以把$\angle B$、$\angle C$ 同时搬到$\angle A$ 附近，也可以把$\angle A$、$\angle B$ 搬到$\angle C$ 的附近……

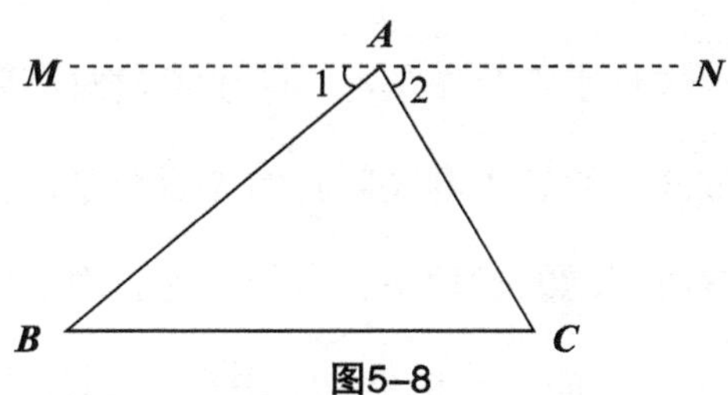

图5–8

证明三：如图5–7，过 A 作 $MN/\!/BC$.

则有$\angle 1= \angle B$，$\angle 2 = \angle C$；

而$\angle 1+\angle BAC+\angle 2=180°$，

故可推出$\angle BAC+\angle B+\angle C=180°$.

轮值发言人7：利用平行线搬角的原理。在BC上取一点O，即可获得$\angle BOC=180°$.

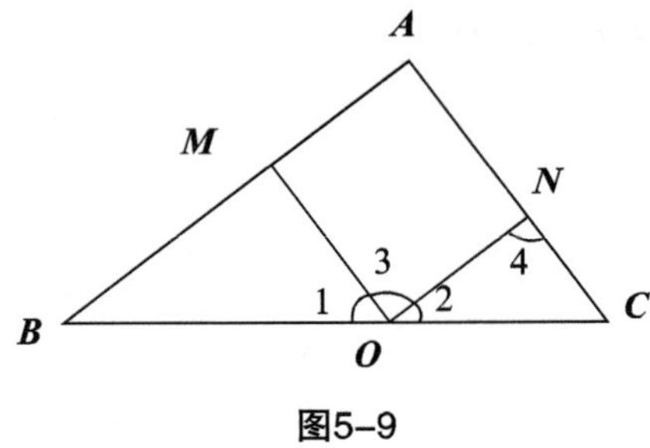

图5-9

现只需要把$\angle A$、$\angle B$、$\angle C$搬到$\angle BOC$内即可作$OM/\!/AC$、$ON/\!/AB$，这样$\angle 1=\angle C$，$\angle 2=\angle B$，$\angle 3=\angle 4=\angle A$，即可推出$\angle A+\angle B+\angle C=180°$.

证明四：见图5-8，取BC上任一点O，

作$OM/\!/AC$、$ON/\!/AB$；

则$\angle 1=\angle C$，$\angle 2=\angle B$，$\angle 3=\angle 4=\angle A$；

即$\angle A+\angle B+\angle C=180°$.

……

就这个问题学生进行小组合作学习，学生通过对简单图形的分析，提出用分割、平移的方法，明确了解决问题的先后顺序，各小组开始动手动脑，参与面广。在解决问题的过程中，有的学生表现了协调方面的专长，有的表现了辩论方面的才能，有的激动地代表本组发言，有的在认真倾听，有的情不自禁地提出疑问，有的迫不及待地补充。在反馈时，学生之间相互欣赏，也有自我反思，最后学生自然地选出最优解法，小组合作使

学生在思维的比较中取得了对问题的圆满解决，萌发出创新意识和创新精神。

（三）自主学习

自主学习是关注学习者的主体性和能动性，是学生积极能动地参与教学活动，积极主动地进行认识和实践的活动。建构主义认为，数学学习并非一个被动的接受过程，而是一个以学习者已有知识和经验为基础的主动的建构过程，其核心是为学生提供活动的时空，让学生主动构建自己的认知结构，培养学生的创造力。

新课程要求数学教师有责任有义务给学生创设“自主学习”的环境，在教学目标的确定上，要充分考虑学生的个体差异，对知识能力等方面只能作出基本的要求，要给学生留有足够的自我发展的时间和空间，让学生根据自己的现状和潜能，设定自己的发展目标和发展速度。在教学方法上更多地尊重学生个体的学习方法，在教师的指导、帮助、促进下，成为学习的伙伴，使学生成为学习的主人。

学生学习片段二：在“边角边（SAS）”与“边边角（SSA）”的学习中，师生共同探究了“边角边（SAS）”后的片段。

师：“边角边（SAS）”中的“角”是两边的“夹角”。请猜想：这个“角”可否不为“夹角”？即“边边角（SSA）”可不可以作为三角形全等的判定？

（学生畅谈自己的猜想及其猜想的根据。猜想不外乎两种：可以和不可以，但猜想的依据五花八门。在学生对这五花八门的理由弄得莫衷一是

的时候）

师：这样争论下去并不能很好地解决问题。针对这个问题，首先应该做什么呢?

生1：进行几何建模。看按这个条件画出来的三角形是不是唯一的，如果画出来的三角形是唯一的，说明可以作为三角形全等的判定；如果画出来的三角形不是唯一的，则说明不可以作为三角形全等的判定。

师：说说你的几何模型。

生1：已知$\angle\alpha$，线段a和b。求作$\triangle ABC$，使$\angle A=\angle\alpha$，$AB=a$，$BC=b$.

师：为了画图方便，我们不妨设两线段分别为2.5㎝和3㎝。那大家就画一画，看结果如何?

（全班学生画图，教师巡视并指导个别动手能力较弱的学生）

师：现在我们来看看大家通过画图所得到的启示?

生2：我画出来的三角形是两个，所以“边边角（SSA）”不可以作为三角形全等的判定。

师：不同意此观点的同学请举手！（环视全班学生之后，首先请举手学生中数学成绩相对较差的学生先回答）某某同学，请说说你的观点。

生3：我画出来的三角形只有唯一一个。这说明“边边角（SSA）”可以作为三角形全等的判定。

师：不同意画出来的三角形是两个或一个的同学请举手！

（环视全班学生之后）

师：虽然只有两个结果，却是两个截然不同的结果。这是怎么回事呢？请这两位同学在黑板上画出你们的草图来。其余同学观察他们的作图是否可行？是否正确？哪些地方值得你学习和借鉴？哪些地方不对？为什么？怎样才能避免？

生2所画之图：　　　　　　　生3所画之图：

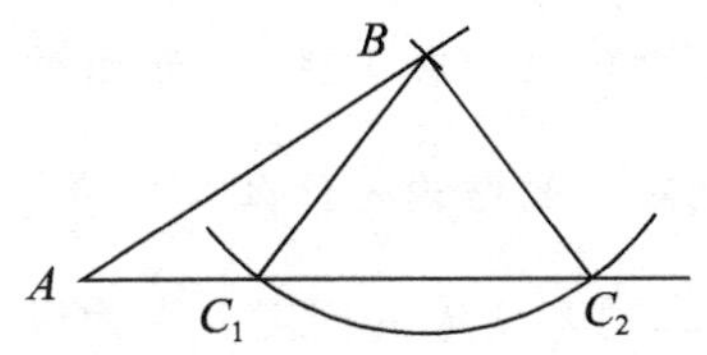

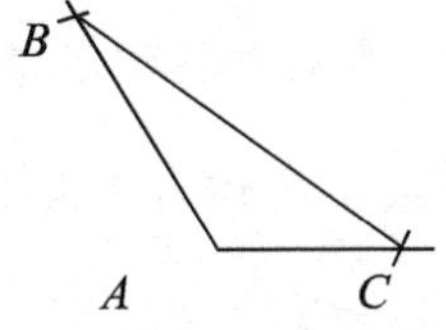

师：你们对这两位同学的画图有什么看法呢？

生4：我还画出了一个与他们完全不同的图形，但确实也只有唯一一个三角形。

师：你上黑板来展示展示。大家看看有什么不同，并进一步思考：由此你得出什么结论？

生4所画之图：

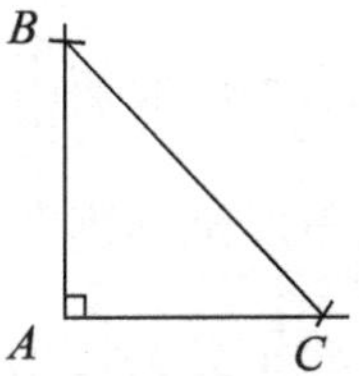

师：还有其他图形吗？（环视全班学生之后，首先请举手学生中数学成绩相对较差的学生回答）由此，你有何启示或者是结论？

生5：“边边角（SSA）”绝对不能作为三角形全等的判定。

师：生5根据我们的操作，对“边边角（SSA）能或不能作为三角形全等的判定”这一问题作出明确的回答，那就是：绝对不能！不同意生5观点的同学请举手！（环视全班学生之后，首先请举手学生中数学成绩相对较差的学生回答）生6不同意生5的观点，请你来说说你的观点。

生6：不能说绝对不能。你看，当$\angle\alpha$是钝角和直角时就可以啊！

师：对生6有不同观点的同学请举手发表你的意见。（环视全班学生之后首先请举手学生中数学成绩相对较差的学生回答）生6，那你对“边边角（SSA）能或不能作为三角形全等的判定”的结论是什么？又为什么？

生6：“边边角（SSA）”不能作为三角形全等的判定。因为假命题只需要举一个反例就行了。生2所画之图就是反例啊！

师：对生6的观点有不同意见的同学请举手！（环视全班学生之后，首先请举手学生中数学成绩相对较差的学生回答）你还有其他结论吗？

生7：$\angle\alpha$因为没有限制，因此有锐角、直角和钝角三种情况。应该用分类讨论的数学思想。

师：生7挺会观察和总结，这使他体验到了分类数学思想的重要性。

通过不足十分钟的“做”和“讨论”，全体学生在不知不觉中深切地感受到“边边角（SSA）”是假命题，是不能作为三角形全等判定的，而不是让他们去枯燥无味地死记硬背（同时还进一步体验了分类讨论的数学思想）；了解到数学对发展自身理性的重要作用；了解到数学还是交流的重要工具，并能从交流中获益。全体学生在独立思考的基础上，积极参与对问题的讨论，敢于质疑，敢于发表自己的观点，并尊重与理解他人的见解，发展并提高了他们的“情商”，全体学生自始至终处于思维的亢奋状态。

三、从“不会用数学”到“能用数学解决生活中的实际问题”的转变

《义务教育数学课程标准》（2022年版）强调从学生已有的生活经验出发，让学生亲身体会将实际问题抽象成数学模型并进行解释与应用的过程，进而使学生获得对数学理解的同时，在思维能力、情感态度与价值观等多方面得到进步和发展。

在课堂教学中，教师应加强数学与生活的联系，使教学内容、教学活动方式、教学评价贴近学生生活，从而改变学生的学习方式，真正做到让课堂学习成为学生喜爱的一种生活。激发学生的学习动力应关注学生在现实生活中的需求和兴趣；关注学生现有的经验和能力；吸纳具有时代气息的教学内容；从生活中寻找教学内容，充分利用生活中的多种教学资源。数学教师要让生活走进数学课堂，引导学生去领略生活中的数学之美、实践数学之利，开放学生的空间、开拓学生的视野、开发学生的思维，培养学生的开拓创新精神。

（一）学习内容“生活化”

教科书中创设了许多鲜明的形象性、内容新奇性和反映社会经济、文化、政治、科学时代性较强与生活密切相关的数学情境，学生在阅读时能激发他们的好奇心和兴趣。

如在人教版七年级数学上册“一元一次方程”的教学中，实际问题情境贯穿始终，如经济问题、农业问题、生产效率问题、体育问题、社会

问题等，对方程解法的讨论也是在解决实际问题的过程中进行。在“图形的初步认识”中，通过大量丰富的彩色插图，加强对图形的直观认识和感受，如北京奥林匹克公园、立交桥、交通标志、剪纸艺术、城市雕塑、北京申奥标志、奥运会会徽、墨水瓶包装盒等等，从中“发现”几何图形，归纳出常见的几何体的基本特征，“数据的收集与整理”更是列举了大量生活的实际问题。这些都切切实实贴近学生的生活实际和社会现实，让学生感受到数学其实就在身边。这就是用“抽象能力、几何直观、空间观念和创新意识”核心素养来培养“会用数学的眼光观察现实世界”，也就是让师生“眼里有数学”。

（二）学习过程“生活化”

很多学生爱上数学课，是因为他们觉得上数学课好玩、有趣，贴近生活且富有挑战性。为了使每个学生学好数学，学习过程要尽量生活化。数学课堂不应仅仅是学习的地方，更应是学生“生活”的乐园。如果能在平时的课堂中不断实践和体会，必能很快就会发出感叹：“学数学是一种乐趣！”

学生学习片段三：（在炎炎夏日里，同学们遇到的难事就是饮水问题，为了使同学们度过一个卫生清洁的夏季，班级决定集资买一台饮水机，每人应出多少钱呢？即使买了饮水机，是否比过去每个学生每天买矿泉水更节省、更实惠？怎样解答这个问题呢？让学生写一个分析报告，以下是一个学生的报告）。

1. 学生矿泉水费用支出。重庆市巴川中学七年级共有30个班级，假设每班学生平均为60人，那么全校就有60×30=1800（人）. 一年中，学生在校的时间（除去寒暑假双休日）大约为240天，设春季、夏季、秋季、冬季各为60天，在班级没有购买饮水机时，学生解渴一般买矿泉水，设矿泉水每瓶为1元，学生春秋季每人两天1瓶矿泉水，则总共为60瓶. 夏季每人每天1瓶，则总共也为60瓶，冬季每人每4天1瓶，总共为15瓶，则全年平均每名学生矿泉水费支出应为：［60+60+（60÷4）］×1=135（元），全班学生矿泉水费用：135×60=8100（元）；全年级学生矿泉水费用：8100×30=243000（元）.

2. 使用饮水机费用支出。一台冷热饮水机的价格约为750元，巴岳牌大桶矿泉水为每桶8元，现每班都配备饮水机。设每班春、秋两季每2天1桶，则需60桶，夏季每天2桶，则需120桶，冬季每3天1桶，则每班需20桶，则全年每班需要：60+120+20=200（桶），全年每班水费为：200×8=1600（元）. 电费折合为全年每班为300元，则全年配置饮水机每班水电费1900（元）. 所以，全年每班饮水机等费用合计：1900+750÷3=2150（元）；每个学生平均一学年的水电费为2150÷60≈36（元）；重庆市巴川中学七年级全年级全年饮水机等费用约为30×2150=64500（元）. 显然，通过计算，比较两项开支费用，各班购买一台饮水机饮水要经济实惠得多，全年每个学生可以节省：135−36=99（元）；每个班全年可省99×60=5940（元）；全年级全年可节省：5940×30=178200（元）.

全校三个年级共计可节省178200×3=534600（元），并且我们每天又可以喝上卫生清洁、冷暖皆宜的饮水机内的矿泉水，等我们毕业时还可以把饮水机赠给下届同学，何乐而不为呢？我向重庆市巴川中学提出倡议：在每个教室里配一台饮水机。

这就体现出，利用“运算能力、推理意识或推理能力”的核心素养培养学生“会用数学的思维思考现实世界”，即让师生“心里有数学”。

（三）数学运用“生活化”

陶行知先生所提倡的“生活即教育”，即学生的生活才是学生的教育，数学课堂不应仅仅是学习的地方，更应是学生“生活”的乐园。让生活走进初中数学课堂，适应学生的学习生活和个性发展的需要，让所有的初中学生都能在数学课堂中接触生活、感悟生活，只有这样才能更好地实践课改精神，推进课程改革，促进素质教育。

学生学习片段四：

“压岁钱”与“赈灾小银行”

在正月里，长辈们每年都会给我们压岁钱。而大多数同学的父母都会把压岁钱存入银行。

为了能帮助失学儿童，我建议重庆市巴川中学办一个“赈灾小银行”，要求同学们把自己的压岁钱存入学校的“赈灾小银行”，学校统一安排与银行对接。毕业时把本金还给同学们，利息捐给经济有困难的同学或灾区。

假如平均每人每年将200元压岁钱存入银行，存十年，初中三年每个学生总共存入600元计算，重庆市巴川中学，初中三个年级共90个班，每班按60人计算，九年级的存1年，八年级的存2年，七年级的存3年，年利率分别按2.25%、2.40%、2.60%（人民银行利率）计算，则：

七年级段学生存三年的利息和为：（200×2.60%×3）×（60×90）=84240（元）；

八年级段学生存两年的利息和为：（200×2.40%×2）×（60×90）=51840（元）；

九年级段学生存一年的利息和为：（200×2.25%×1）×（60×90）=24300（元）；

一年全校利息合计：84240+51840+24300=160380（元）.

通过这样的一次次让生活走进初中数学课堂实践活动，学生直接把课堂中所学到的知识和方法应用到生活实际中，让学生切实感受到数学很有用，生活中处处有数学，数学能给我们带来快乐。

这就体现出，利用“数据意识或数据观念、模型意识或模型观念、应用意识”核心素养来培养“会用数学的语言表达现实世界”，也就是说让师生 “嘴上有数学”。

实践证明，新课程教学中教师教学行为和学生学习行为的转变，使学生的数学学习实现了由“苦”到“乐”的转变。

第三节　教师教学行为与学生学习行为的相互关系

新课程初中数学课堂中教师教学行为与学生学习行为方式是相辅相成的。教师的教学行为对学生的学习行为起着直接的客观作用，也起着潜移默化的间接作用；学生的学习行为方式决定着教师教学行为和方式的选择，还决定着教师转变自身所固有的课堂教学行为和教师为转变学生原有学习行为到自己所希望的学习行为的方法选取、情感态度等等。总之，教师教学行为受学生学习行为方式的制约较大，同时教师教学行为对学生学习行为方式也有较大影响。

一、学生对数学认识的良性转变数据资料

通过本研究后，对随机抽取的一个班进行了测查，其结果是：全班61%的学生对数学的认识有了根本性的良性转变；31%的学生对数学的认识有了基本性的良性转变；8%的学生对数学的认识有了部分的良性转变，对数学的认识有点儿转变和根本没有良性转变的学生一个都没有。

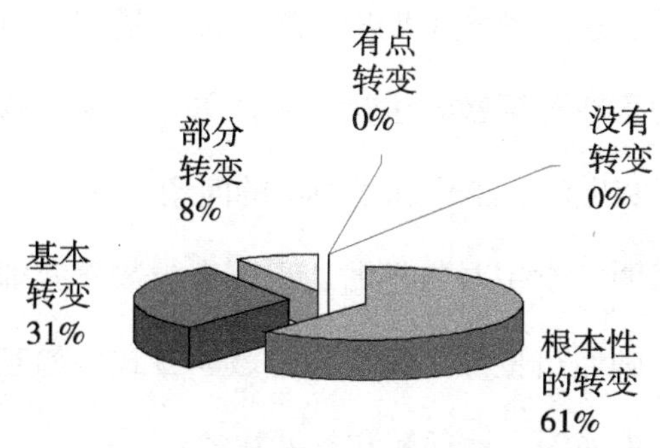

图5-10　学生“对数学认识的良性转变”扇形统计

数据来源:《××级××班“生活处处有数学”综合实践活动评价表》中“自评”

1. 全班61%的学生对数学的认识有根本性的良性转变。

全班61%的学生表示，数学不再是枯燥无味的学科，而是充满趣味性和挑战性的工具学科。这让我们感到非常惊讶，因为在传统的数学教育教学体系中，数学一直被认为是一门难以掌握的学科。特别是几何，甚至于在学生中流传着:“几何几何，叉叉角角，教师难教，学生难学！”这样的苦涩顺口溜。但是，随着数学教师教学新行为的引入，学生学习行为随之发生了改变，更重要的是学生对数学的情感、态度和价值观也发生了广泛的良性改变。

这一发现对我们来说是一个重要的启示：我们不仅需要转变数学教师的教学行为，还需要注重学生的学习行为（而不是仅仅关注他们的学习成绩），以激发学生的学习兴趣和积极性。

2. 全班31%的学生对数学的认识有基本性的良性转变。

全班有31%的学生从之前的对数学的无感或反感，转变为对数学有了更深的理解和认识，从而激发了他们对数学的兴趣和热情。这表明，数学教师的教学新行为正在逐渐被学生接受和认可。学生开始认识到：数学可以帮助他们解决现实生活、工作和学习中的问题。

调查结果还表明：学生对数学的认识转变与数学教师教学行为的改变密切相关。数学教师通过更加生动有趣的教学方式，如互动式学习、项目式学习等，让学生更加深入地理解和掌握数学。

3. 全班8%的学生对数学的认识有部分良性转变。

全班8%的学生反馈在学习数学的过程中仍感到困扰与质疑。通过对这些学生进一步的研究，我们发现他们的数学学习行为改变较少。这也提醒我们：数学教师在关注学生的个性化差异、学生数学学习行为转变、课堂教学方式多样化和实际应用场景创设等方面，还需要加大力度、提升速度。

4. 全班0%的学生对数学的认识有点儿和根本没有良性转变。

全班0%的学生对数学的认识有点儿和根本没有良性转变。这说明目前我们数学教师教学新行为对学生学习行为是有正面影响的，且这种影响具有全面性和广泛性。

二、数学教师教学行为与学生学习的关系

数学教师教学行为主要包括教学内容的选择、教学方法的运用、教学组织形式的确定以及教学评价的执行等方面。

1. 引导与支持。通过精心设计的数学教学计划和数学活动，教师帮

助学生更有效地理解和掌握数学知识、技能、思想方法和数学经历，提高发现、提出、分析和解决问题的能力，并形成良好的数学学习行为习惯。

2. 激励与挑战。数学教师通过有趣的引入、设置具有挑战性的问题等教学行为，激发学生的求知欲，并形成良好的数学课堂学习行为习惯。

3. 反馈与调整。数学教师对学生的表现给予及时反馈，以帮助他们改进其数学学习行为。同时，根据学生的反馈和需求，适时调整教学方法和内容，以满足学生的个性化需求。

综上所述，数学教师教学行为起主导作用。

三、学生学习行为与数学教师教学行为的关系

学生学习行为是指学生在学习过程中表现出的行为特征和反应，包括学习方法、学习态度、学习动力等方面。

1. 养成良好的数学学习行为习惯。如提前预习、充分准备、主动参与课堂数学活动、适时笔记、定时复习、独立完成作业、及时纠错等。学生积极参与课堂数学活动是提高数学学习效果的关键，学生要在数学教师的引导与启发下积极地表达自己的观点、提出自己的疑问。

2. 反思与调整。学生应在学习过程中不断反思自己的学习方法和策略，以发现不足并加以改进，还应根据数学教师的反馈和指导，调整自己的数学学习行为。

3. 持之以恒。数学学习与应用需要时间和精力，学生应具备持之以恒的精神。学生要关注自己的数学学习进度和需求，自主或在他人帮助下克服困难，形成数学“四能”[①]，实现数学学习目标——“三会”[②]。

综上所述，学生数学学习行为起主体作用。

四、数学教师教学行为与学生学习的互动关系

在数学教育教学过程中，数学教师和学生之间的互动关系对于提高教学效果和质量具有重要意义。良好的师生互动关系可以促进师生之间的沟通和理解，帮助学生更好地掌握知识技能，也能提高教师的教学热情和积极性。

为了建立良好的师生互动关系，教师和学生需要共同努力做到以下几点：

1. 数学教师需要根据学生的需求和特点，努力改变自己的教育教学行为，去引导与培养学生良好的数学学习行为。

2. 学生需要尊重数学教师的权威和经验，积极配合数学教师的教育教学行为，主动落实数学教师的教育教学要求，努力形成自己的良好的数学学习行为。

---

① 张丹 . 数学课程目标：从“双基”到“四基” 从“两能”到“四能”[J]. 中小学管理 ,2012(4):10-12.

② 郑毓信 .《义务教育数学课程标准（2022 年版）》的理论审思 [J]. 数学教育学报 ,2022,31(6):1-5.

3. 数学教师要提高自己的教育教学行为习惯，去影响和提升学生数学学习的良好行为习惯和数学学习兴趣，让学生形成持久的、稳定的数学学习习惯，共同促进数学教与学的教学效益和终身学习效益。

良好的数学教师教学行为习惯能够培养学生良好的数学学习行为习惯，良好的学生数学学习行为反过来能够促进数学教师良好数学教育教学行为习惯的提升。

五、 讨论和结论

本研究表明“新课程初中数学课堂中教师教学行为与学生学习行为转变的研究”能够显著激发学生的数学学习兴趣，提高学生的数学思维能力，增强学生数学学习的应用能力。究其原因，是构建了“新课程初中数学课堂中各年级各课型教学新模式”。主要表现在以下几个方面：

1. 实现了新课程初中数学课堂中教师教学行为方式中，从强调“学生解题结果”向强调“学生过程参与”的转变；从“教师权威”向“师生民主平等”——教师从“台上”走向“台下”的转变；从“知识的传授者”向“教学的研究者”——“教研会”向“科研会”的转变。

2. 实现了新课程初中数学课堂中学生学习行为方式中，从重“结论”向重“过程”转变的转变；由单一的学习方式向多样化的学习方式转变；从“不会用数学”到“能用数学”解决生活中的实际问题的转变。

3. 发现了新课程初中数学课堂中教师教学行为与学生学习行为方式二者相辅相成的辩证关系。

4. 注重了学生的差异性的关注。

综上所述，通过“新课程初中数学课堂中教师教学行为与学生学习行为转变的研究”，我们得出如下结论。

1. 在对新课程初中各年级数学课的新授课课型、例（习）题课课型、复习课课型以及试卷讲评课课型堂教学模式的两轮反复操作后，均达到了预期目的。

2. 在新课程初中数学课堂中教师教学行为转变的两轮反复操作后，均达到了预期目的。

3. 在新课程初中数学课堂中学生学习行为转变的两轮反复操作后，均达到了预期目的。

4. 通过对学生差异性的关注，学生的数学学习态度明显好转。

5. 从新课程初中数学课堂中教师教学行为与学生学习行为方式相互影响的研究中发现：教师教学行为受学生学习行为方式的制约较大，教师教学行为对学生学习行为方式有较大影响。

第二辑　研究成果集锦

第一章　教师教学行为类

“有理数及其运算”的教学启示①
——从一个优秀初中毕业生的求助谈起

摘要：一个优秀初中毕业生的求助，启发初中数学教师应该教会初中学生学会由“解数学题”向利用数学解决问题转变，教会初中学生主动与实践相结合地学习数学，教会初中学生在生活、工作和学习中学习数学，从而提升初中学生数学信息素养。

关键词：初中数学教学；初中学生思维特点；初中数学信息素养

现代学校更注重数学社会实践，强调个体在生活中有应用数学的意识，能认识到数学在现实世界中所起的作用，能在具体生活中析取有价值的数学信息，能合理运用数学知识和工具，作出有根据的判断，并能用在交流中合理使用数学语言。[1]但是，当前我国初中数学教育中常常出现这

① 王道勇，周远利．“有理数及其运算”的教学启示：从一个优秀初中毕业生的求助谈起[J]. 中小学数学（初中版），2021(Z1):102-103.

样的现象：“考试中的问题学生会做，而将同样的问题放在实践中学生却不知所措。”[2]这说明，当前初中学校教给学生的许多东西与外部世界没有进行有机联系，只与分数有关，不是学习的“工具”。

一、一个优秀初中毕业生的求助

案例1 一个优秀初中毕业生在微信中求助，他与某银行信贷主任、父亲（本科毕业生）和几位老板等7人在争论一个生活中的数学问题。

问题：王师傅是卖鱼的，每公斤鱼进价90元，现亏本大甩卖，顾客35元买了一公斤，不慎给了王师傅100元学生计数币，王师傅没零钱，于是找邻居换了100元. 事后邻居存钱过程中发现王师傅所给的钱是学生计数币，王师傅又赔了邻居100元。请问王师傅一共亏了多少钱?

争论的答案：75元，105元，110元，115元，150元，155元，175元，255元……虽然都给出了各自的过程和理由，但就是谁都说服不了谁。

（一）真解

案例1的核心有以下几点：第一，问题中所涉及的王师傅、顾客和邻居都存在着钱的“收入”与“支出”，这就是运用“有理数及其运算”进行建模的问题，从而找到解决此实际生活问题的方向和路径；第二，把本实际生活问题“数学化”：规定收入记为“正数”，反之支出就记为“负数”；“学生计数币”不是“钱”——不论拿进拿出都只能记作“0”。

正确解答。方法一（直接法），设收入记为“正”，支出记为“负”，则有：-90-100+35=-155（元），即王师傅一共亏了155元. 方法二（间接法。在此问题中，只涉及三个人——王师傅、顾客和邻居，而邻居没有盈利也没有亏损，因此王师傅亏损的钱数就是顾客所盈利的部分）：90+（100-35）=90+65=155（元），也就是说，王师傅一共亏了155元.

（二）困惑

事实上，对于本实际生活问题，仅仅是“有理数及其运算”的建模问题，即用“有理数及其运算”解决实际问题的问题。在其引言的引例（3）中就有“下表是他某个月的部分收支情况（单位：元）”，表格中明确给出了“收入（+）或支出（-）”，并且此引例还提出了这样的问题：这里，“结余-1.2”是什么意思？怎么得到的？即案例1仅仅是七年级起始知识点——“正负数意义”和“有理数及其运算”在实际生活中的应用问题，但所有人都没有意识到这是一个“有理数及其运算”的“建模问题”，更不能够利用“有理数及其运算”的知识和技能、过程与方法等来分析、推断及解释或解决此问题，并与他人进行有效的交流。这并不是个案，而是带有普遍性的现象。

二、“有理数及其运算”的教学启示

对“有理数”的这种教学效益，肯定有损初中数学的教育教学目标和目的，绝对不是初中数学教师所期望的。但给了初中数学教师教育教学一些启示——教会学生怎样学习数学比学习什么重要得多!

（一）教会学生学会由“解数学题”向利用数学解决问题的转变

遵循教材和数学课程标准，教会初中学生由怎样学习——“解数学题”（以下简称“解题”）向利用数学解决问题转变。结合教材与数学课程标准的安排，教会学生运用数学知识与技能、过程与方法、数学思想方法尽力去解释或解决自己的生活、学习和工作中相关问题，逐步形成数学应用的活动经验。只有将所学知识、技能运用于实际，才会产生“智慧”。在“正数和负数”教学时，教给七年级学生用作业本或笔记本制作“零花钱记账表”（如表1–1），并与教学进度同步教给七年级学生每天记录自己零花钱的收入数据与开支数据，并作为家庭作业加以要求；在完成有理数的加、减、乘运算的教学之后，就教给他们记账方式，安排数学的交流活动课：展示他们各自记录的零花钱账目表及其当月零花钱收支品迭情况。让学生轻松储存关于“正负数的意义——表示具有相反意义的量”的知识，并将它与“收入与支出”“付钱与找钱”等其他概念相联结，在其需要时立即检索出来。

表1–1　零花钱记账表

____________同学零花　　____年____月			
日期	收入（+）或支出（–）	注释	经办人
合计		大写	

遵循教材和数学课程标准，教会学生怎样进行数学思考。在课堂教学中、在课内外练习中，教会学生勾画“收入”与“支出”“付钱”与“找钱”“盈利”与“亏损”等“具有相反意义的量”，并明确它们应该用“正数、负数和零”来表示；多次“支付”或“收钱”等操作应该用“加法运算”；“盈利”或是“亏损”应该观察计算结果的符号：“正号”表示盈利，“负号”表示亏损。让学生的数学知识与技能、方法与过程、思想方法与生活、工作实际等有效联结。

这样，只要涉及现金“收入”与“支出”这两个关键词以及学生计数币信息，就会用“正数、负数和零”来描述；涉及“一共亏了多少钱?”就会用“有理数运算”来建模进行研究，实现由“解题”向利用数学解决问题的转变。

（二）教会学生主动与实践相结合地学习数学

虽然初中数学思维已经从小学的形象思维上升到逻辑思维，但仍然处于逻辑思维的初级阶段，其具象性仍然很强，所以，把数学知识与技能、过程与方法、思想方法与初中生自己的生活、工作和学习实践相结合，就极易使它们在大脑里建立起有效联结，这极大地提高了信息储存、找回、与其他知识相连和检索的效率。这就是，“我们会掌握阅读内容的10%，听到内容的15%，但亲身经历内容的80%”[3]的大脑工作机制。

与实践相结合的学习，也是党的教育方针所明确规定的。《中华人民共和国教育法》规定——“教育必须为社会主义现代化建设服务、为人民服务，必须与生产劳动和社会实践相结合……”[4]因此，在“有理数”的教学过程中，学生通过主动地把“每天记录自己家里的收入数据与开支数据”按教师要求来做成书面作业来完成——在交流展示时间踊跃发表自己的见解，就是把数学的知识与技能、方法与过程、思想方法和经验作为自己强有力的交流工具。

（三）教会学生在生活、工作和学习中学习数学

教育方针的实现，从根本上说主要有两个途径：一是通过系统的课堂教学，使学生获得书本知识；二是通过社会实践活动，使学生掌握应用书本知识的能力。二者互为补充、相辅相成。[5]

因此，在“正负数的意义”的教学时，通过剖析初中学生所熟知的大量“具有相反意义的量”，归纳出“正负数的意义”，然后通过变更“规定”（如规定“向下为正”等）用正负数表示“具有相反意义的量”，以及已知正数（或负数）的实际意义求负数（或正数）的实际意义，课内让学生从生活、工作和学习中寻找用正负数来表示“具有相反意义的量”的实例，并交流，最后以课外活动形式安排学生对零花钱记账，让学生用学

过的“有理数”的知识和已有能力，解决身边的问题、生活中的问题，而不是仅能“解题”。

（四）提升初中生的数学信息素养

日本学者曾田米二在《信息社会给教育的影响》一文中指出：“信息社会的教育方针是培养会生产信息和利用信息的人，信息社会的教育亦可称信息能力教育。”伴随着信息时代的到来，教师已不是传统意义上的信息源和当然的信息所有者，而是从直接的信息传播者转向信息的组织和信息的导航员。[6]

在“有理数”的教学中，通过课内授课教会学生勾画“收入”“支出”“盈利”“亏损”等关键词，发现、检索和选择到“具有相反意义的量”，再通过课外的“零花钱记账”活动，一方面强化这一数学信息获取能力；另一方面为学生创建了培养数学信息能力的环境；通过课内外对“具有相反意义的量”的“正负数表达”，实现对数学信息的分类、理解、综合和评价，引导并强化了数学信息加工能力；通过“零花钱记账”的“合计”实现对“具有相反意义的量”的数学性优化、表达和再生，并且创造了自己的数学信息作品。这样，初中学生的数学信息素养自然在解决实际问题的过程中得到锻炼和提高。

参考文献：

[1] 余丹.PISA数学素养测试与苏州市初中毕业统一学业考试数学测试之比较[J].中学数学月刊，2016（8）：33-34.

[2] 魏爱芳.PISA数学素养测试及其对我国青少年数学素养评价的启示[J].考试研究，2011（6）：78-87.

[3] 沃斯，德莱顿.学习的革命：通向21世纪的个人护照[M].顾瑞荣，陈标，许静，译；刘海明，校译.上海：上海三联书店，1998（12）：70.

[4] 中华人民共和国教育法[J].教育管理，1995（5）：4-5.

[5] 于文书.党的教育方针的新视角[N].光明日报，1999-10-18（1）.

[6] 李方安.略论教师的信息能力及其培养[J].中国教育学刊，2003（2）：60-62.

巧用天气预报进行“一元一次不等式组和它的解法”的教学①

在“一元一次不等式组和它的解法”的教学中，曾看到许多数学教师采取这样的做法：通过教师的一系列演算后，总结成“大大取大，小小取小…… ”的口诀让学生去死记硬背。这样，不仅增加了学生的学习负担，而且不容易被学生所理解和掌握，更不能对三个及三个以上的不等式所组成的一元一次不等式组进行求解。

在这一内容的教学中，笔者通常利用学生所熟悉的天气预报进行讲解，巧妙、轻松地让所有学生所理解和掌握。现简要介绍第一课时的教学实况，望同行指教。

一、利用天气预报，让学生了解“一元一次不等式组”的概念

师：同学们，今天的天气预报是：最低温度7℃，最高温度15℃。若设今天的温度为x℃，我们将今天的天气预报改写为数学表达式——不等式，该是怎么样的？

生：（让学生独立思考、充分讨论交流，直到学生完成$x \geq 7$，

① 王道勇．巧用天气预报进行“一元一次不等式组和它的解法”的教学[J].中小学数学（初中教师版）,2005(5):2-3.

$x \leqslant 15$为止）

师：是满足$x \geqslant 7$、$x \leqslant 15$单个不等式呢？还是同时满足？请同学们独立思考后，再讨论交流。

生：（略）

师：也就是说，x的取值使不等式$x \geqslant 7$与$x \leqslant 15$同时都成立，把它们合在一起，记作：$\begin{cases} x \geqslant 7 & \cdots\cdots(1) \\ x \leqslant 15 & \cdots\cdots(2) \end{cases}$

我们称其为一元一次不等式组。

二、利用天气预报，让学生理解“一元一次不等式组的解集”

师：大家请看：（1）、（2）式均为不等式的什么结构?

生：一元一次不等式的解集。

师：请大家把它们在数轴上表示出来（请一名学生在黑板上操作）。

师（总结）：由图可知，使不等式（1）、（2）同时都成立的值，应该是其公共部分（两线之下的那部分），即都是既大于等于7而又小于等于15的x的值。显然记作$7 \leqslant x \leqslant 15$. 我们把$7 \leqslant x \leqslant 15$叫一元一次不等式组$\begin{cases} x \geqslant 7 \\ x \leqslant 15 \end{cases}$的解集。你能总结出一元一次不等式组的解集的定义吗?

生：各个一元一次不等式的解集的公共部分。

三、利用天气预报，让学生掌握如何“解一元一次不等式组”

师：由于一元一次不等式组的解集是该一元一次不等式组中各个一元一次不等式的解集的公共部分。因此又有一个新问题：这个一元一次不等式的解集的公共部分的具体找法又是怎样的呢？

生：

1. 解各不等式。

2. 在数轴上表示以上各个一元一次不等式的解集。

3. 找公共部分——不等式组中有几个不等式就该找几个线下的那部分。

师：我们把此过程叫作解一元一次不等式组。请一位同学将“解一元一次不等式组”叙述出来。

生：（略）

师：请一位同学通过经历体验上述“解一元一次不等式组”的过程，归纳总结“解一元一次不等式组的一般步骤”。

生：（略）

师：请一位同学在黑板上尝试利用“解一元一次不等式组的一般步骤”完成下面的例题。

例：解一元一次不等式组$\begin{cases}2x-1\geqslant x+1,\\x+8\leqslant 4x-1,\end{cases}$

其他同学在草稿本上进行。

通过上述过程，一方面，学生可以积极主动地参与教学活动，在潜移默化中理解了“解一元一次不等式组的一般步骤”，使他们在生活中学数学、在活动中学数学、在创造中学数学；另一方面，教师教得轻松、教得灵活、教得生动、教得深刻。

用“分析树”辅助学生进行几何逻辑表述[①]

摘要：利用“分析树”可以使学生轻松地进行几何问题的逻辑表述，进而较快地形成严密的逻辑思维。

关键词：分析树；七年级；几何问题逻辑表述

几何问题的逻辑表述，对于七年级学生来说，是“心知，肚不明”“答案都知道，就是表述不清楚”。这让学生头疼，也让教师着急。怎样使七年级学生“用明白的话，说明白的事”呢？笔者多年尝试用“分析树”来解决几何问题的逻辑表述，均取得了令人信服的效果。

一、“分析树”的本质

所谓“分析树”就是数学分析法的一般图示，就是从要解决的问题出发，不断探索能解决问题的条件，即步步寻求上一步成立的充分条件，直到完全抵达“已知”为止。即：

① 王道勇，陶发光．用“分析树”辅助学生进行几何逻辑表述[J]．中小学数学（初中版），2009(9):6-7.

要证明A成立，

只要证明B成立，

只要证明C，D成立，

要证明C成立，只要证明E，F成立；

要证明D成立，只要证明G，H成立；

……

要证明E，F成立，只要证明E_n，F_n成立；

要证明G，H成立，只要证明G_n，H_n成立；

而E_n，F_n，G_n，H_n刚好是已知条件（如图1–1所示）。

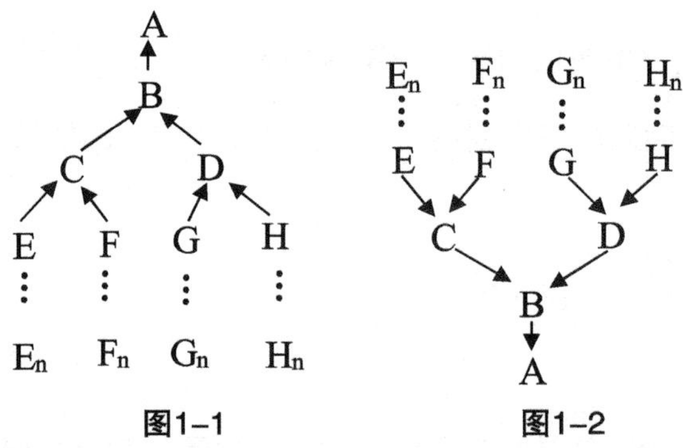

图1–1　　图1–2

我们把图1–1倒置，就变成一个像一棵枝繁叶茂的大树图（见图1–2），故取名为“分析树”。

由图1–1我们看到，一般来说，画完“分析树”，在进行逻辑表述时，最后出现的条件最先表述，一个一个纵列地表述。当出现平行箭头时，就应该表述另一个纵列了，直到找全必备的条件为止。

二、“转移”型几何问题的“分析树”画法及其逻辑表述

所谓“转移”型几何问题，就是“要证明A成立，只要证明B成立就可以了”。因此，画“转移”型几何问题的“分析树”时，只要一步步追索画下去即可；在其逻辑表述时，倒过去书写即可。

例如：已知（见图1−3）$\angle 1=\angle 2$，$\angle C=\angle D$，试说明$\angle A=\angle F$.

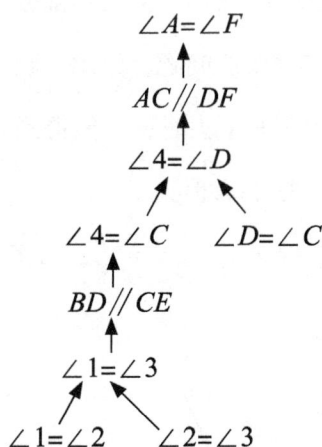

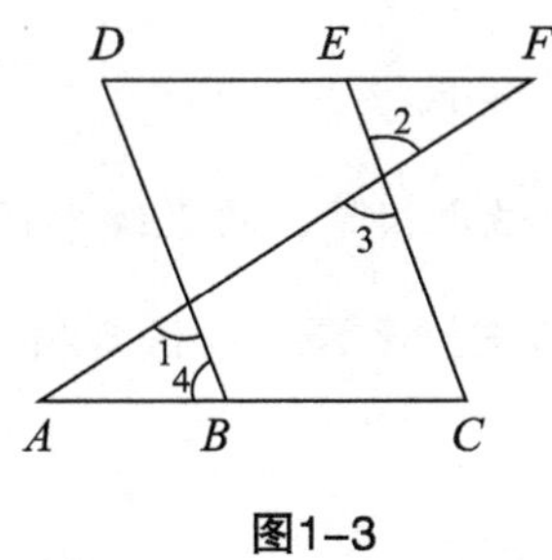

图1−3

画“分析树”（见图1−4）。

$\angle A=\angle F$

↑

$AC/\!/DF$

↑

$\angle 4=\angle D$

↗ ↖

$\angle 4=\angle C$　　$\angle D=\angle C$

↑

$BD/\!/CE$

↑

$\angle 1=\angle 3$

↗ ↖

$\angle 1=\angle 2$　　$\angle 2=\angle 3$

图1−4

其说明逻辑表述如下：

说明：∵∠1=∠2（已知），

∠2=∠3（对顶角相等），

∴∠1=∠3（等量代换）.

∴$BD/\!/CE$（同位角相等，两直线平行）.

∴∠C=∠4（两直线平行，同位角相等）.

∵∠D=∠C（已知），

∴∠D=∠4（等量代换）.

∴$AC/\!/DF$（内错角相等，两直线平行）.

∴∠A=∠F（两直线平行，内错角相等）.

三、“产生”型几何问题的“分析树”画法及其逻辑表述

所谓“产生”型，就是要证明A成立，而A中的某一部分或某几部分包含在B中，因此只证明B成立就不能彻底解决问题。因此，画“产生”型几何问题的“分析树”时，要一步步追索画下去时，只能得到问题的某一部分或几部分，但其逻辑表述仍是倒过去书写即可。

例如，已知（见图1–5），∠A=∠1，∠E=∠2，$AC\perp EC$，那么$AB/\!/DE$吗？为什么？

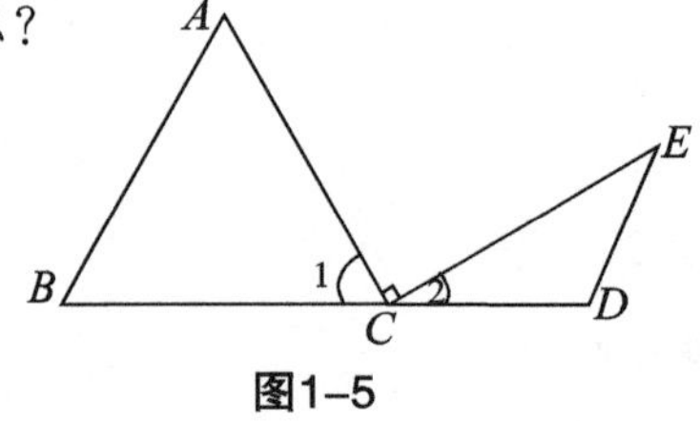

图1–5

画“分析树”（见图1-6）。

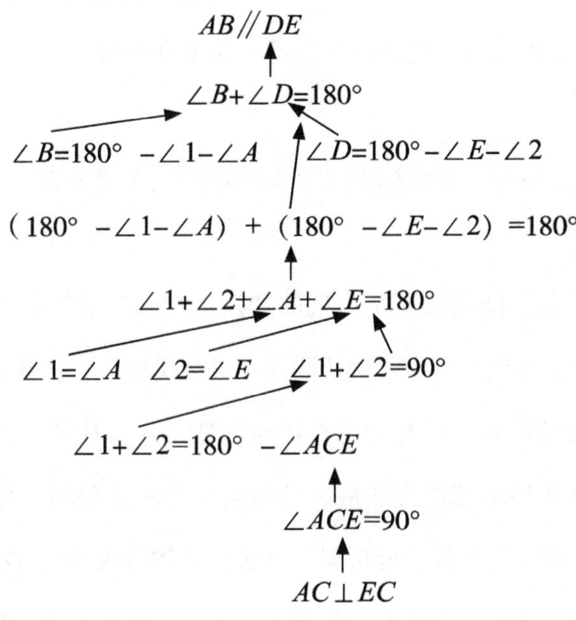

图1-6

其逻辑表述如下：

解：$AB//DE$

理由：$\because AC\perp EC$（已知），

$\therefore \angle ACE=90°$（垂直定义）.

$\because \angle 1+\angle 2=180°-\angle ACE$（平角定义），

$\therefore \angle 1+\angle 2=90°$.

$\because \angle 1=\angle A\quad \angle 2=\angle E$（已知），

$\therefore \angle 1+\angle 2+\angle A+\angle E=2(\angle 1+\angle 2)=180°$.

$\therefore 180°-\angle 1-\angle A+180°-\angle E-\angle 2=180°$.

$\because \angle B=180°-\angle 1-\angle A$,

$\angle D=180°-\angle E-\angle 2$（已知），

$\therefore \angle B+\angle D=180°$ （等量代换）.

$\therefore AB/\!/DE$（同旁内角互补，两直线平行）.

四、“分析树”画法及其逻辑表述的教授方法

在刚学习几何问题的逻辑表述的初期，教师应先演示“分析树”画法及其逻辑表述的方法，学生再模仿画同一“分析树”，接着再模仿进行逻辑表述，并与教师所画、所写的进行比对和修订。在让学生初步感知“分析树”画法及其逻辑表述的方法后，即可让学生独立尝试“分析树”画法及其逻辑表述。师生评析其“分析树”画法及其逻辑表述的方法，使他们在交流、辩论中丰富完善“分析树”画法及其逻辑表述的方法。在熟练到已形成经验之后，只针对学生本人表述较模糊、较混乱之处才画“分析树”。

一般来说，在进行几何的逻辑表述中，每一步都有其目的和依据（定义、定理和公理），且只要每一步的理论依据是唯一的，其逻辑表述就是清晰的，当然也是正确的。也就是说，若某一步的理论依据不是唯一的或找不到，其逻辑表述就可能是混乱的，或可能是错误的。

浅谈初中数学解题中的信息能力培养①

——以七年级下册一道代数综合题为例

摘要：教育教学的终极目的之一是培养学生的信息能力。初中数学解题教学中的“审题并勾画或圈点关键词”就是培养获取信息能力，“检索关键词”就是培养理解信息能力，“寻找关键词之间联系”就是培养处理信息能力，“拟定解题计划”就是培养利用信息能力，“执行解题计划”就是培养表达信息能力。

关键词：初中数学；解题教学；信息能力；培养

美国数学家和数学教育家G·波利亚指出，数学解题的基本过程是“理解题意、思路探求、书写表达、回顾反思”。[1]其中的“理解题意、思路探求、书写表达”的实质就是获取信息、理解信息、处理信息、利用信息以及表达信息。[2]这本质上来说，是信息素养中的信息能力，也是教育教学的终极目的之一：能在浩瀚的信息汪洋中敏锐地感知有效信息，再综合处理并利用这些信息解决问题。显然，初中数学解题的根本目的之一是培养学生的信息能力。

本文以七年级数学下册一道代数综合题为例，谈谈初中数学解题中的

---

① 王道勇.初中数学解题中信息能力的培养：以一道七年级代数综合题为例[J].中学数学教学参考，2018(12):30-31.

信息能力培养。

例1：当m在什么范围内取值时，关于x的方程

$(m-2)x+2=1-m(4+x)$有正数解？

一、审题并勾画或圈点关键词，培养获取信息的能力

在浏览并思考例1时，应该勾画或圈点关键词“m在什么范围”“关于x的方程”“正数”以及“解”。通过对题目的阅读及关键词的勾画或圈点，就能轻松提取出本例三个已知条件：“关于x的方程”“正数”以及“解”，同时清楚地知道本例的问题是：确定“m的范围是什么？”因此，勾画或圈点关键词的目的之一是保证所提取的信息不重、不漏。

二、检索关键词，培养理解信息的能力

勾画或圈点关键词的目的之二是正确理解信息，做到对信息的理解不偏、不错和不漏，即当勾画或圈点关键词时，若关键词是一个名词就要检索出此名词定义的内容、结构（种概念+类征）[3]、数学记法、分类及其注意事项；若关键词是一个性质或定理就要检索出此性质或定理的内容、结构（题设+结论）、数学表达、应用步骤及其注意事项；若关键词是一个技能或思想方法就要检索出其具体操作步骤及其每一步的目的、理论依据和注意事项。

1. 检索关键词“关于x的方程”。

通过对关键词“关于x的方程”的检索，可以知道，“种概念”是方程，“类征”是只有字母x才是未知数，非x的字母都是已知数。进而说明了此方程是一个关于x的一元一次方程。

2. 检索关键词“正数”。

通过对关键词“正数”的检索，得出“正数”的“种概念”是数，“类征”是“大于0”的，其数学表达为“＞0”。这说明在本例解答过程中或者要涉及不等式，或者要利用“正数”进行数据的限定，即在“正数”范围内取值。

3. 检索关键词“解”。

通过对方程“解”的检索：若作为“名词”，其内容是使方程左右两边代数式相等的未知数的值，其“种概念”是未知数的值，“类征”是使方程左右两边代数式的值相等，解的数学表达为“x=一个值”；若作为“动词”，此技能的步骤是把原方程利用等式的性质一步一步地化为“x=一个值”。在这里不仅表现为解一元一次方程的步骤，并且还要知道每一步的目的是什么。

4. 检索关键词“m在什么范围”。

通过对关键词“m在什么范围”的检索，知道此技能的步骤是先建立“关于m的不等式”或“关于m的不等式组”，再求解所得到的“关于m的不等式”或“关于m的不等式组”。

三、寻找关键词之间联系，培养处理信息的能力

对关键词的处理通常有三种方式。第一种是从结论关键词出发，逐步寻找到要使各级结论存在或成立的条件中的最后条件全部都在题目中，即逆推法或分析法。其一般形式是，要得结论A←要有条件B←要有条件C←……←题目中的条件。当然要得结论A可能需要多个条件，但多个条件中的每一个条件要存在或成立的条件的找法均如一般形式。第二种是从已知条件出发，一步一步推出或推得结论，即顺推法或综合法。其一般形式是，由A条件→推得结论B→结论C→……→题目的结论。第三种是同时从题设和结论出发，逐步寻找到中间事实。其一般形式是，由条件A→结论B→……→结论X。同时，要得到题目结论←要有条件M←……←要有条件X，其中的X就是有效关联的中间事实，这一般叫两边夹法（简称“两边夹”）。

显然，第一种（逆推法）的目标性非常明确且符合日常思考模式，易于上手和掌握；第二种（顺推法）在思考时只要注意了推导方向，也较易掌握；第三种（两边夹）对中间事实X的预期很难把握，较难掌握。因此在低学段应以第一种（逆推法）为主，适当辅以第二种（顺推法），中高学段可以适当考虑第三种（两边夹）。

用逆推法对例1进行信息处理：要确定“m在什么范围”←建立“关于m的不等式”或“关于m的不等式组”←“m”在已知方程中←解“关于x的方程”且解为“正数”，这样思路就畅通了。

用顺推法对例1进行信息处理：“关于x的方程”→解是一个关于m的

代数式（结合“解”是一个“正数”）→建立“关于m的不等式”→确定“m在什么范围”。

四、拟定解题计划，培养利用信息的能力

当处理信息、有效地寻找到关键词间的联系后，就可以拟定解题的计划了。

对于例1，有如下解题计划：第一步，求解“关于x的方程”；第二步，利用“解”是“正数”建立“关于m的不等式”，或“关于m的不等式组”；第三步，求解“关于m的不等式”，或“关于m的不等式组”；第四步，验证并回答问题。

五、执行解题计划，培养表达信息的能力

根据所拟定解题计划中各技能或思想方法的步骤，严格执行即可，但不是机械地操作，必须明晰各步骤的目的和理论依据。

对于例1有如下解题过程。

解：因为$(m-2)x+2=1-m(4+x)$，

所以$(m-2)x+2=1-4m-mx$ ……………………………①.

所以$(m-2)x+mx=1-4m-2$ ……………………………②.

所以$(2m-2)x=-1-4m$ ……………………………③.

所以当$2m-2\neq0$时，有$x=\dfrac{-1-4m}{2m-2}$…………………④.

因为 $x>0$,

所以$x=\dfrac{-1-4m}{2m-2}>0$………………………………⑤.

所以 $\begin{cases}2m-2\neq0\\-1-4m>0\\2m-2>0\end{cases}$ 或 $\begin{cases}2m-2\neq0\\-1-4m<0\\2m-2<0\end{cases}$…………………⑥.

解之，得：$\dfrac{1}{4}<m<1$………………………………⑦.

所以m的范围是：$\dfrac{1}{4}<m<1$……………………………⑧.

在执行本解题计划过程中，明晰各步骤的目的和理论依据既是重点又是难点，也是易错点。

在明晰各步骤的目的方面：第①步去括号的目的是分离已知数和未知数，所以（m–2）x不变，而$-m$（4+x）却要化为$-4m-mx$；第②步移项的目的是使含未知数的项在等号的左边，常数项在等号的右边；第③步合并同类项的目的是化为一元一次方程的最简形式 $ax=b$（$a\neq0$）的形式；第④步化系数为1的目的是得到关于x方程的解；第⑤步建立不等式的目的是建立关于m的不等式；第⑥步化为一元一次不等式组的目的是把未学习过的分式不等式转化为已熟悉的一元一次不等式组；第⑦步解一元一次不等式组的目的是实现对m取值范围的求解；第⑧步下结论的目的是回答问题。

在明晰各步骤的理论依据方面：第①步的理论依据是乘法分配律；

第②步的理论依据是移项法则；第③步的理论依据是合并同类项法则；第④步的理论依据是等式性质2，因此一定要注意“除以同一个不为0的数”[4]，所以必须在条件$2m-2\neq0$下才能进行；第⑤步的理论依据是等量代换；第⑥步的理论依据是有理数除法法则——同号得正；第⑦步的理论依据是不等式基本性质及不等式组解的定义。在第⑤步、第⑥步对$\frac{-1-4m}{2m-2}$的求解过程中，又要根据其代数结构信息——“商是正数”，得到其被除数与除数必须同时为正数或同时为负数，进而得到两个呈“或关系”的不等式组。这再一次说明，获取信息、理解信息，即勾画或圈点并检索关键词对正确解题的重要性和决定性。

事实上，在初中阶段，不能解答问题通常是部分信息获取不全或者处理不了；解答错误通常是信息获取不全或者处理不当。以上所述信息均包含过程中出现的新信息。反之亦然。正确解答都是做到了全面获取了信息、正确理解了信息，准确处理信息——寻找到了各信息之间真正的联系，并正确地表达了信息。而且，通过对部分信息不同的处理就可能得到不同的信息关联，就会得到不同的解法。因此，初中生信息能力直接影响着其数学学习能力，在解题训练中要有计划、有目的、有意识地去培养学生这方面的能力。

参考文献：

[1] [美]G·波利亚.怎样解题：数学思维的新方法[M].涂泓，冯承天，译.上海：上海科技教育出版社，2007.

[2] 徐世东.高师学生信息素养培养策略研究[D].长春：东北师范大学，2004.

[3] 王道勇.巧用“概念”的结构进行“概念教学”[J].中小学数学（初中），2011（4）：12-12.

[4] 人民教育出版社，课程教材研究所，中学数学课程教材研究开发中心.义务教育教科书·数学：七年级上册[M].北京：人民教育出版社，2012.

细读善研教材，追寻图形记法本真[①]

——由“点A”或者是“A点”想到的

摘要：数学教材是数学教育、教学、学习的经典资源，文章通过对数学教材的研读确立图形记法的研究对象，再对这些研究对象进行归纳对比，寻找到图形记法的本真和规律——形状＋名称，实现从对图形记法本真的应用与拓展，掌握图形记法的一般规律。

关键词：初中数学教育教学；数学教材研究；数学专业素养；图形记法

案例：一位数学特级教师在多个公开场所指出，现在的中学数学教师分不清应该使用“点A”还是“A点”（见图1-7）很多一流中学的数学教师们对此也莫衷一是，这真让人难以置信！

• A

图1-7

① 王道勇．细读善研教材，追寻图形记法本真：由“点A”或者是“A点”想到的[J]. 中小学数学(初中版),2018(Z1):17-18.有增删．

一、研读教材，收集图形记法研究对象

对于几何图形的记法，系统地研究始于人教版七年级数学上册“第四章　几何图形初步”，因此，从该章节的几何图形的记法开始仔细阅读，就能读取、收集到几何图形的记法的有效研究对象。

研究对象1：因为两点确定一条直线，所以除了用一个小写字母表示直线（如直线l）外，我们经常用一条直线上的两点来表示这条直线（见图1-8）。[1]

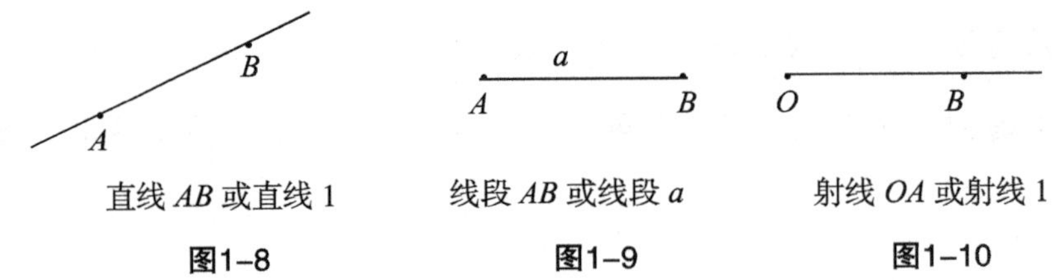

图1-8　　图1-9　　图1-10

研究对象2：射线和线段都是直线的一部分。类似于直线的表示，我们可以用图1-9的方式来表示线段AB（或线段BA），其中点A、点B是线段的端点。用图1-10的方式来表示射线OB，其中点O是射线的端点。[2]

研究对象3：角通常用如图1-11的方法来表示。[3]

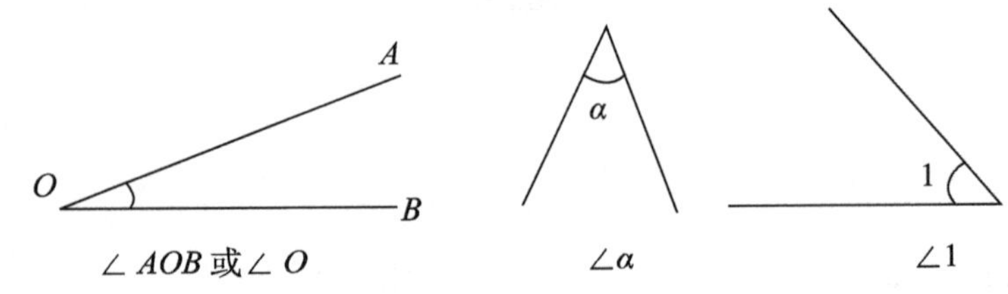

图1-11

研究对象4：顶点是A，B，C的三角形，记作$\triangle ABC$，读作“三角形ABC”.[4]

研究对象5：平行四边形用“▱”表示，如图1–12，平行四边形$ABCD$记作“▱$ABCD$”.[5]

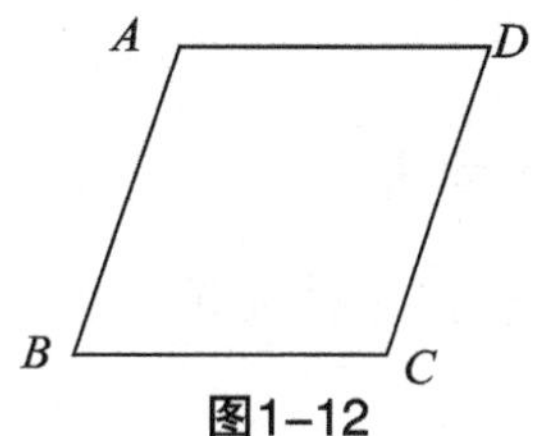

图1–12

研究对象6：以点O为圆心的圆，记作$\odot O$，读作“圆O”.[6]

研究对象7：圆上任意两点间的部分叫作圆弧，简称弧（arc）。以A，B为端点的弧记作$\overset{\frown}{AB}$，$\overset{\frown}{AB}$读作“圆弧AB”或“弧AB”.[7]

二、归纳对比研究对象，找出图形记法本真

有了图形记法的研究对象，只要利用对比归纳方法进行研究，就能找出图形记法的本真。

通过对研究对象1～7的对比和归纳，可以得出，图形记法的通法是：形状＋名称。其中，“形状”即图形的形状，通常用文字“点、线段、射线、直线、面、四边形、弦、弧、正方体等”或特殊符号“∠、▱、△、⊙、⌒”等表示；而“名称”通常用“字母”（绝大多数时间是用图形中确定性点的英文大写字母表示；少数时间用英文小写字母，如 $a, b, c\cdots$；有时也用希腊字母，如α、β、θ；有时还用阿拉伯数字，如1，2，3，…来

表示。简而言之，图形的记法类似于生活中的“中文姓名”，即图形记法中“形状”类似于“中文姓名”的“姓”，用以区分图形的种类；图形记法中的“字母”类似于“中文姓名”的“名”，用以区分同种图形或便于称呼。

（一）“形状”的表示方法

图形记法中的“形状”相对稍复杂一些，但大致可分为以下四种情况。

1. 当“图形形状”的“形象符号”与其他符号，包括中文标点符号、英文字母、单位符号、数学符号、数字序号、运算符号、拼音声调符号等不能显著区别时，“形状”用中文表示，如：点、线段、射线、直线、弦等。

2. 当“图形形状”的“形象符号”内部不能显著区别时，“形状”也用“中文”表示，如：长方形、正方形、正三角形、面等。

3. 当“图形形状”的“形象符号”本身较为复杂时，“形状”也用“中文”表示，如：边数大于3的多边形、所有正多边形、所有的立体图形等。

4. 当“图形形状”的“形象符号”既简单明了又不至于混淆时，即除上述三种情况外，既可使用“图形形状”的“形象符号”，也可以使用“中文”表示，如：∠、▱、△、⊙、⌒等，还可以使用角、平行四边形、三角形、圆、弧等。

（二）“名称”的表示方法

“名称”的表示方法，总体来讲较为简单，大致分为两大类。

1. 当某种图形是单个出现时，其“名称”可以使用单个的小写英文字母，如 $a, b, c\cdots$表示；有时也用希腊字母，如α、β、θ表示；有时还用阿拉伯数字，如1，2，3，…；少数情况还可以使用单个的大写英文字母，如A，B，C，D，O等。

2. 当某种图形是多个出现时，其“名称”只能使用其确定性点的大写英文字母来表示，且必须按一定顺序（此顺序是人为规定的）。

“名称”的两种表示方法中，显然第二种方法具有一般性，是万能的。

三、应用拓展本真，深化图形记法规律

掌握了“图形记法本真”，对于案例（如图1-1）中究竟应该使用“点A”或者是“A点”？要正确回答就迎刃而解了。正确答案是：点A。因为在此图形的记法中，“形状”是“点”，且“点”的“形象符号”与数学小数点、中文省略号“……”中的点、英文中的句号“. ”等符号不能显著区别，所以其“形状”只能用中文“点”来表示。同时，此图形，确定性点只有一个点，且点一般使用大写的英文字母，所以此图形的记法中“名称”就只能使用“A”。按“形状＋名称”这一图形记法的通法，正确答案自然就是“点A”。显然“A点”的记法违反了“形状＋名称”这一图形记法的通法。

对于边数大于3的多边形的图形记法，其“形状”是“多边形”，其“名称”用各个顶点的字母表示——要按顶点的顺序书写，可以按顺时针或逆时针的顺序。[8]例如，图1–13就可以记为“多边形*ABCDE*”，或者“多边形*BCDEA*”，或者“多边形*CDEAB*”等等（此时为顶点的逆时针）；图1–13也可以记为“多边形*AEDCB*”，或者“多边形*EDCBA*”，或者“多边形*DCBAE*”等等（此时为顶点的顺时针）。

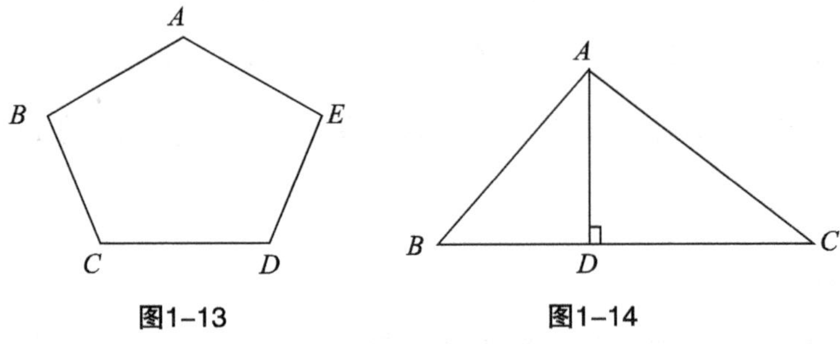

图1–13　　图1–14

又如，见图1–14，△ABC的高可以记为“线段AD”（有时简称AD）。

不仅几何图形是如此的记法，函数图象［一般地，对于一个函数，如果把自变量与函数的每对对应值分别作为点的横、纵坐标，那么坐标平面内由这些点组成的图形，就是这个函数的图象（graph）[9]］也属于图形，此图形的记法也是如此。如图1–15，正比例函数$y=\frac{x}{3}$的图象记作直线$y=\frac{x}{3}$，也读作直线$y=\frac{x}{3}$；如图1–16，将一次函数y=–0.5x+1，y =2x–1的图象分别记作直线y=–0.5x+1和直线y =2x–1，也分别读作直线y=–0.5x+1和直线y =2x–1；如图1–17，反比例函数$y=-\frac{6}{x}$的图象记作双曲线$y=-\frac{6}{x}$，也读

作双曲线 $y=-\frac{6}{x}$；如图1–18，二次函数 $y=x^2-x-\frac{3}{4}$ 的图象记作抛物线 $y=x^2-x-\frac{3}{4}$，也读作抛物线 $y=x^2-x-\frac{3}{4}$.

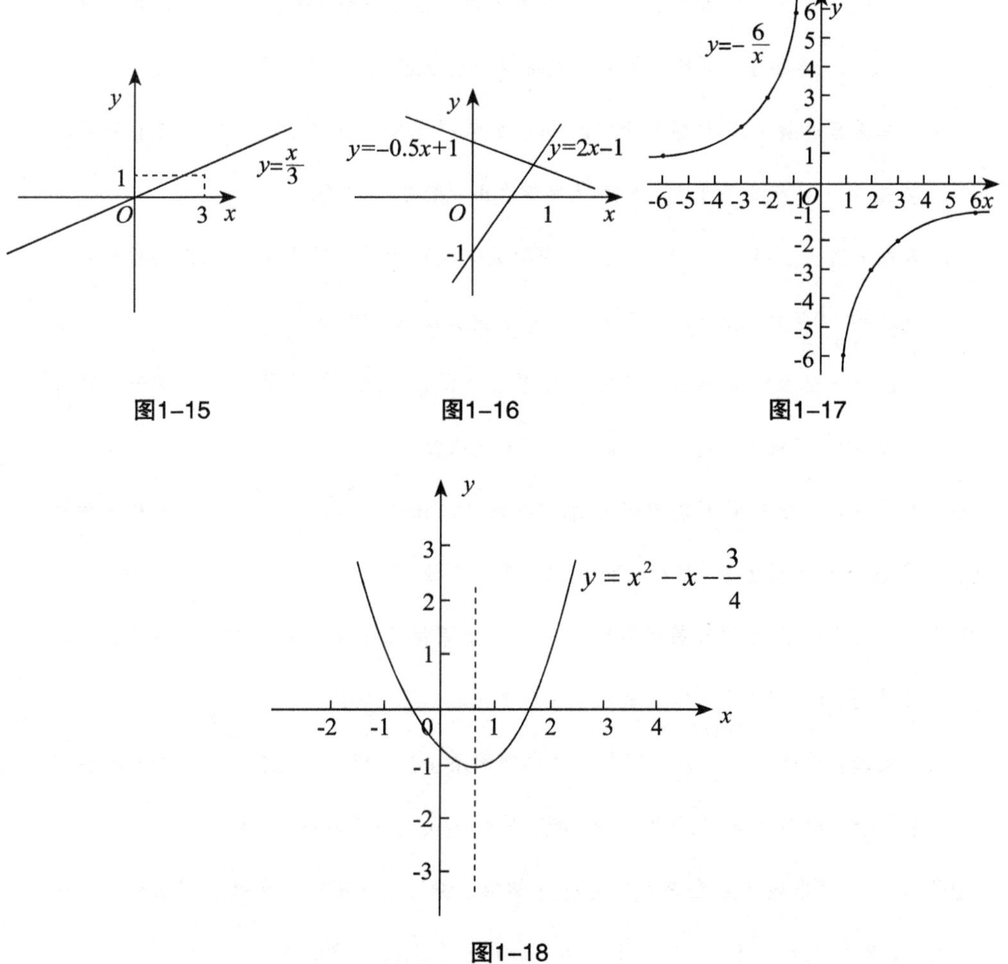

图1–15　　图1–16　　图1–17

图1–18

综上所述，数学教材是数学教育教学、学习的经典资源，只要细读善研教材，寻找到图形记法的本真，就能够轻松达成“掌握它们（图形）的符号表示”[10]。

参考文献：

[1] 人民教育出版社，课程教材研究所，中学数学课程教材研究开发中心.义务教育教科书.数学:七年级上册［M］.北京:人民教育出版社,2012:125.

[2] 人民教育出版社,课程教材研究所,中学数学课程教材研究开发中心.义务教育教科书.数学:七年级上册［M］.北京:人民教育出版社,2012:125-126.

[3] 人民教育出版社,课程教材研究所,中学数学课程教材研究开发中心.义务教育教科书.数学:七年级上册［M］.北京:人民教育出版社,2012:132.

[4] 人民教育出版社,课程教材研究所,中学数学课程教材研究开发中心.义务教育教科书.数学:八年级上册［M］.北京:人民教育出版社,2013:2.

[5] 人民教育出版社,课程教材研究所,中学数学课程教材研究开发中心.义务教育教科书.数学:八年级下册［M］.北京:人民教育出版社,2013:41.

[6] 人民教育出版社,课程教材研究所,中学数学课程教材研究开发中心.义务教育教科书.数学:九年级上册［M］.北京:人民教育出版社,2014:80.

[7] 人民教育出版社,课程教材研究所,中学数学课程教材研究开发中心.义务教育教科书.数学:九年级上册［M］.北京:人民教育出版社,2014:80.

[8] 人民教育出版社,课程教材研究所,中学数学课程教材研究开发中心.义务教育教科书教师教学用书.数学:八年级上册［M］.北京:人民教育出版社,2013:23.

[9] 人民教育出版社,课程教材研究所,中学数学课程教材研究开发中心.义务教育教科书.数学:八年级下册［M］.北京:人民教育出版社,2013:80.

[10] 人民教育出版社,课程教材研究所,中学数学课程教材研究开发中心.义务教育教科书教师教学用书.数学:七年级上册［M］.北京:人民教育出版社,2012:217.

7～9年级习题课学案编制初探[①]

摘要：7～9年级习题课学案构建为“目标定向”“自主游弋”“合作探究”“自学摘要”四步模式。

关键词：7～9年级；数学习题课；学案编制；二度消化

学案是教师在教学理论与学习理论的指导下，在二度消化教材与分析学情的基础上，根据《义务教育课程方案和课程标准》的要求和学生的认知水平与知识经验，以学生的学为出发点，把学习的内容、目标、要求和学习方法与探究方法等要素有机地融入学习过程而编写的一个引导和帮助学生自主学习、探究的方案。简而言之，学案是教师研读教材、教师用书和课程标准过程的呈现，是对研读教材、教师用书和课程标准的成果的呈现，是教师“二度消化”的物质成果。

学案中教师对教材的“二度消化”是指教师结合教学的要求和学生的特点、条件，为更好地达到促进学生的学习而对学习的内容做进一步创造性的理解、加工和挖掘。也就是说，教师通过对教材的二度消化，把对学生在学习中将会遇到的困难进行分解，以及对学习方法与探究方法的指导写入学案之中，这样学生在自主学习、探究遇到困难时就可以根据学案的

---

① 本文获中国教育学会“十一五”科研重点课题“名师教学思想与教法研究”总课题组组织的全国中学“高效课堂研讨会暨全国‘讲学稿’”研究会一等奖。

提示、建议和要求进行学习，从而完成对学习内容的一度消化。因此，学案又是帮助学生课前自学、课堂学习、课后复习所使用的主动学习、探究的工具与方案，还是教师启发、引导、指导学生学习的工具与方案。

学案实质上也是学生预习的探路棍和航标灯，是教师用以帮助学生掌握教材内容、沟通学与教的桥梁，也是培养学生自主学习、探究能力和建构知识能力的一种重要工具与媒介，还是教师主导取向接受学习和学生自主取向的探究式学习的取中和平衡，更是教与学的最佳结合点，它具有“导读、导思、导听、导做”的作用。

因此，笔者尝试把初中数学习题课学案构建为“目标定向”“自主游弋”“合作探究”“自学摘要”四步模式。现以人教版七年级下册“3.4实际问题与一元一次方程——探究一、销售中的盈亏”为例，加以说明，恳请同人指教。

一、目标定向

通过对《义务教育数学课程标准》《义务教育教科书·数学·七年级·上册》（人教版）教师用书和《义务教育教科书·数学·七年级·下册》（人教版）的研读，以及七年级学生首次系统研究“布列方程解应用题”这一实际，笔者把本学案的目标制定为如下表（表1–2）所示的目标要求。

表1–2　航标定向表

<table>
<tr><td rowspan="4">学习目标</td><td>知识技能</td><td>1．掌握运用一元一次方程解决实际问题的一般步骤。
2．会寻找打折销售问题中的等量关系，能熟练列出方程。</td></tr>
<tr><td>数学思考</td><td>初步学会运用数学的方程思想去观察、分析现实社会中碰到的商品打折销售问题，通过与算术法的比较，认识用一元一次方程解商品打折销售问题的优越性。</td></tr>
<tr><td>解决问题</td><td>将生活中的具体问题抽象为一元一次方程；解决销售中的盈亏问题。</td></tr>
<tr><td>情感态度与价值观</td><td>1．培养“学数学、用数学”的习惯，能从数学的角度发现问题、提出问题、分析问题、解决问题，进而乐于谈论一元一次方程应用的问题，进一步增强学习数学的信心。
2．明白诚实是为人立身之本的道理。</td></tr>
<tr><td colspan="2">学习重点</td><td>1．熟练列出一元一次方程解销售的盈亏问题。
2．了解利用一元一次方程解应用题的优越性。</td></tr>
<tr><td colspan="2">学习难点</td><td>等量关系获取，并列出一元一次方程。</td></tr>
</table>

二、自主游弋

虽然学生对销售问题早已司空见惯，但不一定对销售问题中的数量、数量关系清楚和明白。况且，“3.4实际问题与一元一次方程——探究一、销售中的盈亏”所涉及的数量多、数量关系复杂，部分学生直接操作是有相当大的困难的。为此，笔者在此环节设置了几个小问题，以期通过这些小问题的解决和归纳，给学生以数学知识和技能的铺垫，给学生以思维的台阶。

自主游弋

1. 自主学习：标价300元的衣服，打6折销售.

（1）售价是多少元？

导学要点：思考标价和售价的关系是____________________.

（2）如果进价是120元，利润是多少元？

导学要点：思考进价、售价和利润之间的关系是________________.

（3）如果进价是120元，利润率是多少？

导学要点：思考进价、利润和利润率之间的关系是______________.

2. 请同学们探究：你发现了标价、进价、售价、利润、利润率之间有何等量关系？

三、合作探究

在为学生进行必要的知识和技能储备后，组织学生以学习小组形式对“3.4实际问题与一元一次方程——探究一、销售中的盈亏”进行合作探究，并要求有余力的学生合作进行拓展探究。笔者设置了如下问题串。

合作探究

情境导入：在一位朋友开的服装店里，我们看到他以每件60元的价格同时卖出一件保暖衣和一件T恤。如果保暖衣盈利25%，T恤亏损25%.

（1）问题1：保暖衣的进价为多少元？T恤的进价为多少元？

（2）问题2：卖这两件衣服总的是盈利还是亏损，或是不盈不亏？

（3）问题3：为了保证营业不亏损，我朋友的T恤售价至少应为多少元？

（4）问题4：为了保证营业不亏损，你还有哪些促销方式帮助我朋友？

四、自学摘要

思维能力的提升是反思感悟的结果。为了达成学生学习成就感的建立，笔者要求学生从旧知识、技能和思想方法中去“找回”，从新知识、新技能和新思想方法的获取等方面去寻找“收获”。对于自主学习中的疑惑，让学生提炼出来并做好标记，更好地带着问题去上课。

为了拓宽学生的知识面和培养其数学学习兴趣，笔者设计了“还想知道打折销售哪些方面的知识？”供学生课余利用网络或图书馆等资源去充实和丰富自己。

针对反思感悟的重要性和必要性，笔者设计了“自学摘要”这一环节。其模块格式如下。

自学摘要

1. 本预习的收获。

2. 本预习的困惑。

3. 还想知道“打折销售”哪些方面的知识？

用几何图形研究规律，促几何问题发现与提出①

——浅谈初中几何课堂信息能力的提升

摘要：利用几何图形概念研究规律，促进初中学生从数学的角度发现并提出几何图形概念；利用几何图形性质和判定研究规律，促进初中学生从数学的角度发现并提出几何图形的性质与判定命题（或猜想），从而促进初中学生形成发现并提出问题的能力，提升初中几何课堂信息素养，为其科学发现或发明创造奠定坚实的基础。

关键词：几何图形研究规律；数学“四能”；信息素养；初中几何；课堂教学

《义务教育数学课程标准》（2011年版），在第三学段（7～9年级）目标中明确指出：“初步学会在具体的情境中从数学的角度发现问题和提出问题，并综合运用数学知识和方法等解决简单的实际问题，增强应用意识，提高实践能力。”[1]明确要求初中学生，“会”在具体情境中发现数学问题和提出数学问题，即“四能”中的问题发现能力和问题提出能力。这不但要具有信息意识与知识，而且要具有信息能力与道德。[2]这就需要找到问题发现与提出的路径与方法。

① 王道勇．用几何图形研究规律，促几何问题发现与提出[J]．中小学数学（初中版），2022(11):47-49．选入本书时题目有改动。

本文以几何图形研究框架（或内容）——定义、记法和画法、性质、判定和应用中的“定义、性质和判定”为例，谈谈初中几何课堂中数学问题发现与提出的路径与方法，从而提升初中几何课堂信息素养。

一、用几何图形概念研究规律，促几何图形概念的发现与提出

几何图形概念的研究规律总是：几何图形概念的“种+类征”[3]。这也是一切概念的研究规律或研究内容，也是一切概念的发现与提出规律。发现并提出几何图形概念的方法通常有观察法与逻辑推理法。

（一）观察发现与提出几何图形概念

本文以能反映几何图形概念的一系列大量的实物或实例为研究对象，系统剖析这些研究对象，发现这些几何图形是某一类几何图形，从而发现它们共同的“种”概念——某一类几何图形；系统剖析这些研究对象，发现这些几何图形又是一类特殊的几何图形，从而发现它们共同的“类征”——系列特征。进而发现一类广泛存在的具有研究价值的新几何图形，再利用“种+类征”的规律发现并提炼新的几何图形概念。

例如，研究“角”这一几何图形概念时，通过观察师生皆熟悉的墙角、书角、衣角、眼角等实物，发现这些都是同一类几何图形（“种”），又发现这类几何图形都有这样的特征：①两条射线；②公共端点（两个“类征”），从而发现并提出了“角”这一几何图形概念：角是由具有公共端点的两条射线组成的几何图形。师生分别在发现并提出“角”这一

几何图形概念后，指出“公共端点”叫“角的顶点”，每条射线都叫“角的边”。

（二）推理发现与提出几何图形概念

在初中数学几何图形概念的发现与提出中，除了通过大量实物或实例观察归纳外，还存在利用推理来发现并提出几何图形概念。几何图形概念的研究规律都是利用几何图形的最基本元素进行变化而发现并提出的。

例如，在特殊平行四边形概念的研究中，就是利用平行四边形的最基本元素——边或角分别变化到其特殊状态而发现并提出的。

1. 矩形（长方形）概念的发现与提出。当平行四边形的最基本元素“角”变化到其特殊状态——一个内角变化为直角时的平行四边形*ABCD*（见图1–19），发现并提出矩形（长方形）概念：“种”是平行四边形；“类征”是一内角是直角，进而发现并提出矩形（长方形）的概念为：一个内角为直角的平行四边形是矩形（长方形）。

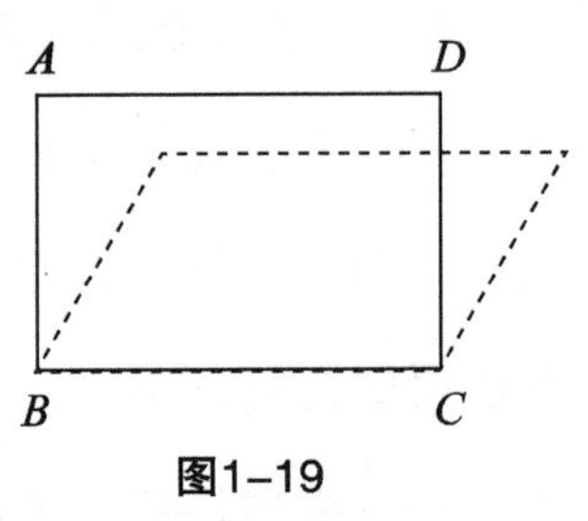

图1–19

2. 菱形概念的发现与提出。当平行四边形的最基本元素“边”变化到其特殊状态——一组邻边变化到边长相等时的平行四边形*ABCD*（见图1–20），发现并提出菱形的概念：“种”是平行四边形；“类征”是一组

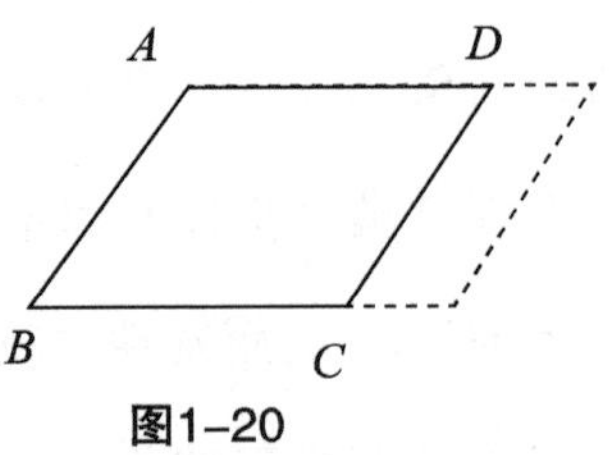

图1–20

邻边相等。进而发现并提出菱形的概念为：一组邻边相等的平行四边形是菱形。

3. 正方形概念的发现与提出。当平行四边形的最基本元素“角”与“边”都变化到其特殊状态——一角变化为直角且一组邻边变化到相等时的平行四边形*ABCD*（见图1–21），发现并提出正方形概念：“种”是平行四边形；“类征”是（1）一内角是直角；（2）一组邻边相等，进而发现并提出正方形的概念为：一个内角为直角且一组邻边相等的平行四边形是正方形。

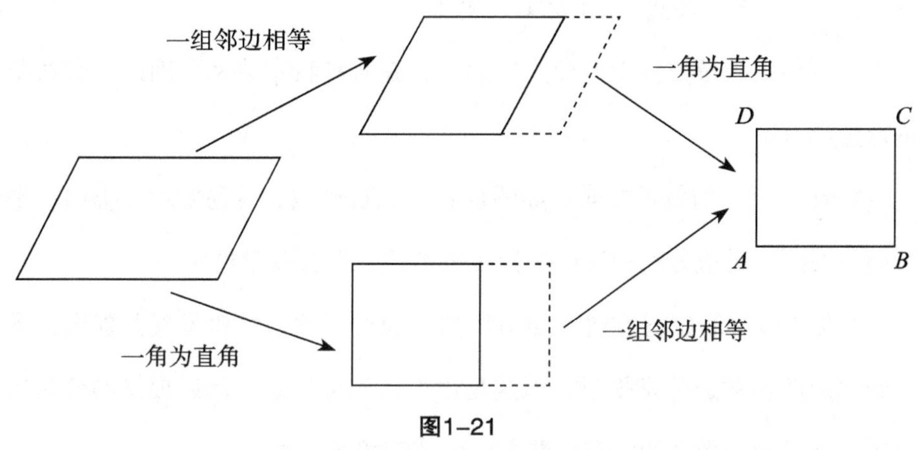

图1–21

二、用几何图形性质研究规律，促图形性质命题的发现与提出

几何图形性质的研究内容通常是研究几何图形的整体性质（如轴对称性、中心对称性）和局部性质（构成这个几何图形的主要元素之间的关系）。[4]这既是几何图形的研究规律，也是几何图形性质命题（或猜想）的发现与提出规律。

例如，在平行四边形性质的研究中，由于没有中心对称性的基础知识与基本技能储备，就只研究平行四边形的局部性质——边、角、对角线、周长和面积在数量或者是位置方面的关系。由此，可以轻松发现并提出平行四边形性质的猜想。

（一）发现并提出“边”的平行四边形性质猜想

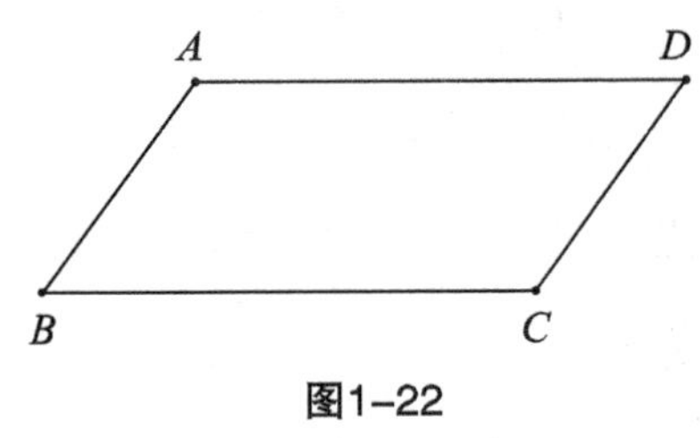

图1–22

对于主要元素之一——“边”，有“对边”与“邻边”两大类，并且“边”可能在数量方向上和位置方向上存在某种特定关系，因此，必然要进行分类讨论。

1. 在“边”的数量方向。如图1–22，通过观察，容易发现并提出：平行四边形两组对边分别相等；平行四边形邻边没有数量规律。

2.在“边”的位置方向。如图1–22，通过观察，轻松发现并提出：平行四边形两组对边分别平行，但这是由平行四边形定义已经提供的最基本性质；平行四边形邻边没有位置方面的特定关系。

（二）发现并提出“角”的平行四边形性质猜想

对于主要元素之二——“角”，也有“邻角”与“对角”两大类，“角”主要研究其数量，因此，也需要分类讨论。

1. 关于“邻角”。如图1–22，通过观察与简单推理，容易发现并得出“平行四边形任意两邻角互补”的结论。但这是平行线的性质，不是平行四边形所特有的性质。

2. 关于“对角”。如图1–22，通过观察，容易发现并提出：平行四边形对角相等。

（三）发现并提出“对角线”的平行四边形性质猜想

对于主要元素之三——“对角线”，由于“对角线”的“种”概念是“线段”，“线段”可能在数量和位置两方面存在某种特定关系，因此，必然要进行分类讨论。

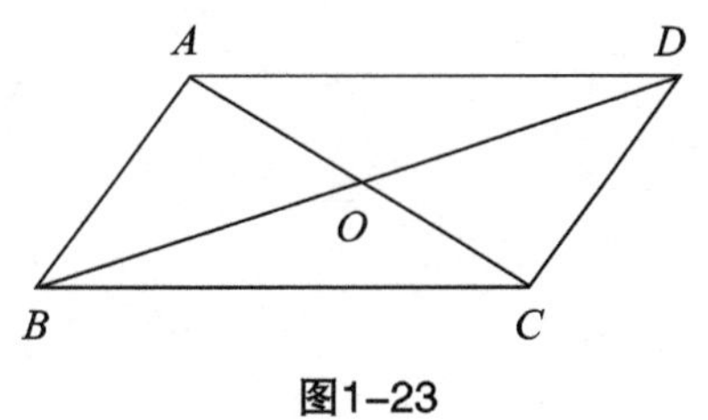

图1–23

1. 在“对角线”的数量方向。如图1–23，通过改变一条对角线的（对角线AC或对角线BD）长度，容易发现并提出：平行四边形对角线在数量上没有规律。

2. 在“对角线”的位置方向。如图1–23，通过观察或测量（线段AO与线段CO，线段BO与线段DO），容易发现并提出：平行四边形对角线互相平分。

（四）发现并提出“周长”的平行四边形性质猜想

对于主要元素之四——“周长”，由于“周长”的“种”概念是“和”，其“类征”——“加数”全是“边长”，因此，对“周长”的研究，只可能在数量方向去研究其规律。如图1–22，通过观察与简单推理，容易发现并提出“周长”的性质：平行四边形周长等于两邻边和的2倍。

（五）发现并提出“面积”的平行四边形性质猜想

对于主要元素之五——“面积”，由于“面积”的“种”概念是“乘积”，其“类征”——“因数”是“边长”及“高”，因此，对“面积”的研究，也只可能在数量方向上去探求其规律。如图1–24，通过观察与简单推理，容易发现并提出“面积”的性质：平行四边形的面积等于底×高，即$S_{平行四边形ABCD}=BC\times AE=AD\times AE$.

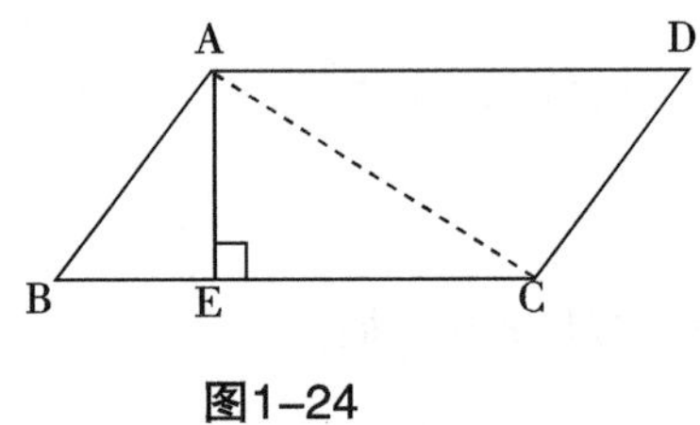

图1–24

三、用几何图形判定研究规律，促图形判定命题的发现与提出

几何图形判定的研究规律，通常是从几何图形主要元素的视角，利用几何图形性质的逆命题，来发现并提出几何图形判定命题（或猜想）。下面以“平行四边形判定猜想”的发现与提出为例。

（一）“边”的视角

平行四边形“边”的性质，“对边”有数量与位置方向的性质，在“边”的视角上，应该分别从“对边”的数量方向或位置方向的逆命题去发现并提出。因此，必然要进行分类讨论，并且是从数量方向、位置方向、数量与位置三种情况去进行判定猜想。

1. 在“对边”数量方向的逆命题。容易发现并提出：两组对边分别相等的四边形是平行四边形，如图1–25。

2. 在“对边”位置方向的逆命题。容易发现并提出：两组对边分别平行的四边形是平行四边形。但这已由平行四边形的定义给出，不应成为对平行四边形的独立判定（如图1–25）。

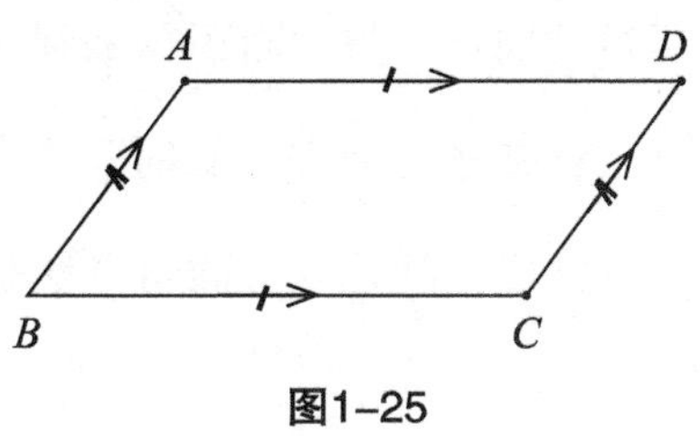

图1–25

3. 在“对边”数量与位置方向的逆命题。通过标注与观察，容易发现并提出：一组对边平行且相等的四边形是平行四边形（如图1–25）。

（二）“角”的视角

平行四边形“角”的性质，只有“对角”数量方向的性质，因此从“角”的视角，也应该从“对角”的数量关系方向的逆命题上去发现并提出：两组对角分别相等的四边形是平行四边形（如图1–25）。

（三）“对角线”的视角

平行四边形“对角线”的性质，只有位置方向的性质，因此从“对角线”的视角，也应该从“对角线”的位置方向的逆命题去发现并提出：对角线互相平分的四边形是平

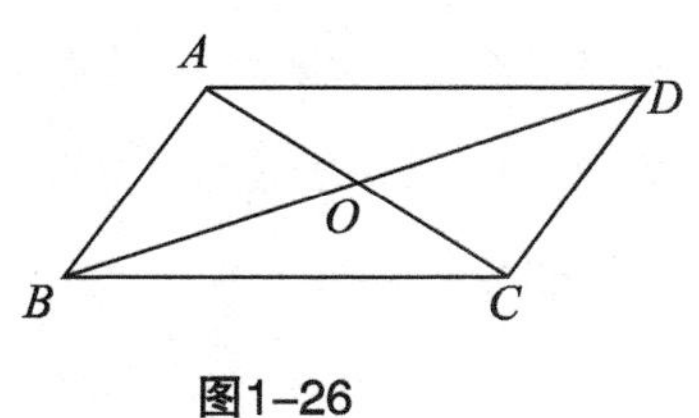

图1–26

行四边形（如图1–26）。

（四）“周长”与“面积”的视角

“周长”与“面积”都只是数量，无法判定几何图形的形状，即不能通过“周长”与“面积”来判定几何图形形状。

在初中几何中，有时是先研究判定，再研究性质（如平行线），但其发现并提出问题的方向与方法是不变的。

四、结语

利用几何图形研究规律去发现与提出问题，应当从初中一年级（七年级）开始系统抓起。长此以往，当学生找到并掌握了“发现并提出几何图形问题”的规律，就会培养发现并提出几何图形问题的能力，提升初中几何课堂信息素养，奠定科学发现或发明创造的坚实基础。

参考文献：

[1] 中华人民共和国教育部.义务教育数学课程标准:2011年版[S].北京：北京师范大学出版社，2012(1):14.

[2] 李瑞.乡村小学教师的信息素养的现状调查[J].大众标准化，2021（6）:76-78.

[3] 王道勇.巧用“概念”的结构进行“概念教学”[J].中小学数学（初中版）:2011（4）:12.

[4] 潘小梅.点评:凸显深度思考 践行学为中心[J].中学数学教学参考，2020（8）:27-28,34.

从“式”的角度巧妙进行乘法公式教学[①]

摘要：利用“式”可以看清乘法公式的结构特征，使学生轻松掌握乘法公式并熟练运用乘法公式进行计算。

关键词：“式”的角度；乘法公式教学

在对人教版八年级数学上册第十五章“15·2乘法公式中的平方差公式和完全平方公式”的教学中，不论是教材还是教师，通常在运用公式进行计算时，要求学生多用平方差公式$(a+b)(a-b)=a^2-b^2$、完全平方公式（$a+b$）$^2=a^2+2ab+b^2$和（$a-b$）$^2=a^2-2ab+b^2$进行对比，分清哪一项相当于公式中的a、哪一项相当于公式中的b，再套用公式，并强调“分清哪一项相当于公式中的a、哪一项相当于公式中的b”是一个极其容易出错的地方。

笔者认为，这样的教学，一方面没有教给学生乘法公式的结构特征，或者仅是肤浅地从“数”的角度去认识乘法公式；另一方面，没能教给学生如何去从更高级的角度——从“式”的角度去认识乘法公式，只是教学生去生搬硬套乘法公式；再者完全平方公式必须记住两个公式。结果是：题目稍做变化，学生就束手无策；教师教得辛苦，学生学得死板。笔者从“式”的角度进行了乘法公式教学的尝试，取得了令人满意的效果。

① 王道勇，李生华．从“式”的角度巧妙进行乘法公式教学[J]. 科学咨询（教育科研）,2012(11):93.

一、从“式”的角度认识“乘法公式”的内容

在利用多项式的乘法探究出“平方差公式”和“完全平方公式”之后，教师进行如下操作。

师：从“式”的角度来看“平方差公式”（或“完全平方公式”），其有何结构特征?

生：（通过系列学生的探索或小组讨论后）平方差公式 $(a+b)(a-b)=a^2-b^2$ 中，已知（等号左边）是两个二项式相乘，其中两项完全相同，另两项互为相反数；结果（等号右边）是平方差，其中被减数就是完全相同项的平方，减数为相反数项的平方。对完全平方公式 $(a+b)^2=a^2+2ab+b^2$，已知（等号左边）是一个二项式的完全平方；结果（等号右边）是一个二次三项式，其中首末两项为二项式中两项的平方和，中间项（或者叫作交叉项）是二项式中两项乘积的2倍。

教师边问边板书，学生边回答边笔记——“平方差公式，平方差公式的内容：有两项完全相同、另两项互为相反数的两个二项式相乘，等于完全相同项与相反数项的平方差；对完全平方公式，完全平方公式的内容：一个二项式的平方，等于该二项式每项的平方和，加上两项乘积的2倍。”

二、从“式”的角度分析公式结构特征

1. 平方差公式结构特征分析：

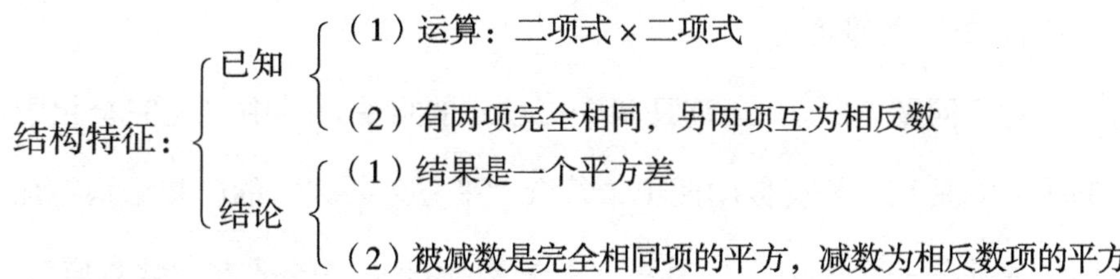
结构特征：
已知
（1）运算：二项式 × 二项式
（2）有两项完全相同，另两项互为相反数
结论
（1）结果是一个平方差
（2）被减数是完全相同项的平方，减数为相反数项的平方

数学表达式：$(a+b)(a-b)=a^2-b^2$.

2. 完全平方公式结构特征分析：

结构特征：
- 已知
  - （1）运算是一个平方
  - （2）底数是一个二项式
- 结论
  - （1）是一个二次三项式
  - （2）首末两项是二项式两项的平方和
  - （3）中间项为二项式两项乘积的2倍

数学表达式：$(a+b)^2=a^2+2ab+b^2$.

三、从“式”的角度去应用

例1：计算：（1）$(2x+1)(2x-1)$；　（2）$(-x+2y)(-x-2y)$；

（3）$(3m-5)(-5-3m)$.

分析：对于问题（1），运算是两个二项式的乘法，其中$2x$是完全相同项，1和-1是互为相反数的两项，符合“平方差公式”的已知结构特征，其结果应该是一个平方差，其中被减数应该是$2x$的平方，减数应该是1（或者-1）的平方。

对于问题（2），运算是两个二项式的乘法，其中$-x$是完全相同项，$2y$和$-2y$是互为相反数的两项，符合“平方差公式”的已知结构特征，其结果应该是一个平方差。其中，被减数应该是$-x$的平方，减数应该是$2y$（或者$-2y$）的平方。

对于问题（3），运算是两个二项式的乘法，其中-5是完全相同项，$3m$和$-3m$是互为相反数的两项，符合“平方差公式”的已知结构特征，其结果应该是一个平方差。其中，被减数应该是-5的平方，减数应该是$3m$（或者$-3m$）的平方。

解：（1）原式$=(2x)^2-(1)^2=4x^2-1$；

（2）原式$=(-x)^2-(2y)^2=x^2-4y^2$；

（3）原式$=(-5)^2-(3m)^2=25-9m^2$.

例2：计算：（1）$(3m+2n)^2$；（2）$(-2x-y)^2$；（3）$(x-3y)^2$；（4）$(-2a-\frac{1}{3}b)^2$.

分析：对于问题（1），运算是一个二项式的完全平方，符合“完全平方公式”的已知结构特征，其结果应该是一个二次三项式。其中，首末两项为该二项式两项——$3m$，$2n$的平方和；中间项为该二项式两项——$3m$，$2n$乘积的2倍.

对于问题（2），运算是一个二项式的完全平方，符合“完全平方公式”的已知结构特征，其结果应该是一个二次三项式。其中，首末两项为该二项式两项——$-2x$，$-y$的平方和；中间项为该二项式两项——$-2x$，$-y$乘积的2倍.

对于问题（3），运算是一个二项式的完全平方，符合“完全平方公式”的已知结构特征，其结果应该是一个二次三项式。其中，首末两项为该二项式两项—— x，$-3y$的平方和；中间项为该二项式两项—— x，$-3y$乘积的2倍.

对于问题（4），运算是一个二项式的完全平方，符合“完全平方公式”的已知结构特征，其结果应该是一个二次三项式。其中，首末两项为该二项式两项—— $-2a$，$-\frac{1}{3}b$的平方和；中间项为该二项式两项—— $-2a$，$-\frac{1}{3}b$乘积的2倍.

解：（1）原式$=(3m)^2+2(3m)(2n)+(2n)^2=9m^2+12mn+4n^2$；

（2）原式$=(-2x)^2+2(-2x)(-y)+(-y)^2=4x^2+4xy+y^2$；

（3）原式$=(x)^2+2(x)(-3y)+(-3y)^2=x^2-6xy+9y^2$；

（4）原式$=(-2a)^2+2(-2a)(-\frac{1}{3}b)+(-\frac{1}{3}b)^2=4a^2+\frac{4}{3}ab+\frac{1}{9}b^2$.

图表法是解决复杂应用题的利器①

摘要：应用简单、明了和形象的图表法，让学生直观、形象地辨析复杂应用题的数量关系，从而轻松、清晰、透彻地进行求解。

关键词：图表法；复杂应用题；解题；初中数学教学

对有名的数学问题“牛顿问题”——“牛吃草”类问题，一线数学教师总结出了一个公式：原有草=（牛数-每天新增草量恰可供 x 头牛吃一天）×天数，让学生去死记硬背、生搬硬套。但是，学生未必能明白这个公式的来历和意义，也就是说，就算学生能套用此公式，学生也未必真正理解了。事实上，对于一些复杂的应用题，利用图表法可以非常轻松、明了地解决问题。

一、图表的功能

图表具有简单、明了、形象的特点。因此，图表是理解复杂数量关系的重要辅助手段，加之其所特有的形象、直观性及整体性等优势，方便学生直观、形象地辨析复杂应用题的数量关系，从而轻松、清晰、透彻地求

① 王道勇.图表法是解决复杂应用题的利器[J].科学咨询（教育科研），2019(5):61.有增删。

解。图表法能有效地唤起学生注意、激发学习兴趣、促进对题意的理解。

二、“牛吃草”类问题的“表格”思考与解法

例1：有一片牧场，牧草每天都在匀速生长（假设牧草每天增长的量相等），如果放牧24头牛，则6天吃完牧草；如果放牧21头牛，则8天吃完牧草，假设每天牛吃牧草的量相等。如果放牧16头牛，几天可以吃完牧草？

分析：本例涉及的量有牧场原有牧草量、牧草每天的生长量、牧草生长时间、牧草新增总量、每一头牛每日吃牧草量、吃牧草天数和牛的头数等较多的量，因此所涉及的量比较多。同时，牧草每天在生长，牛的头数也在变化，因此关系也相对较为复杂。但是，利用表格可以使这些较为复杂的“关系”清晰化和明了化。

当如果放牧24头牛，则6天吃完草时，有：

项目	原有量	每日生长量	生长时间（天）	牧草新增总量	牧草总量
牧草量	a	x	6	$6x$	$a+6x$

项目	每日每头吃掉的量	放牧天数	牛的头数	牛吃掉牧草的总量
牛吃掉的量	y	6	24	$6(24y)$

由于牛吃掉牧草的总量=牧草的总量，所以可以得到方程：$6(24y)=a+6x$.

当如果放牧21头牛，则8天吃完牧草时，有：

项目	原有量	每日生长量	生长时间（天）	牧草新增总量	牧草总量
牧草量	a	x	8	$8x$	$a+8x$

项目	每日每头吃掉的量	放牧天数	牛的头数	牛吃掉牧草的总量
牛吃掉的量	y	8	21	8（$21y$）

同理，有方程：8（$21y$）$=a+8x$.

当如果放牧16头牛时，有：

项目	原有量	每日生长量	生长时间（天）	牧草新增总量	牧草总量
牧草量	a	x	z	xz	$a+xz$

项目	每日每头吃掉的量	放牧天数	牛的头数	牛吃掉牧草的总量
牛吃掉的量	y	z	16	z（$16y$）

同理，可得：z（$16y$）$=a+xz$.

这样，就轻松建立起方程组，可使问题得以解决。

解法一：设这片牧场原有牧草量为a，每日生长量是x，每日每头牛吃掉y，则16头牛吃可以吃z天.

由题意，得：$\begin{cases} 6(24y)=a+6x\cdots\cdots(1) \\ 8(21y)=a+8x\cdots\cdots(2) \\ z(16y)=a+xz\cdots\cdots(3) \end{cases}$

解由（1）、（2）组成方程组$\begin{cases} 6(24y)=a+6x \\ 8(21y)=a+8x \end{cases}$ 得：$\begin{cases} x=\dfrac{1}{6}a \\ y=\dfrac{1}{72}a \end{cases}$

将$\begin{cases} x=\frac{1}{6}a \\ y=\frac{1}{72}a \end{cases}$代入（3）得：$z(16 \cdot \frac{1}{72}a)=a+\frac{1}{6}az.$

解之，得：$z=18$.

答：放牧16头牛，18天可以吃完牧草.

解法二：设这片牧场原有牧草量为a，每日生长量是x，每日每头牛吃掉y，则16头牛吃可以吃$\frac{a}{16y-x}$天.

由题意，得：$\begin{cases} 6(24y)=a+6x \\ 8(21y)=a+8x \end{cases}$

解之，得：$\begin{cases} x=\frac{1}{6}a \\ y=\frac{1}{72}a \end{cases}$

$\therefore \frac{a}{16y-x}=\frac{a}{16(\frac{1}{72}a)-\frac{1}{6}a}=18.$

答：放牧16头牛，18天可以吃完牧草.

三、复杂行程问题的“图表”思考与解法

例2：已知AB是一段只有3米宽的窄道路，由于一辆小汽车与一辆大卡车在AB段相遇，两车中有一车必须倒车才能继续通行．如果小汽车的AB

段正常行驶需10分钟，大卡车在AB段正常行驶需20分钟，小汽车在AB段倒车的速度是它正常行驶速度的$\frac{1}{5}$，大卡车在AB段倒车的速度是它正常行驶速度的$\frac{1}{8}$，小汽车倒车的路程是大卡车需倒车路程的4倍．问两车都通过AB这段狭窄路面的最短时间是多少分钟？

分析：本题所涉及的量虽然只有路程、时间和速度，但其涉及“一倒一进”、再“全程通过”这一复杂过程，因此分类利用图形可以使全过程形象化、直观化和清晰化。

我们约定，下面用实线表示小汽车的行驶路线，用虚线表示大卡车的行驶路线。

设大卡车需倒车的路程为a，则小汽车倒车的路程为$4a$，全程即为$5a$，小汽车正常行驶速度为每分钟$\frac{5a}{10}$，即每分钟$\frac{a}{2}$，倒车速度为每分钟$\frac{a}{2}\cdot\frac{1}{5}$，即每分钟$\frac{a}{10}$；大卡车正常行驶速度为每分钟$\frac{5a}{20}$，即每分钟$\frac{a}{4}$，倒车速度为每分钟$\frac{a}{4}\cdot\frac{1}{8}$，即每分钟$\frac{a}{32}$.

显然，这两辆车正常行驶均比任何一辆的倒车速度快。

若小汽车“倒”、大卡车“进”，则小汽车正常速度全程通过的图形思考如图1–27所示。

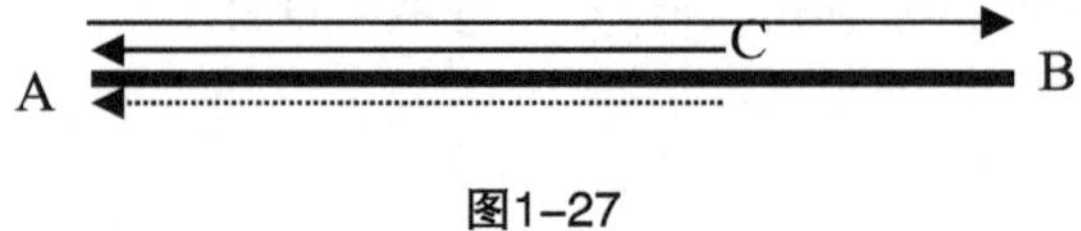

图1–27

此时，用表格分析如下表：

小汽车 倒车路程	小汽车 倒车速度	小汽车 倒车时间	小汽车正常 通过所需时间	两车都通过 AB 所需时间
$4a$	$\frac{a}{10}$	$\frac{4a}{\frac{a}{10}}$	10	$\frac{4a}{\frac{a}{10}}+10$

若大卡车“倒”、小汽车“进”，然后大卡车正常速度全程通过的图形思考如图1-28所示。

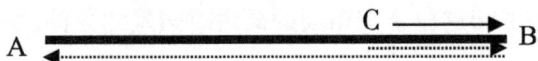

图1-28

此时，用表格分析如下表：

大卡车 倒车路程	大卡车 倒车速度	大卡车 倒车时间	大卡车正常 通过所需时间	两车都通过 AB 所需时间
a	$\frac{a}{32}$	$\frac{a}{\frac{a}{32}}$	20	$\frac{a}{\frac{a}{32}}+20$

解：设大卡车需倒车的路程为a，则小汽车倒车的路程为$4a$，全程为$5a$，小汽车正常行驶速度为每分钟$\frac{5a}{10}$，即每分钟$\frac{a}{2}$，倒车速度为每分钟$\frac{a}{2}\cdot\frac{1}{5}$，即每分钟$\frac{a}{10}$；大卡车正常行驶速度为每分钟$\frac{5a}{20}$，即每分钟$\frac{a}{4}$，倒车速度为每分钟$\frac{a}{4}\cdot\frac{1}{8}$，即每分钟$\frac{a}{32}$.

（1）当小汽车“倒”、大卡车“进”时，两车都通过AB这段狭窄路面的时间是：

$\frac{4a}{\frac{a}{10}}+10=50$（分钟）.

（2）当大卡车“倒”、小汽车“进”时，两车都通过AB这段狭窄路面的时间是：

$\frac{a}{\frac{a}{32}}+20=52$（分钟）.

综上所述，两车都通过AB这段狭窄路面的最短时间是50分钟.

事实上，凡是所涉及的数量较多或者数量关系较为复杂的应用题，通过多次列表或画示意图的方式，就会使数量间的关系清晰化、明了化。

求解“几何问题”就是应用“几何基本图形”①

通常，我们将几何中的某一定义或某一定理（公式）或公理所对应的图形称为这一定义或这一定理（公式）或公理的基本图形。这就说明，基本图形是几何学理论的客观显示，几何学理论是对某种特殊构图的高度概括和抽象。在几何的教与学中，这两者是相辅相成的，既要必须狠抓几何学理论的掌握，又要必须狠抓几何学理论所直观反映出来的基本图形。

一、几何题的求解过程就是对基本图形的“重组”

任何一道几何题目所对应的几何图形都是若干个基本图形的组合。因此，我们只要，也只有抓住了基本图形才能正确地对几何题目所对应的几何图形的已知元素进行快速、高效地“分割”和“重组”并弄清这些“重组”基本图形之间的相互关系，只有这样才能把握住解题的方向和方法，从而确定解题路线，达到快速、高效地解决几何问题。

例1：如图1-29，已知点D、E在BC上，$\angle DAB=\angle EAC$，$\angle B=\angle C$. 求证：$AD=AE$.

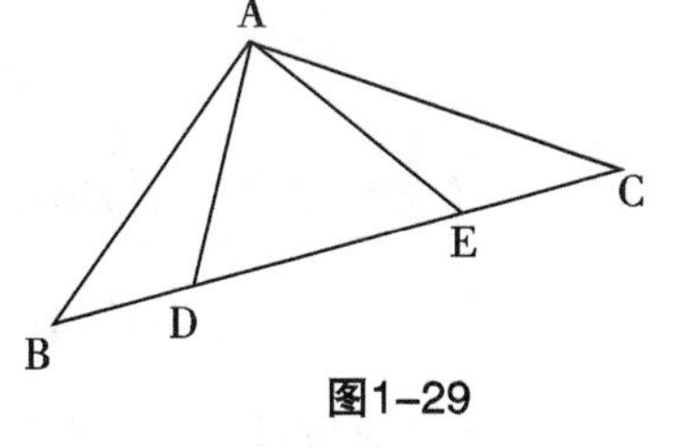

图1-29

① 王道勇.求解“几何问题”就是应用“几何基本图形”[J].中小学数学(初中版),2012(10):27-28.

分析：本题要求证明等线段，根据等线段的求证理论，要先观察它们所处的位置状况，对已知线条进行分割，再根据可能组合成求证等线段理论的基本图形对业已分割的线条进行重组，进而确定解题的方向和方法。

方向1：以$\triangle ADE$为基本图形，必须证明$\angle ADE=\angle AED$，又有$\angle ADE$和$\angle AED$分别是$\triangle ABD$和$\triangle AEC$的外角这一三角形外角定理的基本图形.

方向2：若把AD、AE分置于$\triangle ABD$和$\triangle ACE$中，即以两个全等三角形为基本图形. 观察这两个目标三角形，已有$\angle B=\angle C$，$\angle BAD=\angle CAE$，只需要证明$AD=AE$或$AB=AC$或$BD=EC$，前者为需要求证的问题，后者与已知条件和已知基本图形的相关性不大，故应去求证$AB=AC$。在$\triangle ABC$中有$\angle B=\angle C$，这恰好是定理“等角对等边”的基本图形，从而$AB=AC$得证.

证明：（方法一）$\because \angle ADE=\angle BAD+\angle B$；

$\angle AED=\angle C+\angle CAE$；

又$\because \angle DAB=\angle EAC$；

$\angle B=\angle C$；

$\therefore \angle ADE=\angle AED$.

$\therefore AD=AE$.

（方法二）$\because \angle B=\angle C$；

$\therefore AB=AC$.

在$\triangle ABD$和$\triangle ACE$中，

$$\begin{cases}\angle B = \angle C \\ AB = AC \\ \angle DAB = \angle EAC\end{cases}$$

$\therefore \triangle ABD \cong \triangle ACE$.

$\therefore$ AD=AE.

例2：如图1–30，已知E是$\angle AOB$的角平分线上的一点，$EC \perp OA$，$ED \perp OB$，垂足分别是C、D.求证: $OC=OD$.

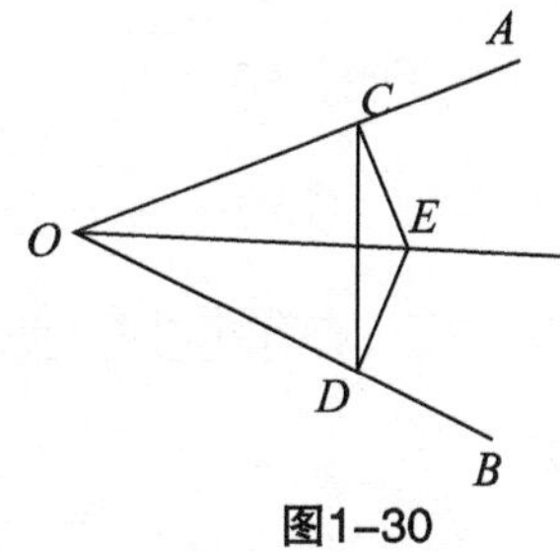

图1–30

分析：这里有角平分线性质及其逆定理的基本图形，再考虑到OC、OD所在基本图形就有下列方法。

方法1：以Rt$\triangle DOE$和Rt$\triangle COE$为基本图形，应证其全等．又易证$OE=OE$，$\angle ODE=\angle OCE=$Rt$\angle$，故只需要证明另一组对应角相等或$DE=CE$．事实上OE、DE、CE已构成角平分线性质及其逆定理的基本图形，从而得证.

方法2：以$\triangle OCD$为基本图形，必证$\angle ODC=\angle OCD$，由于$\angle ODC$与$\angle OCD$结构，应证$\angle EDC=\angle ECD$；又以$\triangle CED$为基本图形去证$DE=CE$，由上可见命题已经得以证明.

证明：略.

例3：如图1–31，已知$\triangle ABC$中BE、CF分别是边AC、AB上的高，M是BC的中点，N是EF的中点.

求证:（1）$ME=MF$；（2）$MN \perp EF$.

分析：本题图形结构较为复杂，但只要基本

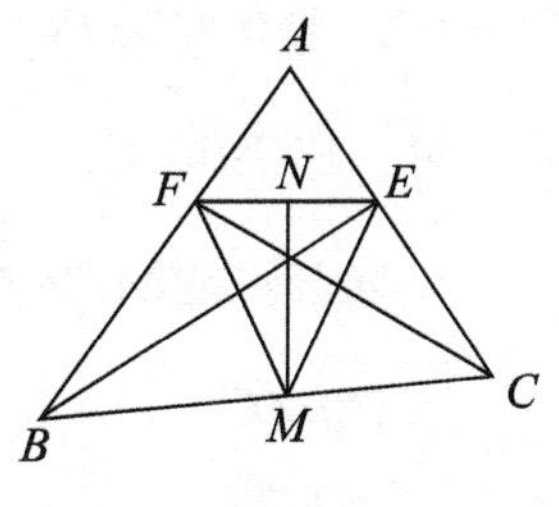

图1–31

图形熟练，不难“分割”并“重组”，MF、ME分别为Rt△BFC和Rt△BEC斜边上的中线的基本图形，显然$ME=MF$得证.

这里以$ME=MF$，N为EF的中点，又已构成等腰三角形三线合一的基本图形，求证$MN\perp EF$的问题就迎刃而解。

证明：略.

二、辅助线的创作过程就是对基本图形的完善过程

例4：如图1–32，MN是线段AB的中垂线，点P在MN外靠近B端的一侧，PA交MN于点C，那么（　　）

A. $AC>PC+PB$　　B. $AC=PC+PB$

C. $AC<PC+PB$　　D. 以上结论都有可能

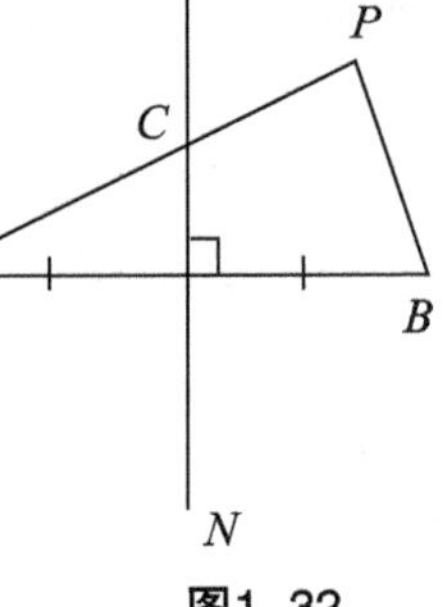

图1–32

分析：本例从已知和结论来看，明显不具备完整的中垂线性质定理和三角形三边关系定理的基本图形，说明必然需要添加辅助线。由中垂线性质定理及其逆定理的基本图形可知应该连接B、C，这样就已经完善了以上所需的两个基本图形。易证$PC+PB>BC$和$BC=AC$，则有$AC<PC+PB$，故选C.

解：连接B、C，

$\because MN$是线段AB的中垂线；

$\therefore BC=AC$.

又$\because$在△BCP中有 $PC+PB>BC$；

$\therefore AC<PC+PB$.

故选C.

例5：如图1–33，已知△*ABC*中，*E*、*D*、*F*分别是边*AB*、*BC*、*CA*的中点，*AD*交*EF*于点*O*. 求证：*EO*=*FO*；*AO*=*DO*.

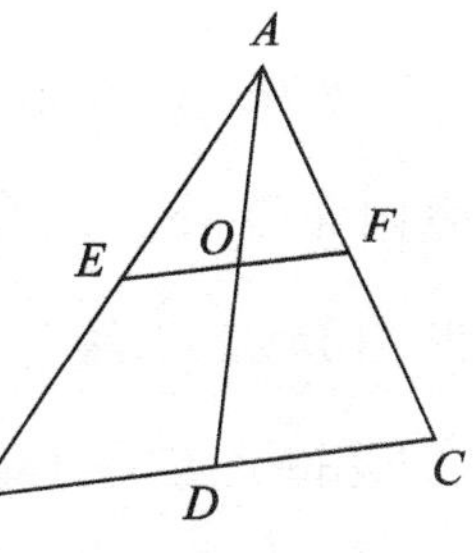

图1–33

分析：由结论*EO*=*FO*、*AO*=*DO*可考虑其基本图形为平行四边形，则应连接*DE*和*DF*. 连接*DE*和*DF*以后，又分别使*DE*、*DF*构成了△*ABC*的两条中位线的两个三角形中位线定理的基本图形，问题轻松解决.

证明：略.

例6：如图1–34，$\angle AOB=120°$，$CA\perp OA$，$\angle B=30°$. 求证：$AC/\!/BD$.

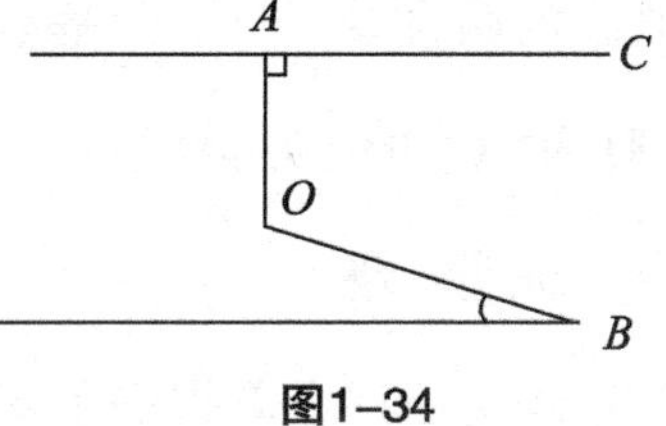

图1–34

分析：本例要证AC∥BD，由平行线判定定理的基本图形可知，题目中的图形始终缺少第三直线，从而确定了必须做辅助线——第三直线.

方法1：延长*BO*交*AC*于点*E*，构造了“平行线判定定理的基本图形”. 同时，有$\angle AOB$是Rt△*AOE*的外角的基本图形，易证$\angle AEO=30°$，进而实现$AC/\!/BD$的证明（如图1–34–1）.

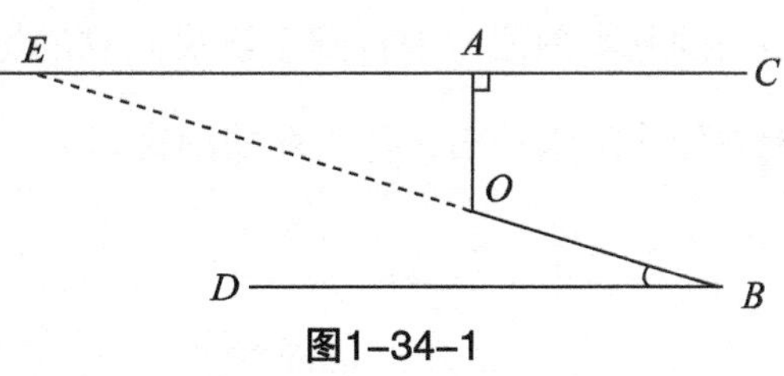

图1–34–1

方法2：延长*AO*交*BD*于点*F*，又构造了“平行线判定定理的基本图形”. 同时，也有$\angle AOB$是△*BOF*的外角的基本图形，易证$\angle AFB=90°$，则有内错角∠AFB=∠EAF，从而AC//BD得证（如图1-34-2）.

图1-34-2

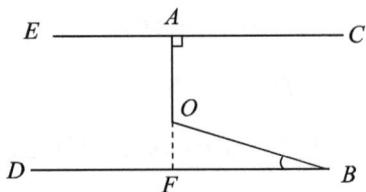

方法3：连接AB，即构成了“同旁内角互补，两直线平行”和“三角形内角和定理”的基本图形. 易证∠EAB+∠ABD=180°，从而使问题得以解决（如图1-34-3）.

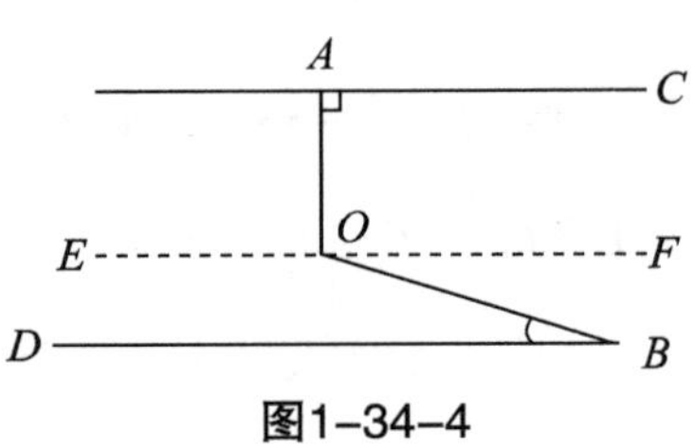

图1-34-3

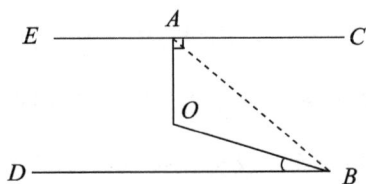

方法4：过点O作直线EF//AC，即构成了“两直线平行，同旁内角互补”“内错角相等，两直线平行”和“同平行于一直线的两直线平行”的基本图形，进而达到目的（如图1-34-4）.

图1-34-4

证明：略.

综上所述，掌握好了基本图形，并与题目已知图形加以比较，再对已知线条进行分割、重新组合为某系列密切相关的基本图形，即找到了解决问题的思路。若其中的基本图形缺什么，就添什么。添什么；什么即辅助线。

用“三个‘什么’”培养初中学生的逻辑思维①

摘要：在初中数学解题中，教师运用“三个‘什么’”来引导，学生运用“三个‘什么’”来操作，学生就学会了分析有凭、解法有根、操作有据，其逻辑思维就会自然而然地形成。

关键词：三个“什么”；逻辑思维培养；解题教学；初中数学

数学是思维的体操，充分、有效地进行思维训练是初中数学教学的核心。它不仅符合《义务教育数学课程标准》的要求，也体现了数学教育的实质性价值。因此，教给学生数学思维的方法、养成良好的思维习惯，是数学教师责无旁贷的事情，这就要求我们在平时的数学教育教学中，注重发展思维。

作为逻辑思维形成的关键时期——初中阶段，解题中用三个“什么”可以轻松达成“培养逻辑思维”的目标。

一、三个“什么”的内涵

三个“什么”就是审题时的“由这想到了什么”、解题设计时的“这

① 王道勇.用“三个‘什么’”培养初中学生的逻辑思维[J].中学数学教学参考,2018(24):43-44.

是由什么想到的”和表达时的“这一步的依据是什么”。

（一）由这想到了什么

“由这想到了什么”是指在审题时，由题目中的关键词，回顾并检索此关键词所涉及的相关基础知识、基本技能和基本思想方法。如“数学概念”的种概念、类征及其数学表达等；又如“定理”的结构特征（条件和结论）、数学表达（图形语言和符号语言）和实质（定理所揭示本质，也是定理的应用方向）等；再如“题型”的书写格式、思考分析方向和方法等。

一般而论，当各“关键词”所涉及的相关基础知识、基本技能和基本思想方法建立起了有机的联系，解题的通道就业已贯通，解题的思路就清楚明晰了。这样，学生的“解题分析”有章可循，就可以排除学生对数学的神秘感和恐惧感。

（二）这是由什么想到的

“这是由什么想到的”是指在解题设计时，使学生明白采用此种操作是依据什么想到的，是有“根”的，可以避免解题的盲目乱套或“胡作非为”。

（三）这一步的依据是什么

“这一步的依据是什么”是指解题表达时，每个操作都是有且只有唯一的定义或定理（代数中通常叫作法则）或基本事实，是有“据”的。避免学生的口是心非、言不由衷、胡言乱语。若某个操作找不到理论依据，则此操作可能是错误的；若一个操作有多个理论依据，则此操作的逻辑表述一定是混乱的。

二、代数举例

例1：计算：6–(3–8)–｜–7｜.

1. 在审题时，“由这想到了什么”。（1）由关键词“计算”想到：本题题型是“计算题”，“计算题”的书写格式是“解：原式=”；（2）由“–”想到：符号“–”既可以看作运算符号的“减号”，也可以看作有理数的性质符号——“负号”，即看作“代数和”；（3）由“（3–8）”想到：（3–8）表示的是3与8的差，其中“差”包括其性质符号和其绝对值两个部分，也就是说“差”是一个整体——这时对“（3–8）”的计算还涉及有理数减法法则；或者由“（3–8）”想到：（3–8）也可以看作“3与–8的和”；（4）由“｜–7｜”想到：｜–7｜是–7的绝对值，涉及绝对值的相关知识（如定义、法则等）。

2. 在解题设计时，“这是由什么想到的”。由审题结果，解题设计（思路）是：先计算（3–8）和｜–7｜. 这是由“6–（3–8）–｜–7｜的代数意义”想到的，因为原式意义是6减去“3与8的差”，再减去“–7的绝对值”，这就必须先解决“差”和“绝对值”；而对（3–8）的处理既可以用“代数和”，也可以用有理数的减法法则，因为（3–8）的结构可以看作“3与–8的和”，也可以看作“3与8的差”. 最后使用“代数和”进行加减的混合运算，这是由“代数和的定义”想到的。

3. 在解题表达时，“这一步的依据是什么”。

解法1：原式=6-（-5）-7（计算题书写格式，代数和，负数的绝对值性质——说明这里除书写格式外还有两个操作）.

=6+5-7　　　　（有理数减法法则）

=4　　　　　　（代数和）

解法2：原式=6-[3+（-8）]-7（计算题书写格式，有理数减法法则，负数的绝对值性质）.

=6-（-5）-7　　（有理数加法法则）

=6+5-7　　　　（有理数减法法则）

=……　　　　　（……）

例2：关于x的方程$\frac{2x+a}{x-1}=1$的解是正数，则a的取值范围是（　）.

A. $a>-1$　　B. $a>-1$且$a\neq0$　　C. $a<-1$　　D. $a<-1$且$a\neq-2$

1.在审题时，“由这想到了什么”。（1）由关键词“关于x的方程”想到“只有x是未知数，其他的字母都是已知数”；（2）由$\frac{2x+a}{x-1}=1$的结构想到：该方程是分式方程，其求解过程必须注意“验根”——$x\neq1$；（3）由关键词“方程$\frac{2x+a}{x-1}=1$的解”想到：必须用解分式方程的方法；（4）由关键词“解是正数”想到：第一，本方程一定有解（有解又有两层意思，一是x有值；二是x的值不能使分母为0）；第二，要在这些“解”中找出正数的那一部分；（5）由关键词“则a的取值范围”想到：必须根据前面的条件建立起关于a的不等式或不等式组，再求解此不等式（组）.

2. 在解题设计时，“这是由什么想到的”。由上审题结果，解题设计是：（1）去分母，是由“分式方程”解法想到的；（2）整理成“$mx=n$”的形式并求解，是由“关于字母系数一次方程解的存在性”想到的；（3）建立不等式组$\begin{cases} m \neq 0 \\ x \neq 1 \\ x > 0 \end{cases}$，是由“求$a$的取值范围”想到的；（4）解此不等式组.

3. 在解题表达时，“这一步的依据是什么”.

解：$2x+a=x-1$（等式基本性质）

$x=-a-1$（移项法则，合并同类项——说明此处有两个操作）

由题意，得：$\begin{cases} -a-1 \neq 1(x\text{的值是原方程的根}) \\ -a-1 > 0(x\text{的值是正数}) \end{cases}$

解之，得：$a<-1$且$a\neq-2$（不等式组的解法）.

故选D.

三、几何举例

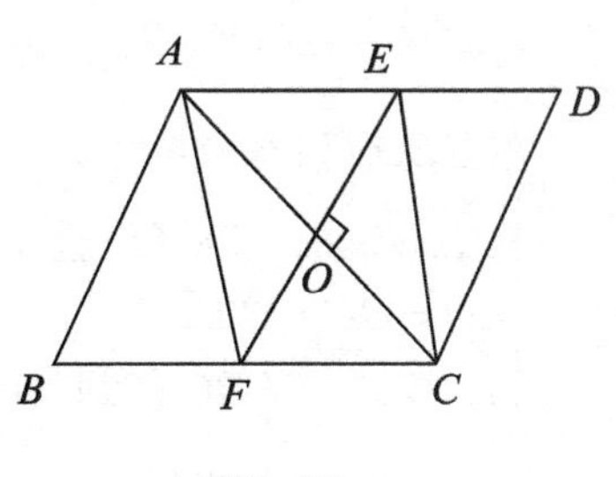

图1–35

例3：如图1–35，EF是▱$ABCD$的对角线，AC的垂直平分线，与边AD，BC分别相交于点E，F.

求证：四边形$AFCE$是菱形.

1. 在审题时，“由这想到了什么”。（1）由关键词“▱$ABCD$”回顾并检索平行四边形的相关性质；（2）由关键词“*EF*是*AC*的垂直平分线”想到线段垂直平分线的性质定理；（3）由关键词“求证”想到本题是一道证明题，其格式是“证明：”；（4）由关键词“求证：四边形*AFCE*是菱形”想到菱形的判定方法，且由于图形中有对角线，因此应用“对角线互相垂直的平行四边形是菱形”可能较简便。

2. 在解题设计时，“这是由什么想到的”。由审题结果，解题设计（思路）是：（1）证明四边形*AFCE*为平行四边形，这是由“*EF*是*AC*的垂直平分线”想到的；（2）证明$AE=FC$，这是由“*AE*平行于*FC*”想到的；（3）证明$\triangle EOA\cong\triangle FOC$，这是由“*EF*是*AC*的垂直平分线”想到的。

3. 在解题表达时，“这一步的依据是什么”。

证明：$\because$四边形*ABCD*是平行四边形，（已知）

$\therefore AD//BC.$（平行四边形的定义）

$\therefore \angle EAC=\angle FCA.$（两直线平行，内错角相等）

$\because$ *EF*是*AC*的垂直平分线，（已知）

$\therefore OA=OC$；

$\angle EOA=\angle FOC=90°.$（垂直平分线的定义）

在$\triangle EOA$和$\triangle FOC$中，

$$\begin{cases}\angle EAC=\angle FCA\ (\text{已证})\\ OA=OC\ (\text{已证})\\ \angle AOE=\angle FOC\ (\text{已证})\end{cases}$$

$\therefore \triangle EOA\cong\triangle FOC$（*ASA*）.

$\therefore AE=CF.$（全等三角形对应边相等）

$\therefore$四边形*AFCE*是平行四边形.（一组对边平行且相等的四

边形是平行四边形）

$\because \angle EOA=90°$， （已证）

$\therefore$ 四边形 $AFCE$ 是菱形. （对角线相互垂直的平行四边形是菱形）

在初中数学解题中，只要教师运用“三个‘什么’”来引导，学生运用“三个‘什么’”来操作，学生就学会了分析有凭、解法有根、操作有据，其逻辑思维就自然而然地形成了。

巧用“概念”的结构进行“概念教学”①

摘要：利用“概念”的结构特征对“概念”进行归类、分析和判别，以及教学“设问”，从而深刻理解“概念”。

关键词：概念；结构；教学

“概念”是对一个名词的解释，是用来说明名词含义的语句。其主要功能是为了区别其他“名词”，使各个“名词”不至于混淆。在教学过程中，“概念教学”显然是极其重要的。学生要想学好，也只有先从学好“概念”开始，因为这是学生进行判断、分析和应用的基础，也是教师进行性质、判定理论教学的理论基础。

一、“概念”的结构界定了“概念”的归类，确定了“概念”的判定方法和步骤

“概念”的定义方式不外乎有“种+类征”和“发生式”两种。但不论是哪种，总离不开“种概念”（简称“种”）和“类征”。所谓“种”，就是其最临近的“大概念”；所谓“类征”就是本概念的特征、实质。因此，只有掌握了“种”才能知道本概念的归类属性；只有掌握了“类征”

① 王道勇．巧用“概念”的结构进行“概念教学”[J]．中小学数学（初中版），2011(4):12.

才能切实掌握住“概念”的实质、本质属性，才能正确地进行判断、分析和应用。如“圆”的发生式定义：一条线段绕一固定端点旋转一周，另一端点所经过的封闭曲线。其“种”是“一条封闭曲线”。这就界定了“圆”的归类是封闭曲线，显示了“圆”的基本形状，这就与日常的“圆面”“圆盘”相区别开来。其“类征”是“一条线段绕一固定端点旋转一周”。这就说明了“圆”的发生（或产生）过程和实质。

又如中学的又一难点“概念”——同类二次根式：几个二次根式化成最简二次根式后，被开方数相同的这几个二次根式叫作同类二次根式。其“种”为“这几个二次根式”，说明同类二次根式是指“原来”的二次根式而非化简后的最简二次根式；“类征”是“化简后的最简二次根式的被开方数相同”，这就确定了同类二次根式的判定方法及步骤为：第一步化简；第二步看最简二次根式的被开方数是否相同；第三步下结论。

二、“概念”的相称性确定了“概念”的最基本性质

“概念”是相称的，即“概念”应具有其“类征”，这是“概念”最基本的性质。例如“圆”这一“概念”告诉我们：“圆”上任一点与“圆心”所确定的线段均为定线段，则有“圆的半径处处相等”的性质；又如“同类二次根式”必有“化为最简二次根式后被开方数相等”这一性质。一个题目往往涉及多个概念，抓住了“类征”也就抓住了这些“概念”的最基本的性质和判定方法，就找到了破题的思路。这样一来，通过“概念”的顺用和逆用就可以培养学生的逆向思维能力。例如：m表示整点

（横坐标、纵坐标均为整数的点）个数，则到原点的距离相等的整点m的最小值为______（广州市、福州市、贵阳市、洛阳市、重庆市初中数学竞赛决赛试题）。本题涉及“到原点距离相等的点”的这一特征，而这一特征是“圆”的“类征”，就启发我们：这样的点在以原点为圆心的圆周上，而整点的坐标又为整数且最小，则此“圆”的半径只能为最小的正整数1，此“圆”只有与两轴的交点坐标才为整数，故有（1，0）、（0，1）、（-1，0）、（0，-1）这四个点，故应填4.

三、“概念结构”是教师“设问”的依据

“设问”能活跃课堂气氛，能激发学生思维，能加深学生对所学知识的记忆和理解，能充分发挥教师的“主导作用”和学生的“主体作用”，能形成民主、平等、融洽、自然轻松、和谐向上的教与学（包括课外）的浓厚学习氛围，进而建立起良好的师生关系。

如何设问？对“概念”的教学来说，最通常的做法是抓住“概念”的“种”和“类征”，即以“种”问其“归类”；以“类征”问其“特征、实质及其注意事项和判断方向、步骤”。例如在“同类二次根式”的教学中，问“同类二次根式”是指“原二次根式”或者是指“化简后的二次根式”？“同类二次根式”对化简后的“最简二次根式”有几个方面的要求？分别是哪几个方面？这也说明了我们在对“同类二次根式”进行判别时的方法和步骤又是怎样的？这样学生既轻松掌握了“同类二次根式”的定义，又自然而然形成了判定“同类二次根式”的方法和步骤。在其他的概念教学中都可这样去操作，定会收到十分满意的效果。

浅谈数学测试卷的讲评[①]

“数学测试”是数学评价的重要手段和方法之一。其目的和功能在于通过“数学测试”，让师生了解各自的教学或者是学习过程，在基础知识上、数学技能上、数学思想和方法上、数学学习过程中的行为和数学情感上的得与失，并思考对“经验”继承的方法和路径、对“失败”原因的探究，以及让“‘失败’变为‘成功’之母”的方法和路径。

为此，对“数学测试”试卷的讲评就必须突出一个“晰”字。为这一个“晰”字，许多数学教师不惜“血本”，逐题逐题地详细讲解。由于缺乏针对性和思考性，其结果是，教师在台上喋喋不休，甚至于连吵带骂，而台下学生，作为正确求解的学生，无所事事。作为没有正确求解的大部分学生，因教师过快的讲解，还似是而非。这样的讲评已是“轻舟已过万重山”——教师辛苦，学生懵懂。为此，笔者设计并成功尝试了“小组讨论、师生点拨、反思提炼”的初中数学试卷的讲评课课型模式。现就具体操作与同人商榷。

① 王道勇．浅谈数学测试卷的讲评[J]．中小学数学（初中版），2008(3):10.

一、讲评课课堂数学学习活动

活动一："小组讨论"。

"小组讨论"是指在教师组织下，学生以小组（一般3～6人为宜）的形式对各自的错题进行错误原因、正确解法、最优解法和避免错误出现的策略进行讨论，并在试卷上对在小组讨论中已经解决的问题标明错误原因、仍未解决的问题作上标记（20分钟左右）。

此环节是本"模式"最重要、最关键的环节，在此环节中，要求学生必须弄清：（1）错解的具体原因是什么？（2）正确解法是怎样得到的？关键词是什么？（3）错解让我知道自己应该学什么？（4）其他正确解法中，有更好的解题的思想和方法吗？这些正确的思想和方法能推广吗？

此过程教师可以只作巡视、督促，也可以对个别小组进行必要的指点和提示。

活动二："师生点拨"。

"师生点拨"是指针对小组讨论仍未解决的问题，根据未解决问题的人数的多少，由教师或学生，或者进行点拨，或者进行详讲。

当未解决问题的人数少于5人时，说明此问题绝对不是疑难问题，而是少数学生或是知识链的缺失或是思维的定式等所致，因此首先由未解决问题的同学陈述自己的困惑，再请平常数学基础较差但此次解答正确的同学为未解决问题的同学进行讲解。若第一个没有使未解决问题的同学明白，紧接着请第二个，直到问题解决为止（目的是让平常数学基础较差的同学也有成就感）。

当未解决问题的人数多于5人又少于15人时，说明此问题也不是疑难问题，而是这部分学生或是数学思想方法的缺失或是问题结构未弄清楚（代数问题的基本结构或者是几何的基本图形）等所致，因此首先由未解决问题的同学陈述自己的困惑，再请平常数学成绩中等但此次解答正确的同学为未解决问题的同学进行点拨。若请2~4人都没有使未解决问题的同学明白，由教师进行点拨，直到问题解决为止。

当未解决问题的人数多于15人时，说明此问题或者关系复杂或者结构隐蔽，难度较大。因此，首先由教师与学生一起重新审题——读题两遍，第一遍整体感知题目，第二遍精读并提取信息写在草稿本上；其次师生根据所提取的信息进行问题解决的路径及其方法分析，此时，重点讲清楚此路径及其方法确定的“信息”依据；再次由学生自己选定一条路径，并根据其方法或者在黑板上展示或者在草稿本上演示；最后由学生对黑板上所展示的作品进行点评。

活动三：“反思提炼”。

“反思提炼”是指通过“小组讨论”“师生点拨”后，由学生自己开展本次考试在知识、技能、方法、策略以及学习过程中的行为和对数学情感等方面的得与失的总结活动。

具体要求：第一，通过“数学测试”试卷的讲评，弄清哪些题目是不应该出错而错的，准确了解自己的失分率（失分率=不应该出错而错的损失分数÷应得总分数×100%。若失分率＜5%，属正常发挥；若5%＜失分

率 < 10%，属于存在考试技能问题或考试心理问题；若失分率 > 10%，属于存在严重考试技能问题或严重考试心理问题）；第二，在错解旁标注出错误的原因；第三，在试卷卷首写出各方面得与失的总结；第四，在作业本上重做错解之题目，且小题按大题要求操作，其流程图如图1–36所示。

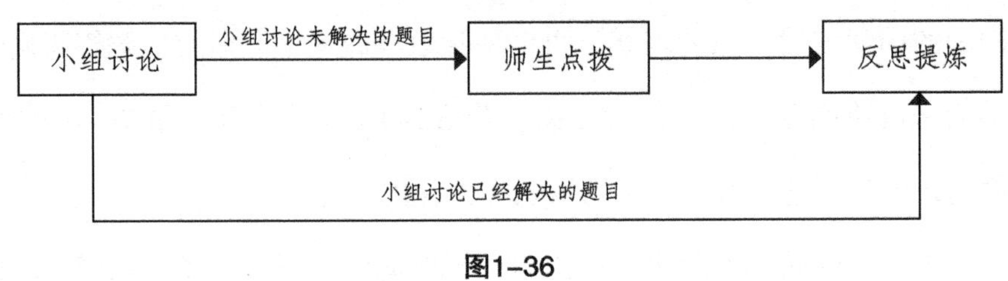

图1–36

二、讲评课课前教学准备

作为教师，在试卷讲评前要做好三件事：第一，要弄清试题结构是否合理、难易程度是否恰当、卷面设置是否适宜等试题方面的基本信息；第二，要弄清本班整体情况，包括成绩是否真实地反映了其应有的学业水平、在平行班中的相对位置等；第三，必须弄清本班优、良、中和学困生各类学生出错相对集中的题目及其原因。

例谈初中数学课堂中小组合作学习的使用时机①

摘要：初中数学课堂中，在本课时的重点、易错点、学生的疑难点和学生需要放松时，由教师组织学生进行小组内的合作学习，实现轻松突出重点，清晰、透彻地理解和掌握易错点，解开疑惑，让学生在轻松、愉快的氛围中学习。

关键词：初中数学；小组合作学习；教育契机；课堂教学

小组合作学习是数学课堂教育教学的一种重要方式，[1]恰当的小组合作学习，可以把学生领进学生的“最近发展区”，产生并形成思维的“头脑风暴”。但在目前的数学教育教学中，存在着“小组合作学习”运用时机不当、探究问题不当和探究时间不够等问题，这种“重形式，轻实效现象”的结果是：课堂氛围活跃，但实际效果不佳。现以人教版九年级数学下册“26・1・2　反比例函数的图象和性质”第一课时教学为例，就初中数学课堂中小组合作学习的使用时机进行思考并操作整理出来，希望能起到抛砖引玉的作用。

① 王道勇．例谈初中数学课堂中小组合作学习的使用时机[J]. 中小学数学(初中版),2022(Z1):13-14.

一、重点知识、重要技能教学是小组合作学习的使用时机

教学重点（包括重点知识和重要技能）是依据教学目标，在对教材进行科学分析的基础上而确定的最基本、最核心的教学内容，一般是该课时所阐述的最重要的原理、规律，是学科思想或学科特色的集中体现，是课堂教学中需要解决的主要矛盾，是教学的重心所在。“数学教学重点”对学生数学学习的好坏和教学质量的提高具有十分重要的作用，“数学教学重点”不仅要求学生理解，还要求学生掌握和熟练运用，即在教学中应具有突出的地位。教学设计时，不论是教学目标的确定还是教学活动的安排（包括教师的分析讲解、学生的交流讨论与巩固练习等），学生练习题的设计都应围绕重点进行。教学重点的突破是一节课必须要达到的目标。因此，为了突出本课时的重点，有必要组织学生进行合作学习，通过小组成员对教学重点的争辩、碰撞，去伪存真，从而突出本课时的重点。

“26・1・2　反比例函数的图象和性质”第一课时的教学重点之一是“反比例函数图象的画法”。在学生独立画完反比例函数$y=\frac{6}{x}$的图象之后，先组织小组收集本小组所有不同的图象，并讨论各种图象的真伪及其理论依据；再顺次由小组记录员在黑板上画出自己小组出现的所有与黑板上不同的图象的草图（第一小组画出本小组出现的所有图象的草图）（如图1–37）。最后，由小组发言人一一分析错误图象错误的原因、正确图象正确的依据，其他小组成员可以补充，从而明确反比例函数图象的正确画法及其注意事项。

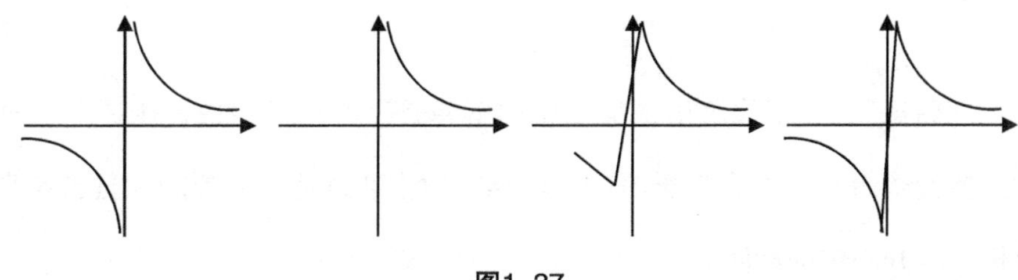

图1–37

二、学生的易错点教学是小组合作学习的使用时机

由于初中学生观察能力和思维能力等具有局限性，容易受到表面现象和定式思维的左右，在易错点掉入陷阱。因此，在易错点上组织小组合作学习，让犯错学生经历“犯错→辩论→纠错”获得顿悟，让正确学生经历“正确→给他人讲解”获得进一步的强化和成就感，进而最大限度地避免思维定式的错误，提升观察力和思维能力。

在该节课第一课时的教学中，其性质“当$k>0$时，在每一个象限内，y随x的增大而减小”中的“在每一个象限内”被忽视就是一个易错点，学生很容易通过对图象的观察得出结论：“当$k>0$时，y随x的增大而减小”。为此，在此处教师需要再组织小组成员观察、讨论：（1）在$y=\frac{6}{x}$的图象中，当$x1<0$时$y1$的取值范围是什么？当$x2>0$时$y2$的取值范围是什么？还遵循“y随x的增大而减小”吗？（2）怎样表达才能准确描述其性质呢？

三、生成的疑惑点教学是小组合作学习的使用时机

“疑惑”，《现代汉语词典》中的解释是“心里不明白；困惑”。这就需要教师组织小组合作学习，使困惑的学生通过他人的帮助和自己亲身辨析，解开心中的疑团。

在“26·1·2　反比例函数的图象和性质”第一课时教学时，图象的画法（为什么图象不能与两轴相交？）和性质中的条件“每一个象限”都是大多数学生的疑惑点，应该组织小组合作学习。当然，班级不同，学生的疑惑点也可能不同，小组合作学习的地方也可能不同。

四、学生思维达到困倦时的教学是小组合作学习的使用时机

通过研究学生的学习行为，专家发现，初中学生的注意力随着教师讲课时间的变化而变化。讲课开始时，学生的兴趣激增；中间有一段时间，学生的兴趣保持较理想的状态；随后，学生的注意力开始分散。初中学生，其注意力一般能持续半小时。[2]集中限度也是因人而异，对目标材料的兴趣、人的精神状态（疲劳和情绪状态）、外在环境（安静的环境或者周围的人做和你一样的事情）等因素都会影响到注意力集中的持续时间。通常情况下，初中数学课在上课后25分钟左右应该安排一次小组合作学习，目的是使学生的精神短暂放松，然后再集中精力于课堂学习。当然，这需要根据学生具体的课堂精神状态而定。

总而言之，初中数学课堂中，在本课时的重点、易错点、学生的疑难

点和学生需要放松时，由教师组织学生进行小组内的合作学习，实现突出重点，清晰、透彻地理解和掌握易错点，解开疑惑，让学生在轻松、愉快的氛围中学习。

参考文献：

[1] 张文娟.小组合作学习的实效研究[J].教育，2018（47）:88.

[2] 李菊平.信息化高效互动教学模式在初中数学课堂中的应用[J].名师在线，2020（11）:89-90.

第二章　学生学习行为类

读出“新概念型”阅读理解题的“种”和“类征”①

摘要：初中数学“新概念型”阅读理解题，不论是代数还是几何，只要读出其“种”和“类征”这一核心、关键，再综合运用所学知识和已掌握的解题技能，就能轻松、灵活地求解。

关键词：初中数学教学；“新概念型”阅读理解题；概念的“种”；概念的“类征”

初中数学“新概念型”阅读理解题与初中数学“策略型”阅读理解题的基本模式一样——从“材料”到“问题”，二者都要求学生在短时间内读懂并理解这一“新概念”，然后运用所学知识和已掌握的解题技能灵活地解决问题。这就要求，学生要准确、快速地读出“新概念”的“种”和“类征”。

---

① 王道勇．读出“新概念型”阅读理解题的“种”和“类征”[J].中学数学,2015(22):72.有增删。（本文获重庆市第六届优秀教育科研成果叁等奖）

例1：如果把一个自然数各数位上的数字从最高位到个位依次排出一串数字，与从个位到最高位依次排出的一串数字完全相同，那么我们把这样的自然数叫作“和谐数”. 例如：自然数64746从最高位到个位排出的一串数字是：6、4、7、4、6，从个位到最高排出的一串数字也是：6、4、7、4、6，所以64746是“和谐数”. 再如：33，181，212，4664……都是“和谐数”.

（1）请你直接写出3个四位“和谐数”，猜想任意一个四位“和谐数”能否被11整除，并说明理由；

（2）已知一个能被11整除的三位“和谐数”，设个位上的数字为x（$1\leqslant x\leqslant 4$，x为自然数），十位上的数字为y，求y与x的函数关系式. [重庆市2015年初中毕业暨高中招生考试数学试题（A卷）]

分析：根据“材料”，此新概念“和谐数”的“种”是“原自然数”；“类征”有两个：①原数是自然数；②原自然数各数位上的数字从最高位到个位依次排出一串数字，与从个位到最高位依次排出的一串数字完全相同。即若自然数$\overline{abcd}$是四位“和谐数”，则满足：①$\overline{abcd}$是自然数；②此自然数各数位上的数字，最高位到个位排列——a，b，c，d，与个位到最高位排列——d，c，b，a完全相同，则有$a=d$，$b=c$. 若对自己就“和谐数”定义的解读有疑惑，就要学会利用其“定义”后的特例进行验证并确认。这样，第一问就迎刃而解了。对于第二问，利用“能被11整除”的含义和“三位‘和谐数’”的“类征”，即可建立起y与x的关系，进而求出y与x的函数关系式。

解：（1）①3个四位“和谐数”分别是：1221，2332，6556（答案不唯一）.

②任意一个四位“和谐数”能被11整除. 理由如下：

设四位“和谐数”是$\overline{abcd}$，则满足：最高位到个位排列：a，b，c，d，个位到最高位排列：d，c，b，a，且这两组数据相同，即有：$a=d$，$b=c$.

$\therefore \overline{abcd}=\overline{abba}$

$=1000a+100b+10b+a$

$=1001a+110b$

$=11(91a+10b)$

$\because a, b$是自然数且$a\neq 0$，

$\therefore \overline{abcd}$能11被整除.

故任意一个四位“和谐数”能被11整除.

（2）由题意，得此三位“和谐数”为$\overline{xyx}$，且

$\overline{xyx}=100x+10y+x$

$=101x+10y$

$=11(9x+y)+2x-y$

$\because \overline{xyx}$能被11整除，且$1\leqslant x\leqslant 4$；

$\therefore 2x-y=0$.

$\therefore y=2x$.

例2：定义符号$\min\{a，b\}$的含义为：当$a\geqslant b$时，$\min\{a，b\}=b$；当$a<b$时，$\min\{a，b\}=a$. 如：$\min\{1，-2\}=-2$，$\min\{-1，2\}=-1$.

（1）求$\min\{x^2-1,-2\}$；

（2）已知$\min\{x^2-2x+k,-3\}=-3$，求实数k的取值范围；

（3）当$-2\leqslant x\leqslant 3$时，$\min\{x^2-2x-15，m(x+1)\}=x^2-2x-15$，直接写出实数$m$的取值范围.（北京市东城区2015年中考一模数学试题）

分析："符号$\min\{a，b\}$"的"种"是："一个数"，其"类征"是：当第一个数大于或等于第二个数时，取第二个数；当第一个数小于第二个数时，取第一个数。

对第一问，由"符号$\min\{a，b\}$"的"类征"，要求先对两数x^2-1，-2进行大小比较，再确定取值；

对第二问，由"类征"可得到两数的大小关系，进而求出实数k的取值范围；对第三问，方法同第二问。

解：（1）$\because x^2\geqslant 0$，

$\therefore x^2-1\geqslant -1$.

$\therefore x^2-1>-2$.

$\therefore \min\{x^2-1,-2\}=-2$.

（2）$\because \{x^2-2x+k,-3\}=-3$，

$\therefore x^2-2x+k\geqslant -3$.

$\because x^2-2x+k=(x-1)^2+k-1$，

$\therefore (x-1)^2+k-1\geqslant k-1$.

$\therefore k-1\geqslant -3$.

$\therefore k\geqslant -2$.

（3）$\because \min\{x^2-2x-15,m(x+1)\}=x^2-2x-15$，

$\therefore x^2-2x-15<m(x+1)$.

又$\because -2\leqslant x\leqslant 3$，

$\therefore -3 \leqslant m \leqslant 7$.

例3：如果一条抛物线$y=ax^2+bx+c(a\neq 0)$与x轴有两个交点，那么以该抛物线的顶点和这两个交点为顶点的三角形称为这条抛物线的“抛物线三角形”.

（1）“抛物线三角形”一定是__________三角形（直接将答案填在横线上）；

（2）若抛物线$y=-x^2+bx(b>0)$的“抛物线三角形”是等腰直角三角形，求b的值；

（3）如图2-1，$\triangle OAB$是抛物线$y=-x^2+bx(b>0)$的“抛物线三角形”，是否存在以原点O为对称中心的矩形$ABCD$？若存在，求出过O、C、D三点的抛物线的表达式；若不存在，说明理由.（陕西省中考数学试卷）

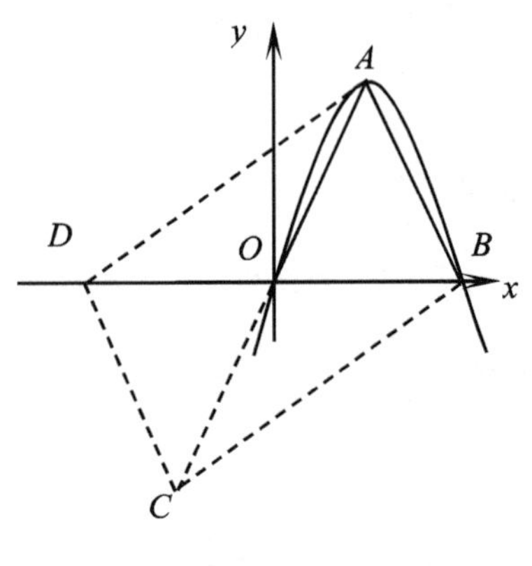

图2-1

分析：“抛物线三角形”的“种”是：“三角形”，类征是：①一个顶点是此抛物线的顶点；②另两个顶点是此抛物线与横轴的两个交点。

对于第一问，根据抛物线的对称性和“抛物线三角形”的定义即可作出判断；

对于第二问，可以用b的代数式表示抛物线与横轴的两个交点坐标和顶点坐标，再根据“抛物线三角形”的定义和此三角形是等腰直角三角形，建立起关于b的方程；

对于第三问，同（2）可以用b'的代数式表示点O、A、B，进而也可以用b'的代数式表示其关于原点O为对称中心的点O、C、D。这样，只要求出b'值，问题即可解决。又点A、B与点C、D分别是关于原点O的对称点，则四边形$ABCD$一定是平行四边形，且点O是▱$ABCD$的对称中心，又因为▱$ABCD$要成为矩形，所以必有$OB=OA$；因为“△OAB是抛物线三角形”，则有$AO=AB$，所以$OA=OB=AB$，这样只需要过点A作OB的高，再利用锐角三角函数就可建立起关于b'的一元一次方程，从而实现对b'的求解。

解：（1）应填“等腰”．

（2）设抛物线$y=-x^2+bx(b>0)$与x轴有两个交点分别为O（0，0），B（b，0），顶点P为（$\frac{b}{2}$，$\frac{1}{4}b^2$）（如图2-2）．

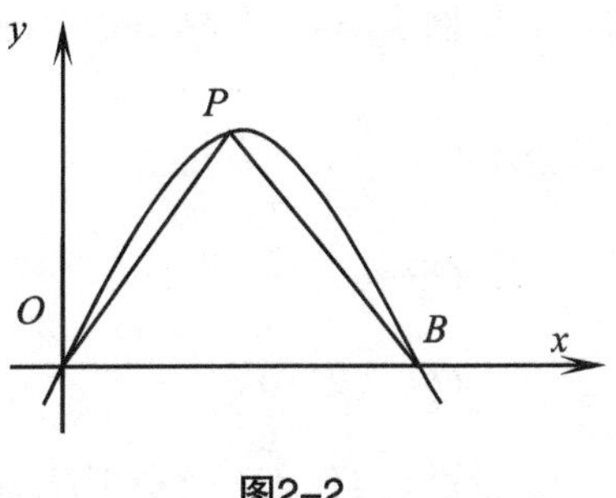

图2-2

$\therefore OB=b.$

$\because$ △OPB是抛物线三角形，

$\therefore PO=PB.$

又$\because$ △OPB是等腰直角三角形，

$\therefore |y_p|=\frac{1}{2}OB.$

$\therefore \dfrac{1}{4}b^2 = \dfrac{1}{2}b$.

解得，$b=0$（不合题意，舍去），$b=2$.

故$b=2$.

（3）分别作点A，B关于原点O的对称点C，D（如图2–3）.

$\because$四边形$ABCD$是平行四边形，

$\therefore$当$OA=OB$时，四边形$ABCD$是矩形.

$\because \triangle OAB$是抛物线$y=-x^2+b'x(b'>0)$的“抛物线三角形”.

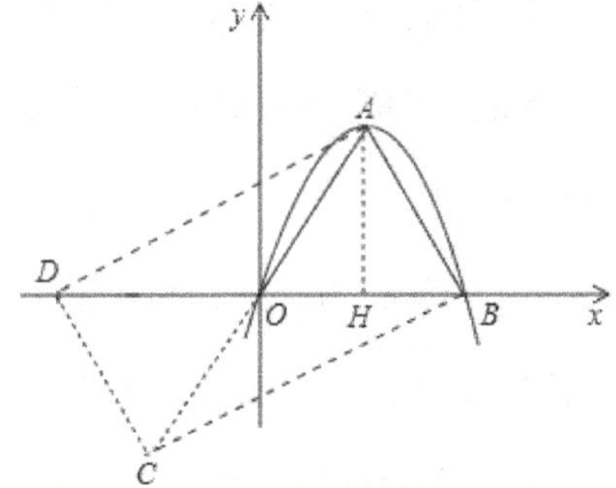

图2–3

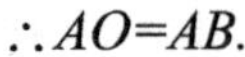
$\therefore AO=AB$.

$\therefore AO=AB=OB$.

$\therefore \angle AOB=60°$.

$\because$物线$y=-x^2+b'x(b'>0)$与x轴有两个交点分别为O（0，0），B（b'，0），顶点A为（$\dfrac{b'}{2}$，$\dfrac{1}{4}b'^2$），

$\therefore OB=b'$.

$\therefore OA=OB=b'$.

设过点A作$AH\perp OB$于H，

$\therefore AH=\dfrac{1}{4}b'^2$，$\sin\angle AOB=\dfrac{AH}{AO}$.

$\therefore \dfrac{\sqrt{3}}{2}=\dfrac{\frac{1}{4}b'^2}{b'}$.

$\therefore b'=2\sqrt{3}$.

$\therefore$点A为（$\sqrt{3}$,3），点B为（$2\sqrt{3}$,0）.

由题得：点C为（$-\sqrt{3}$,-3），点D为（$-2\sqrt{3}$,0）.

设过O、C、D三点的抛物线为$y=ax(x+2\sqrt{3})$，

$\therefore -3=a(-\sqrt{3})(-\sqrt{3}+2\sqrt{3})$.

$\therefore a=1$.

故存在以原点O为对称中心的矩形$ABCD$；所求抛物线的表达式为$y=x^2+2\sqrt{3}x$.

综上所述，对于初中数学“新概念型”阅读理解题的求解，关键在于读出材料所给出的“新概念”的“种”和“类征”；若对自已就“新概念”的解读有疑惑，可先用其特例进行验证；再运用所学知识和已掌握的解题技能灵活地进行解题。

参考文献：

[1] 刘晓红.例析中考数学阅读理解题[J].考试周刊:2009（17）.

[2] 王道生.浅析初中数学阅读理解题[J].中学数学:2007（1）.

[3] 王道勇.巧用“概念”的结构进行“概念教学”[J].中小学数学（初中版）:2011（4）.

[4] 周文斌.关注基本概念教学重视解题能力培养:由一道新定义运算背景试题的批阅引发的思考[J].中学数学（初中版）:2014（6）.

读出初中数学“策略型”阅读理解题的“步骤”①

摘要： 初中数学“策略型”阅读理解题，不论是代数还是几何，只要读出其解题策略的“步骤”，对此“步骤”进行迁移、拓展，就能轻松、灵活地求解。

关键词： “策略型”阅读理解题；解题“步骤”；初中数学解题教学

初中数学“策略型”阅读理解题与初中数学“新概念型”阅读理解题的基本模式一样，从“材料”到“问题”，都是要求学生先在短时间内读懂并理解这一“策略”到解题的“步骤”，然后运用所学知识和已掌握的解题技能灵活地解决问题。这就要求，学生要准确、快速地读出其解题的“步骤”来。

例1：小明在解方程 $\sqrt{24-x}-\sqrt{8-x}=2$ 时采用了下面的方法：由

$(\sqrt{24-x}-\sqrt{8-x})(\sqrt{24-x}+\sqrt{8-x})$

$=(\sqrt{24-x})^2-(\sqrt{8-x})^2$

$=(24-x)-(8-x)$

$=16$，

又有 $\sqrt{24-x}-\sqrt{8-x}=2$，可得 $\sqrt{24-x}+\sqrt{8-x}=8$，

① 王道勇.读出初中数学“策略型”阅读理解题的“步骤”[J].中小学数学(初中版),2020(Z1):68-69.

将两式相加可得$\begin{cases}\sqrt{24-x}=5\\ \sqrt{8-x}=3\end{cases}$，

将两边平方可解得$x=-1$，

经检验$x=-1$是原方程的解，

所以，原方程的解为$x=-1$.

请你学习小明的方法，解下面的方程：

（1）方程$\sqrt{x^2+42}+\sqrt{x^2+10}=16$的解是______；

（2）解方程$\sqrt{4x^2+6x-5}+\sqrt{4x^2-2x-5}=4x$·

（重庆巴川中学2019届初三下数学综合练习题）

分析：本例的“材料”给出了“根号下含未知数方程”的解题“步骤”：①构造平方差公式去根号；②将原方程代入，求得新方程；③联立原方程，与新方程建立方程组；④解此方程组；⑤求出未知数的值；⑥检验；⑦下结论。

对问题（1），此方程已经是“根号下含未知数方程”的形式，因此严格按所读出的解题“步骤”操作即可；

对问题（2），虽然此方程右边含有未知数，但仍然是“根号下含未知数方程”，因此严格按所读出的解题“步骤”操作即可。

解：（1）$\because(\sqrt{x^2+42}+\sqrt{x^2+10})(\sqrt{x^2+42}-\sqrt{x^2+10})$

$=(x^2+42)-(x^2+10)$

$=32.$

又$\because\sqrt{x^2+42}+\sqrt{x^2+10}=16$，

$\therefore\sqrt{x^2+42}-\sqrt{x^2+10}=2.$

$$\therefore \begin{cases} \sqrt{x^2+42}+\sqrt{x^2+10}=16. \\ \sqrt{x^2+42}-\sqrt{x^2+10}=2 \ . \end{cases}$$

解之，得$\begin{cases} \sqrt{x^2+42}=9. \\ \sqrt{x^2+10}=7. \end{cases}$

解之，得$x_1=\sqrt{39}$，$x_2=-\sqrt{39}$.

经检验，$x_1=\sqrt{39}$，$x_2=-\sqrt{39}$是原方程的解，

故原方程的解为$x_1=\sqrt{39}$，$x_2=-\sqrt{39}$.

（2）$\because \sqrt{4x^2+6x-5}+\sqrt{4x^2-2x-5}=4x$，

$\therefore (\sqrt{4x^2+6x-5}+\sqrt{4x^2-2x-5})(\sqrt{4x^2+6x-5}-\sqrt{4x^2-2x-5})=8x.$

又$\because \sqrt{4x^2+6x-5}+\sqrt{4x^2-2x-5}=4x$，

$\therefore \sqrt{4x^2+6x-5}-\sqrt{4x^2-2x-5}=2.$

$$\therefore \begin{cases} \sqrt{4x^2+6x-5}+\sqrt{4x^2-2x-5}=4x, \\ \sqrt{4x^2+6x-5}-\sqrt{4x^2-2x-5}=2, \end{cases}$$

解之，得$\begin{cases} \sqrt{4x^2+6x-5}=2x+1. \\ \sqrt{4x^2-2x-5}=2x-1. \end{cases}$

解之，得$x=3$.

经检验$x=3$是原方程的解.

所以原方程的解是$x=3$.

例2：阅读材料：如图2-4，$\triangle ABC$中，$AB=AC$，点P为底边BC上任意

一点，点P到两腰的距离分别为r_1,r_2，腰上的高为h，连接AP，则$S_{\triangle ABP}+S_{\triangle ACP}=S_{\triangle ABC}$，即

$$\frac{1}{2}AB\cdot r_1+\frac{1}{2}AC\cdot r_2=\frac{1}{2}AB\cdot h,$$

$\therefore r_1+r_2=h.$

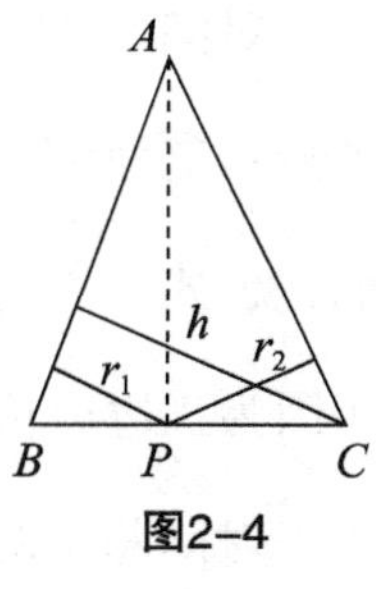

图2-4

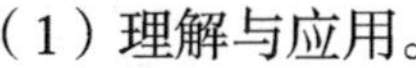

（1）理解与应用。

如果把“等腰三角形”改成“等边三角形”，那么P的位置可以由“在底边上任一点”放宽为“在三角形内任一点”，即：已知边长为2的等边△ABC内任意一点P到各边的距离分别为r_1，r_2，r_3（如图2-5），试证明：$r_1+r_2+r_3=\sqrt{3}$.

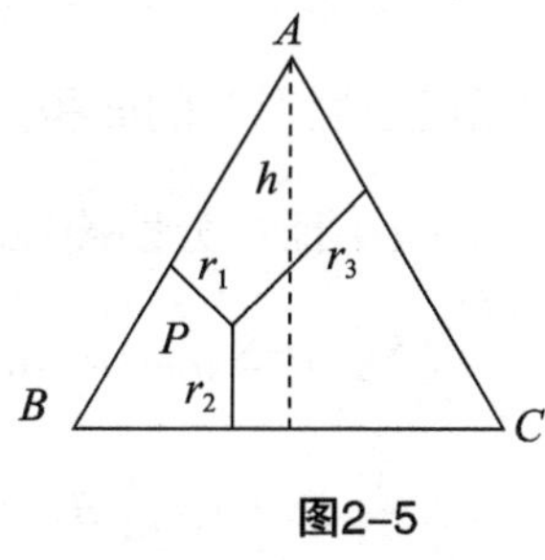

图2-5

（2）类比与推理边长为2的正方形内任意一点到各边的距离的和等于__________。

（3）拓展与延伸。

若边长为2的正n边形$A_1A_2\cdots A_n$内部任意一点P到各边的距离为r_1，r_2，$\cdots$ r_n，请问$r_1+r_2+\cdots+r_n$是否为定值（用含n的式子表示）？如果是，请合理猜测出这个定值.（2013·湖州市中考模拟试卷）

分析：本“阅读材料”给出的解题步骤是：①利用已知点与原等腰三角形各顶点，把原等腰三角形分成若干个新三角形；②原等腰三角形面积=各新三角形面积之和；③代入各新三角形面积公式；④利用原等腰三角形的边间等量关系化简，即可求得所要求解或求证的距离关系。

对问题（1），①已知点与等边三角形把原等边三角形分成三个新三角形；②原等边三角形面积=三个新三角形面积之和；③代入各新三角形面积公式；④利用“三边相等”进行化简，或者直接求出各三角形的面积（因为三边边长均已知），即可求得所要的距离关系；

对问题（2），其操作与问题（1）的操作大致相同，只是因为正方形各边长均为2，直接利用此正方形面积进行求解即可；

对问题（3），其操作仍与问题（1）的操作大致相同，只是此时“长为2的正n边形”的面积需要求出。

（1）证：分别连接AP，BP，CP（如图2–6）

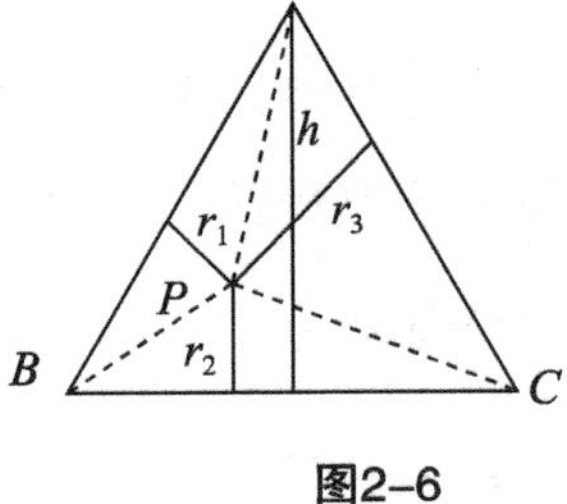

图2–6

$\because S_{\triangle PAB}+S_{\triangle PBC}+S_{\triangle PAC}=S_{\triangle ABC}$，

$\therefore \frac{1}{2}AB\cdot r_1+\frac{1}{2}BC\cdot r_2+\frac{1}{2}AC\cdot r_3=\frac{1}{2}BC\cdot h.$

$\because AB=BC=AC=2$，

$\therefore r_1+r_2+r_3=h$，$\angle ABC=60°$.

$\therefore \sin\angle ABC=\sin 60° =\frac{h}{AB}$.

即$\frac{\sqrt{3}}{2}=\frac{h}{2}$.

$\therefore h=\sqrt{3}$.

$\therefore r_1+r_2+r_3=\sqrt{3}$.

（2）解：设点P为正方形$ABCD$内的任意一点，点P到正方形$ABCD$各边的距离分别为r_1，r_2，r_3，r_4，如图2–7.

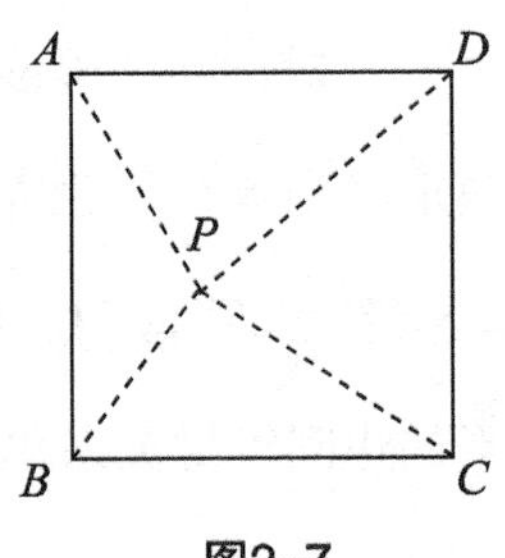

图2–7

$\because S_{\triangle PAB}+S_{\triangle PBC}+S_{\triangle PCD}+S_{\triangle PDA}=S_{正方形ABCD}$，

$\therefore \frac{1}{2}AB\cdot r_1+\frac{1}{2}BC\cdot r_2+\frac{1}{2}CD\cdot r_3+\frac{1}{2}AD=BC^2$.

$\because$ AB=BC=CD=DA=2，

$\therefore r_1+r_2+r_3+r_4=4$.

故横线处应该填4.

（3）解：同理，分别连接P、A_1，P、A_2，…P、A_n，

$\because S_{\triangle PA_1A_2}+S_{\triangle PA_2A_3}+\ldots+S_{\triangle A_NA_1}=S_{正多边形A_1A_2\cdots A_N}$，

$\therefore \frac{1}{2}A_1A_2\cdot r_1+\frac{1}{2}A_2A_3\cdot r_2+\cdots\frac{1}{2}A_nA_1\cdot r_n=n\left[\frac{1}{2}A_1A_2\cdot\frac{1}{2}A_1A_2\tan(90^\circ-\frac{180^\circ}{n})\right]$.

$\therefore r_1+r_2+r_3+r_4=n\tan(90^\circ-\frac{180^\circ}{n})$.

故$r_1+r_2\cdots r_n$为定值；此定值为$n\tan(90^\circ-\frac{180^\circ}{n})$.

综上所述，初中数学“策略型”阅读理解题，不论是代数还是几何，只要读出其解题“步骤”，对此“步骤”进行迁移、拓展，再综合运用所学知识和已掌握的解题技能，就能轻松、灵活地求解。

参考文献：

[1] 刘晓红.例析中考数学阅读理解题[J].考试周刊:2009（17）.

[2] 王道生.浅析初中数学阅读理解题[J].中学数学:2007（1）.

“小”升“初”前话“数学”①

今年初，教育部下发了《义务教育数学课程标准》，其配套的人民教育出版社出版的《数学　七年级　上册》已于今年6月印刷完毕，今秋开学采用。在这个背景下，作为七年级新生，应该如何参与课内外数学活动、培养自己的数学能力？应该注意哪些问题，才能使自己茁壮成长？

一、研究数学，注重过程，积累基本的数学活动经验

数学是研究数量关系和空间形式的科学。数学活动是人们对客观世界定性把握和定量刻画、逐渐抽象概括、形成方法和理论，并进行广泛应用的过程。

因此，作为七年级新生，我们一定要快速抛弃小学那种背公式、记题型等纯粹性的模仿思维（模仿思维是小学数学培养的主要思维形式）。应该在数学教师的带领下，通过实际问题（这些实际问题可能是生活中的，也可能是工作中的，也可能是数学研究中的等等），发现并提出数学问题，研究这个数学问题，得到结论或产生新的数学知识、技能和思想方法，再利用结论去解决或解释原来的实际问题。在整个过程中，我们应该思考：“我或别人用了什么思想和方法？什么地方（信息源）告诉我们可

---

① 王道勇．“小”升“初”前话“数学”[N]．重庆晨报，2012-08-17:8版．标题有改动，内容有增删．

以这么做？还有其他思想或方法吗？这些思想或方法的信息源又是什么？这些思想或方法中，哪一种最简单？”

同时，在研究了这些数学知识、技能和思想方法后，要尽量把它们用于解释或解决我们自己的生活、班务工作和学习中的一些问题。比如：在生活上，我们学习了“正数和负数”之后，就可以用正数来记录自己的生活费收入，用负数来记录自己在生活费上的支出。又如：我们在学习了“两点间，以线段最短”后，就可以解释为什么通常情况下，乘坐电梯要比步行楼梯快？再如：重庆市巴川中学14级2012年暑假数学作业之一——读一本数学专著并写出不少于800字的读书笔记，或提出一个自己生活或工作或学习中的问题，建立数学模型进行解决或解释（若不能解决或解释，说明已经解决或解释到什么程度，遇到了什么问题等），用数学论文的形式把整个研究过程写出来……

这样，既培养了我们的创新精神和实践能力，又让我们体会到了数学作为对于客观现象抽象概括而逐渐形成的科学语言与工具，还能培养或增强我们对数学学习的兴趣，更能培养我们良好的数学学习习惯，掌握恰当的数学学习方法。

二、七年级新生容易犯的一些问题及解决方法

（一）死记硬背，自以为是

经历了模仿思想的小学六年，很多同学仍然认为上课是否听课不那么重要，课后模仿例题就可以搞定作业，考前背背公式、定义和题型及其

解题过程就可以得高分，因此容易形成上课情绪不高、不认真听讲、不积极思考和回答教师或同学所提出的问题。殊不知，这样充其量只学到了死知识，根本没有学到数学的精髓——思想和方法，也没有“学会”、更不“会学”。要知道，在初中数学教材的很多章节中，一个例题都没有，这样下去就不知道在哪里去套、怎么套了。

数学课堂上我们不仅应该认真听讲、积极思考并回答教师或同学所提出的问题，动手实践、自主探索、合作交流等，还应当自觉经历观察、实验、猜测、计算、推理、验证等活动过程，做到动脑、动手、动口，进行多种感官协调活动。

（二）不做笔记，只带“耳朵”

大家都知道，好记性不如烂笔头，但七年级新生基本不会做数学笔记，或者背着手儿听课，或者把双手平放在课桌上，课一上完，能够记住的就不多了，更有甚者，听着听着就开始出现或“开小差”或做小动作等不良行为。其实，在教师的指导下做好笔记，不仅能使脑、眼、手等多感官受到刺激，增强记忆，还是一个好的学习习惯，甚至于可以彻底解决“多动症”等无意识的违纪。

（三）只管有个答案，不管答案是否合理

我们在小学数学学习中，经常出现“单位”忘记带了、人的步行速度60千米/小时等错误，追问其原因，基本上都回答“大意了！”就其本质，是数感不强。因此，我们应该培养或增强学生在数与数量、数量关系、运

算结果估计等方面的感悟，从而理解现实生活中数的意义，理解或表述具体情境中的数量关系。

（四）只重视具体的数，不重视符号的意义

进入初中后，应该说，将从“小学的‘算术’”过渡到了真正的“数学”，将进入针对具体事物对象而抽象概括出来的一种简略的记号或代号的系统——数字、字母、图形、关系式等构成的数学符号系统。因此，我们要有意识地主动去感知、认识、运用这些数学符号。况且，到八年级时期的几何题目，无论它是简单还是复杂，都是由一系列“基本图形”的组合，只要你能把原几何图形有效地拆分成若干个“基本图形”，解题的方法就找到了。

（五）只注重运算结果，不注重运算“算理”

运算是数学的重要内容，不论是在小学还是在初中，运算都占有很大的比重。但小学主要注重“结果”，对运算的过程重视不够，几乎不管“算理”。然而，运算能力的主要特征是运算的正确、有据、合理、简洁。因此，我们进行运算时，要注意步步有目的、步步有根据，还要利用算式的结构特点来确定方法和步骤。

总而言之，在七年级数学的学习中，要把“有益的思考方式、应有的思维习惯”放在数学学习的首位。

“粗心病”是一种“不良习惯”[①]

摘要：“粗心病”是学生“做事不专心”的一种坏习惯。其治疗的良方是培养其做到“该干什么就坚决干什么，干什么就专心干什么”的好习惯。

关键词：粗心病；习惯；治疗良方。

《中小学数学》初中（教师）版2007年第5期刊发了曾护荣老师的《治学生粗心病的良方》（以下简称“曾文”）一文，紧接着《中小学数学》初中2008年第1、第2期又刊发了丁德兴老师对“治学生粗心病”的讨论——《这个病并非“粗心病”——与曾护荣老师商榷》（以下简称“丁文”）。“曾文”把“每次测验或考试结束后，听到学生所抱怨的‘这道题我太粗心了，本来可以做对的’‘那一步我太粗心了，导致一题全错’……”定义为“粗心病”，曾老师在文中分析了犯“粗心毛病”的原因有三条：注意力分配不合理、知识点有缺陷和数学能力有缺陷。曾老师提出了克服“粗心病”的四种方法：反思查找原因、掌握公式法则、加强审题训练和换个角度验算。丁老师对曾教师对“粗心病”的归因和治疗方法做了非常精辟的剖析，更难能可贵的是丁老师面对此教育教学问题，不是回避和等待，而是主动进行“心理暗示”试验：“让一个在课

① 本文在2010年重庆市教育学会中数专委会的论文评选中荣获二等奖。

堂上反应极快、思维灵活、独立解决难题（班级里仅他一人能解），却每次考试不能冒尖的学生（显然该学生在知识水平与能力上没有任何问题），在每次考试前都必须先对自己说‘细心、细心……’二十遍”。丁老师还“一直坚持观察并试验着”，可是并没有取得成功。由此还得出了“这些学生可能天生就是考不了最好，但一定不会考得太差的命”的宿命论观点和“这种现象的发生与该生的素质（可能就是数学素质）有关”的猜想。

对于学生的“粗心病”，笔者从1985年参加数学教育教学一直探索到1998年，自认为找到了其“发病机理”和“治疗的方法”。至少目前笔者所教班级的“粗心病”基本得以解决，绝大多数学生的失分率（失分率=不应该出错而错了的损失分数÷应得总分数×100%）都控制在5%以下，学生数学成绩在年级中一直遥遥领先。

一、“粗心病”是一种“不良习惯”

“粗心病”是一种“不良习惯”，而不是“心理问题”。我们先来观察分析具有“粗心病”学生的行为表现。

一直犯“粗心病”的学生在课堂，特别是自习时间的表现：或者常与周围同学交头接耳，或者手上搞东西，或者脚不停、手不住，或者做事磨磨蹭蹭，或者东望望、西瞧瞧，或者做事总是心不在焉……这类学生几乎科科都犯“粗心病”。

阶段性犯“粗心病”的学生在该阶段具有一直犯“粗心病”学生的相

应行为。

偶尔犯“粗心病”的学生绝大多数是在考试中的个别题目上纠缠不休，导致后面题目操作时间过于仓促，进而因慌乱使其对问题的思考和操作过程不能专心致志。

由此可知，“粗心病”是学生不具有“做事专心”的好习惯而导致的有效信息提取不准确（平常所说的审题错误）或有效信息提取不全（平常所说的看掉了或看漏了）惯性行为。也就是说，这是一种坏习惯。

习惯是经过反复练习而养成的语言、思维、行为等生活方式，是人们头脑中建立起来的一系列条件反射，这种条件反射是在重复出现而有规律的刺激下形成的，并且在大脑中建立了稳固的神经联系，只要再接触相同的刺激，就会自然地出现相同的反映，所以说习惯是条件反射长期积累、反复强化的产物。从心理机制上看，习惯是一种需要，一旦形成习惯，就会变成人的一种需要，如果不这样做，就会感到很别扭。因而，习惯具有相对的稳定性，具有自动化的作用，不需要别人督促、提醒，也不需要自己的意志努力，这就是我们平常所说的“习惯成自然”。习惯是一种省时、省力的自然动作。

这就是丁老师“让在课堂上反应极快、思维灵活、独立解决难题（班级里仅他一人能解），却每次考试不能冒尖的学生在每次考试前都必须先对自己说‘细心、细心……’二十遍”的“心理暗示”实验屡试屡败的原因。

二、“粗心病”的根治“良方”

虽然“粗心病”是不良行为的习惯化，但这种不良习惯严重阻碍着学生人格的完善，阻碍着学生的成长成材。因此，必须根治。

“粗心病”的根治“良方”是长期性要求学生做到“该干什么就坚决干什么，干什么就专心干什么”。

1. 长期性要求学生做到“该干什么就坚决干什么”，一定要做到毫不犹豫。其目的是使学生逐步形成一心一意的良好习惯，以避免学生因东一榔头西一棒锤而丢失有效信息或混淆有效信息的不良习惯。

具体做法：要求学生课前做好教科书、草稿本、铅笔、钢笔等物资准备，以避免学生上课了却还在找工具的不良行为；在数学课堂上，要求学生课桌上只能放教科书、草稿本、铅笔、钢笔等与本节课相关的必备物品；把课堂40分钟分块，在每块时间内只能做教师规定的动作……做到该做什么时，毫不犹豫、坚决果断地执行。

2. 长期性要求学生做到“干什么就专心干什么”。其目的是使学生逐步形成专心致志的良好习惯，从而使学生锻炼出准确、深刻地分析思考问题的能力。

具体做法：在课堂中要求学生积极思考并积极主动地回答教师或同学所提出的问题，用师生的问题牵引学生的思维，做到不另搞一套；在自习时间，要求学生不问问题、不讨论问题（若遇问题，引导其第一选择是通过自己查阅资料解决问题，第二选择是做好记号，待下课后通过与师生研讨解决问题），其标准是教室里只有翻书的“沙沙”声，不得有人大声说话；在自习或定时作业时，教师要营造安静的环境，教师要坚持在学生作业开始后不说话、少走动，不要因担心这担心那而唠唠叨叨、叽叽喳喳；阅读时，要勾画关键字词，找出代数中的基本结构或几何中的基本图形，做好旁批、眉批和尾批等。

三、几点说明

（一）必须反复抓、抓反复

虽然“该干什么就坚决干什么，干什么就专心干什么”具有立竿见影之功效，但是短期内它仅仅能解决行为问题，要形成一种良好习惯，就必须要反复抓、抓反复。这是因为“习惯是条件反射长期积累、反复强化的产物”。因此，要解决它，不是一朝一夕之事，不可一蹴而就。

（二）教师要相信学生，对学生的分数做到提得起、放得下

第一，教师要相信学生能在作业或定时作业中发挥出其应有的水平而放弃不停地提示和提醒，给学生营造一个能够“干什么就专心干什么”的氛围和环境；第二，不要过分地看重分数，应该更多地关注分数背后的心态和习惯等。教师要对学生的分数做到提得起、放得下，懂得作业或定时作业的重要功能之一就是反馈，当然也就包含其学习习惯的反馈。因此，教师应率先要自己做到“该干什么就坚决干什么”。

（三）好习惯的培养宜早不宜迟

根据洛伦兹的“印刻现象”，“该干什么就坚决干什么，干什么就专心干什么”好习惯的培养越早越好（应该说必须从幼儿阶段抓起），并注意抓好“关键期”，“临时抱佛脚”的做法是“行不通”的。

参考文献：

[1] 曾护荣.治学生粗心病的良方[J].中小学数学初中（教师）版，2007(5).

[2] 丁德兴.这个病并非“粗心病”:与曾护荣老师商榷[J].中小学数学初中，2008(1-2).

[3] 关鸿羽.教育就是培养习惯[M]. 北京：新世界出版社，2003：4.

浅谈初中数学课堂中学生言语权实现的策略①

摘要：数学课堂的言语权是体现“数学是一种文化，是一种行之有效的交流工具”的一条不可缺少的途径。利用“‘先’困+‘奖’困”的策略、“‘希望’中等”的策略、“‘挑战’优生”的策略和困、中、优相互帮助的策略，可以实现广泛而有效的合作交流，可以实现全体学生在数学课堂中的言语权，而不是少数优生的数学课堂言语垄断权，进而使学生了解数学是一种文化，是一种行之有效的交流工具。

关键词：数学课堂；言语权；实现策略；马斯洛需要层次理论

初中数学课堂中，教师在为学生创设问题情境后，在组织学生或独立尝试或小组集体探究后，如何组织学生以何种方式进行广泛而有效的合作交流？实现全体学生在数学课堂中的言语权，而不是少数优生的数学课堂言语垄断权，进而使学生了解数学是一种文化，是一种行之有效的交流工具。本文结合马斯洛的需要层次理论，做了一些初浅的尝试，取得了预期的效果。

① 本文在2009年重庆市教育学会中学数学专业委员会论文评审中获奖。

一、“‘先’困+‘奖’困”的策略

数学学科具有高度的抽象性和逻辑性，因此它不是人人在时时都能“高谈阔论”的，再加上教师为快速完成教学任务往往只选择与优生交流这种操作方式，使数学课堂话语权基本上都被少数优生所垄断，数学课堂常常只是少数优生的课堂，大多数学生只能扮演一个配角，甚至于只能充当一个旁观者。笔者通过调查和研究发现：并不属优生的大多数学生对每一个问题都有自己的想法和看法，而且许多都是正确的，有的甚至非常独特和新颖，只是因为教师的不信任而使他们没有机会去展示，或者因为自卑而不敢展示。其中学困生这方面的情况尤其严重（这也是使他们越来越差的最主要的原因之一）。为此，笔者根据马斯洛需要层次理论，对学困生采用了“‘先’困+‘奖’困”的策略。

1.“‘先’困”是指教师总是优先让有意向回答问题的学困生解答问题，给他们以众多的机会和充分的时间，给予他们友谊和关心，给予他们承认和地位。

2.“‘奖’困”是指在学困生回答问题的全过程中，教师只作积极的引导、点拨，鼓励性的、赞扬性的点评。当他们回答完全错误时，教师首先肯定他们敢说、能说，肯定他们有自己的思想和方法，再让其他同学帮助他们分析错误的原因并提供纠正的方法和措施，绝不可有心不在焉、不屑一顾等轻视之态的表现和言行。当他们的回答中有合理的成分，教师要立即抓住，大“书”而特“书”；当他们回答完全正确时，教师要充分肯定其学习的能力，并指出刚才正确地解决问题就是他们高强学习能力的具体体现；当他们有非常独特和新颖的思想和方法时，用他们的名字命名其思想和方法。总而言之，给予“学困生”数学课堂言语以安全感。

二、“‘希望’中等”的策略

马斯洛需要层次理论告诉我们，满足了的“需要”不能成为动因，只有未满足的“需要”才能成为动因。因此，对于中等数学学业水平的学生来说，对于过于简单的数学问题是不太感兴趣的，当笔者在学困生不能正确解答时，就把正确解决问题的‘希望’充分地寄托在中等学生的身上，并给他们以充足的时间，教师只做积极的点评。当他们回答完全错误时，教师就找其他同学帮助其分析错误的原因，然后自己再确定纠正的方法和措施并再次作答，直到问题解决为止；当他们的回答中有合理的成分，教师当即抓住并请其他同学关注其合理成分并尽量去利用其合理成分来帮助答题者正确地解决问题；当他们回答完全正确时，教师充分肯定其解法的正确性，并要求其说明方法的来源（或题目中的哪几个关键字词，或代数中的什么基本结构，或几何中的哪些基本图形）；当他们有非常独特和新颖的思想和方法时，用他们的名字命名其思想和方法。总而言之，给予中等生数学课堂言语以尊重。

三、“‘挑战’优生”的策略

作为班级中的优秀学生，他们往往有较为强烈的成就感，他们需要挑战性的工作、需要提升，因此在学困生不能解决，中等生也不能解决时，就用挑战性的语言激发优生的表现欲望。例如，数学王子（公主）某某有何高见或妙招？雄辩高手某某如何来说服他（她）等等。当在优生给出新颖性的，或者创新性的，或者多种方法等，就以他们的名字命名此解题方法或此思维方法。总而言之，给予优生数学课堂言语以成就感。

四、困、中、优相互帮助的策略

“‘先’困+‘奖’困”的策略、“‘希望’中等”的策略和“‘挑战’优生”的策略不是相互对立的，而是相互渗透，形成一个有机的课堂语言系统。其含义有三：第一，先运用“‘先’困+‘奖’困”的策略，再运用“‘希望’中等”的策略，最后运用“‘挑战’优生”的策略，是整堂数学课的宏观言语框架，以保证数学课堂言语权的连续性、逻辑性、层次性、完整性和渐进性；第二，在实施“‘先’困+‘奖’困”的策略时，其他的“学困生”要用言语方式帮助正在言语的“学困生”，中等生和优生也要用言语方式帮助正在言语的“学困生”；同样地，在实施“‘希望’中等”的策略时，学困生、其他中等生和优生也要用言语方式帮助到正在言语的中等生，以确保每时段言语权的普遍性和困、中、优之间的互助性；第三，在独立实施“‘先’困+‘奖’困”的策略、“‘希望’中等”的策略和“‘挑战’优生”的策略时，“学困生”的言语权总是处于优先地位。

实践证明，这四种数学课堂学生言语权实施策略，能够使数学课堂充满欢声笑语，并有唇枪舌剑，能够使不同层次的学生各有所获，让数学课堂更具吸引力，从而提高了数学课堂教育教学效益。

表2-1 初中学生数学创新学习评价体系表

班级______姓名______学号________________ 时间______

<table>
<tr><td rowspan="3">评价内容</td><td colspan="5">评 价 标 准</td><td colspan="4">评价方法</td></tr>
<tr><td>等级</td><td>A（真棒！）</td><td>B（能好！）</td><td>C（还不错！）</td><td>D（有待提高！）</td><td rowspan="2">自评</td><td rowspan="2">组评</td><td rowspan="2">家长评</td><td rowspan="2">教师评</td></tr>
<tr><td>要求</td><td>完全达到</td><td>绝大部分达到</td><td>基本达到</td><td>少部分达到</td></tr>
<tr><td rowspan="4">A1：知识与技能</td><td colspan="5">B1：数学知识逐步掌握</td><td></td><td></td><td></td><td></td></tr>
<tr><td colspan="5">B2：数学问题的解题技能和策略逐步掌握</td><td></td><td></td><td></td><td></td></tr>
<tr><td colspan="5">B3：时常在数学学习和研究中提炼出数学思想和方法</td><td></td><td></td><td></td><td></td></tr>
<tr><td colspan="5">B4：每天在固定时间都要进行数学思想、方法的反思和总结</td><td></td><td></td><td></td><td></td></tr>
<tr><td rowspan="6">A2：数学思考</td><td colspan="5">B5：能按计划实施数学作息时间</td><td></td><td></td><td></td><td></td></tr>
<tr><td colspan="5">B6：积极并主动参与数学活动</td><td></td><td></td><td></td><td></td></tr>
<tr><td colspan="5">B7：在数学活动中，乐于倾听，善于思考并善于发表自己的意见</td><td></td><td></td><td></td><td></td></tr>
<tr><td colspan="5">B8：经常从每堂数学教学活动中发现并提出数学问题</td><td></td><td></td><td></td><td></td></tr>
<tr><td colspan="5">B9：已经拥有的数学知识经常用于解决实际问题</td><td></td><td></td><td></td><td></td></tr>
<tr><td colspan="5">B10：遇到数学问题时，所采取的措施是独立思考或查资料或与他人讨论</td><td></td><td></td><td></td><td></td></tr>
<tr><td rowspan="4">A3：解决问题</td><td colspan="5">B11：已经掌握了言语、交流、视听、动手、创新、反思与评价等数学技能</td><td></td><td></td><td></td><td></td></tr>
<tr><td colspan="5">B12：对于数学问题经常尝试从不同角度去寻求解决问题的方法</td><td></td><td></td><td></td><td></td></tr>
<tr><td colspan="5">B13：时常把实际问题抽象为数学问题并加以解决</td><td></td><td></td><td></td><td></td></tr>
<tr><td colspan="5">B14：用新的数学知识解决生活中的实际问题越来越容易和顺手</td><td></td><td></td><td></td><td></td></tr>
</table>

续表

<table>
<tr><td rowspan="3">评价内容</td><td colspan="5">评 价 标 准</td><td colspan="4">评价方法</td></tr>
<tr><td>等级</td><td>A
（真棒！）</td><td>B
（能好！）</td><td>C
（还不错！）</td><td>D
（有待提高！）</td><td rowspan="2">自评</td><td rowspan="2">组评</td><td rowspan="2">家长评</td><td rowspan="2">教师评</td></tr>
<tr><td>要求</td><td>完全达到</td><td>绝大部分达到</td><td>基本达到</td><td>少部分达到</td></tr>
<tr><td></td><td colspan="5"></td><td></td><td></td><td></td><td></td></tr>
<tr><td rowspan="4">A4：情感态度和价值观</td><td colspan="5">B15：通过学习，感觉到数学学习越来越有趣，学习的欲望越来越强</td><td></td><td></td><td></td><td></td></tr>
<tr><td colspan="5">B16：经常在日常生活中自觉而主动地谈论和研究数学问题</td><td></td><td></td><td></td><td></td></tr>
<tr><td colspan="5">B17：认识到数学是解决实际问题和进行交流的重要工具</td><td></td><td></td><td></td><td></td></tr>
<tr><td colspan="5">B18：充分相信自己拥有一颗数学大脑</td><td></td><td></td><td></td><td></td></tr>
<tr><td rowspan="2">A5：素质成果</td><td colspan="5">B19：数学学习成绩时常在 A.90 分以上，B .80—89.5 分，C .60—79.5 分，D.60 分以下</td><td></td><td></td><td></td><td></td></tr>
<tr><td colspan="5">B20：竞赛获奖或有关数学的文章发表
A. 国家级，B. 省（市）级，C. 县（区）级，D. 校级</td><td></td><td></td><td></td><td></td></tr>
<tr><td colspan="2">教师评语</td><td colspan="8"></td></tr>
<tr><td colspan="2">改进计划</td><td colspan="8"></td></tr>
<tr><td colspan="2">家长意见</td><td colspan="8"></td></tr>
</table>

备注：各年级关注的侧重点是不同的。其中，七年级重点关注学生的学习行为与习惯，八年级重点关注学生的思维行为与习惯，九年级重点关注学生的综合应用行为与习惯。

初中数学的科学与人文功能探究①

摘要：本文通过初中数学在智力、情商、思想方法三方面对学生的重要作用和影响，使学生更多地掌握初中数学的“非考试性功能”，从而形成对初中数学的学习和应用的积极性和主动性。

关键词：智力；情商；思想方法；数学课程标准；初中数学

“为什么人人都需要学数学？初中数学在人的发展中究竟起什么样的作用？作用程度又如何？”对这些问题，在初中数学的教育教学过程中（此时学生已初步具备独立思维和独立的人格），是难以回避而必须要清楚回答的问题。否则学生就只可能为“考”而学，教师就只可能为“考”而教。这样就难以体现《义务教育数学课程标准》“人人学有价值的数学，人人都能获得必要的数学，不同的人在数学上得到不同的发展”[1]的基本理念；就难以发挥数学的作用；就难以使学生带着一颗火热的数学之心走向生活、走向工作、走向社区；就难以使学生形成探究数学知识、数学学习方法等的积极性和主动性。

本文拟从数学的智力——科学品格、情商——人文品格、思想方法三方面进行粗浅探究，盼呈抛砖引玉。

---

① 本文在中国教育学会数学教育研究会发展中心全国数学教研第十二届年会中获奖。

一、数学的科学品格——智力

“数学是思维的体操”等对数学的科学价值崇高的评价不绝于耳。但它究竟是如何培养、训练我们的思维——智力商数（或称科学品格）的？笔者认为主要表现在以下几个方面。

1. 有效增强记忆力。对大量存在于数学学习中的数学概念、公式、定理及其基本图形有意识记忆或无意识记忆，可有效增强记忆力。

2. 有效延长注意力的持续时间。数学知识从实际问题$\xrightarrow{\text{提炼}}$问题数学化$\xrightarrow{\text{应用旧知识}}$数学问题解决$\xrightarrow{\text{验证}}$实际问题解决等教学、学习过程，环环相扣，引人入胜，始终让学生处于愤悱状态，通过逐步解决可以逐步提高学生的注意力的持续时间。

3. 有效增强观察力的准确性和敏锐性。对数学概念、定理、公式等知识的理解，对代数式、方程（组）、不等式（组）的结构的观察利用，繁杂几何图形中的基本图形的观察利用，都必须由表及里，从整体到局部，去伪存真，无疑会有效地增强观察力的准确性和敏锐性。

4. 有效提高想象力。在对数学知识的联想记忆、数学化归思想方法中；在实际问题数学建模的解决过程中；在对原问题解决后的变式、延伸、拓展中；在数形结合的有效使用中（特别是高中立体几何）等等，都能有效地提高师生的想象力。

5. 有效发展思维力。在代数运算、几何推理等数学判断的上下求索中，使学生摒弃想当然地武断式下结论，从而使其在数学学习过程中无形地发展思维能力，实现能独立地思考、灵活地思考，用新颖的或异常的方法去解决问题。同时，数学使人们对客观世界的认识深刻到可用数量去刻化，而不是定性刻化。

二、人文品格——情商

最新研究表明，一个人的成功，只有20%取决于智商，80%取决于情商。情商高的人，生活比较快乐，能维持积极的人生观，不管做什么，成功的机会都比较大。

所谓情商，也就是非智力因素，或称人文品格，是测定人的“情绪情感”的一种指标。它具体包括情绪的自控性、人际关系的处理能力、挫折的承受力、自我了解程度以及对他人的理解和宽容。[3]

初中数学教育教学尤其应注意这一人文品质的确立。一方面因为此时正值学生人生观、世界观形成的关键时期（或称心理断奶期，也称小“大人”时期）；另一方面因为数学本身的理性（抽象性）和完备性决定了初中数学学习者必备坚韧不拔的精神素养和做事的有理有利有节的人文品格。

（一）数学学习能更有效地了解和控制自己的情绪

数学中步步有来历、步步有根据、步步有目的的严密推理，可克服主观臆断和为所欲为，迁移到行为习惯中，可以使学生了解自己哪些行为习惯是合情合理的、有主次的，是正确的、该坚持的；哪些行为习惯是违规的或过火的，进而在后续时间里该如何矫正，使学生形成良好的行为习惯和思想品质，使他们少犯错误甚至不犯错误。数学中的概念分类及结构观察利用，可使学生明白整体与局部的辩证关系，进而确立个人与集体的正确关系；同时了解对数学的“畏惧感”或“骄傲感”或“冷热病”产生的原因，从而控制其发展，甚至在教师的指导下“化解”，这本身就是初中数学教育的重要组成部分。

（二）能激励自己

了解数学的发展史，如无理数的发现、欧拉与七桥问题、古里斯与四色猜想、祖冲之与缀术等，一方面能使学生进一步理解数学来源于生活，并非高深莫测，从而激励自己利用数学关注生活、利用生活学习研究数学；另一方面结合数学学习和应用中，“遇阻”后不断探索新途径、多种解法的寻求等研究过程，已对学生进行了挫折教育，培养了学生执着探索、勇于胜利、百折不挠的进取精神；再者，激励了学生独立思考、充满信心、勇于发现、增强求异的创新意识。结合在计算、推理论证中不能马马虎虎，丢三落四、想当然地下结论，必须养成分析用心、计算仔细、书写规范、检查无误后才交作业的习惯，从而培养学生严谨细致、一丝不苟的学习态度；领悟数学外在形式美（如圆、正方形定义、某些代数式的对称美等）和数学内在的和谐美（如黄金分割、分类的不相容性和完备性、推理的严密性等），使学生品味到数学的科学和生活价值，从而激发学生的学习、创造欲望。

（三）能了解别人的情绪

对他人在数学上的表现的观察分析，可理解他人对初中数学的感受，察觉他人对初中数学的真实需要。一方面提高自信心和目的性；另一方面参与他人的数学学习活动。

（四）融洽的人际关系

数学教学活动中，师生间、同学间互相信任、鼓励、补充、理解、宽容，就能逐步理解和适应别人的情绪，在教学活动中才会有融洽的师生、同学关系，才能形成蓬勃向上、轻松愉悦的数学学习氛围，使学生在无形中自然而然地参与教与学的活动，从而产生“罗森塔尔效应”。

因此，数学是在培养一种文化素质。

三、思想方法

阿尔温·托夫勒反复强调“想要学习却不知道学习策略的人叫作文盲”；联合国教科文组织总干事纳依曼特别阐述道：“今天教育的内容百分之八十以上都应该是方法……方法比事实更重要。”数学恰好是一种教人聪明的方法。

（一）数学本身就是一种技术[4] 和方法

在当今社会中，每个公民参与诸如存款与利息、股票或投资或保险、成本利润与分期付款、文艺创作与欣赏、心理分析与咨询、社会改革、人生哲学规律探讨等社会实践活动，都必须具有基本的数学运算能力、逻辑推理能力、直觉思维能力、使用计算机的能力以及应用数学思想方法去定量或定性观察分析的能力。

（二）培养学习策略

对数学概念、公式、定理、问题的理解，特别是对重要字词、文段的处理，信息的提取——绘制图表等，可以培养学生的阅读策略；数学课堂中师生双边活动使学生的“读、听、做、思、记、问”有机协调统一，形成听课策略。

（三）提供解决问题的思想方法

在解题中对基本结构或基本图形的提取和相关数与形的转化等形成“化归”思想。一般到特殊是演绎法，特殊到一般是科学方法；题后的“为什么要这么做？是什么促使你这么想？还有他法吗？哪种方法最简单？为什么？”等等的反思总结，首先可以使学生真正体会“失败是成功之母”；其次能让学生少走弯路甚至不走弯路，有效地提高解题效率；再次易于创造出新产品，发现新方法，解决新问题。

参考文献：

[1] 刘明.7~9年级《数学课程标准》与初中《数学教学大纲》比较[J].中小学数学（初中版）,2003（7.8）.

[2] 尤嘉.何为“情商”[J].奥秘，1997（12）.

[3] 蒋文杉.为什么每个人都需要学习数学[J].中小学数学（初中版）,1997（1-2）.

第三章　教学设计——教案

第一节　新课程九年级数学新课课型教学模式的设计

《义务教育数学课程标准》（2022年版）中明确指出："数学教学活动必须建立在学生的认知发展水平和已有的知识经验基础之上，教师应激发学生的学习积极性，向学生提供充分从事数学活动的机会，帮助他们在自主探索和合作交流的过程中真正理解和掌握基本的数学知识与技能、数学思想和方法，以获得广泛的数学活动经验。"由于九年级的学生具有了一定的动手实践、自主探究的能力和合作交流的意识，也具备了获取数学知识的方法和能力，因而在新课的授课，应充分利用创设问题情境去带动教学，让学生体验到学习过程是一种不断发现问题、提出问题、探究问题和解决问题的过程。"情景—探究—发现—验证—运用—反思"的教学模式就是依据教材或教材所提供的材料和问题，把学生带入"问题情境"，让学生积极主动地去进行思维活动，去探索和发现数学概念、定理、公式和解题方法，从尝试运用中体验成功的喜悦，在"反思感悟"中提升自我。

这种新的授课教学模式让学生以研究者的方式参与全过程，发挥学生的主体性，营造宽松愉悦、和谐的学习环境，增进学生学习数学的兴趣。

下面以人教版九年级数学“切线长定理的教学设计”为例谈谈新的授课教学模式的设计。

（一）情境

张师傅有一张三角形铁皮（如图3-1），如何在它上面截下一块圆形用料，使圆的面积尽可能大？

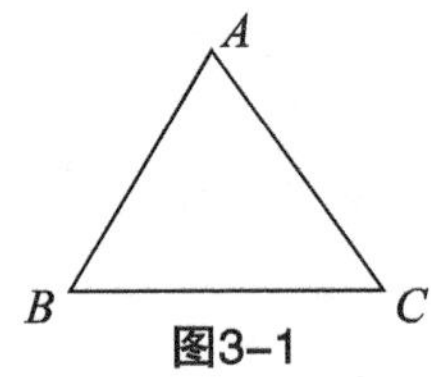

图3-1

问题一出示便立即引起了学生的兴趣，学生通过观察易发现：这个问题就是在三角形中画一个圆，使圆尽可能大，且圆与三角形的三边都相切时，这个圆最大。

师：怎样才能作出与三边都相切的圆？

（教师通过以上问题情境的创设，把学生带入探索“切线长定理”的问题情境之中，从而激发学生的求知欲，引发学生积极、主动的思考。）

（二）探究

1. 请学生按步骤操作：

（1）在一透明纸上画⊙O及⊙O上一点A，过点A画⊙O的切线AP.

（2）画射线PO，沿着直线PO将纸对折，用圆规的脚尖确定与点A重合的点，记为点B.

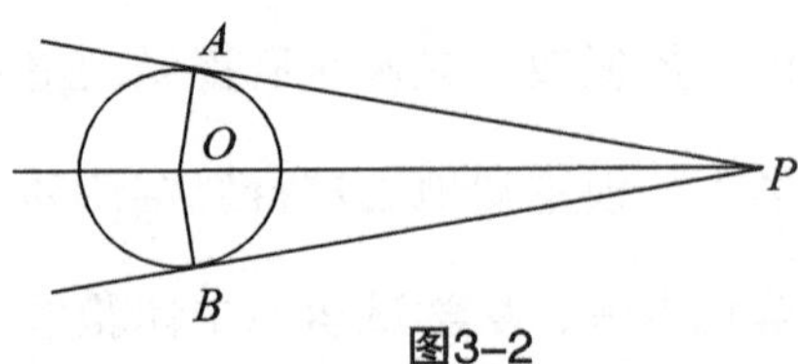

图3-2

（3）画射线PB，线段OB（如

图3–2）.

请学生结合图形，观察并思考：OB是⊙O的半径吗？PB是⊙O的切线吗？

2. 在学生明白了“PB是⊙O的切线”后，引导学生观察产生线段PA、PB的条件，教师根据学生的回答，适时引入“切线长”的概念，并让学生区别“切线”与“切线长”的两个概念。

3. 师：根据自己操作及所得的图形，你还能发现哪些结论？

（学生通过动手操作，明白了“过圆外一点，作圆的切线有两条”这一道理的同时，也进一步体会了圆的轴对称性，教师适时引入“切线长”的概念，这都是为学生自主探究并发现“切线长”定理作铺垫。在学生自主探究的过程中，教师应鼓励学生通过独立探究和小组讨论等多种形式尽可能地让学生去探究、去发现。）

（三）发现

学生通过探究发现结论后，先小组交流，再让学生在班上发言。

（在学生通过探究发现结论后，教师要激励学生勇于发言，以“生评生”的方式进行点评。）

（四）论证

从学生发现的众多结论中，教师让得到“$PA=PB$和$\angle APO=\angle BPO$”的学生说说理由，师生一起验证所得的结论。同时，要求学生用自己的语言叙述所得的这个结论，即“切线长定理”。

（在学生验证结论后，教师让学生看书对照，重点研究、体会探究成功的喜悦。）

（五）运用

1. 学生独立完成教材“切线长定理”1~2题，教师抽学生回答，以生评生的方式点评。

2. 解决课首提出的实际问题。

教师提出问题，引导学生思考：

（1）与三角形三边都相切的圆是否存在？

（2）假如存在，圆心在哪儿？如何找到圆心？

引导学生发现圆心到三边的距离都等于半径，圆心就是三条角平分线的交点，画出两条角平分线即可。

师生共同画出三角形的内切圆，并讲述三角形的内切圆、内心、外切三角形的概念，引导学生从文字与意义上区分“内切圆”与“外接圆”的概念。

3. 变式拓展。

变式（1）：教材“切线长定理”例2.

变式（2）：如图3–3，把△ABC改为“直角三角形”，$\angle C=90°$.

已知：$AB=13$cm，$AC=5$cm，求内切圆的半径.

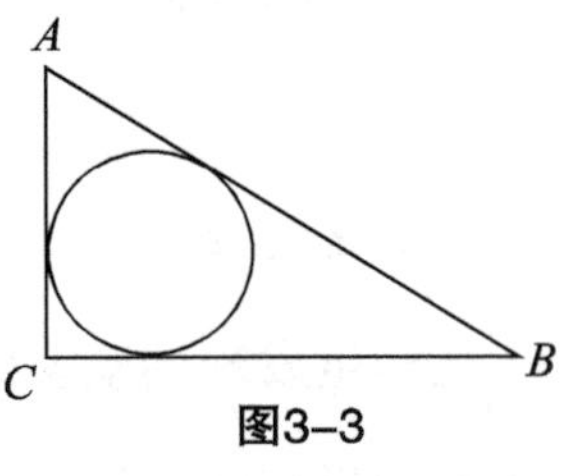

图3–3

学生解答时，可抽一位学生到黑板上解答过程，然后生教生、生评生，解决问题后，引导学生得出直角三角形内切圆半径$r=\dfrac{a+b-c}{2}$（其中a，b，c为直角三角形两直角边边长与斜边边长）。

（通过较为简单的练习1的解决，学生能体会到运用所探究的知识解决问题的成功体验；练习2主要是让学生解决课首提出的实际问题，使整个课堂教学结构严密，同时为学生类比理解“内切圆”与“外接圆”做准备；练习3通过变式，培养学生的发散思维。变式（1）主要是通过解决问题，使学生体会用代数方法解决几何问题的妙处；变式（2）主要是通过条件变化，使学生会灵活运用知识解决问题，巩固求三角形内切圆半径的方法。通过总结规律、结论，使学生做一题、会一类，培养良好的学习方法。）

（六）反思

学生反思本节课在数学知识、解题技能及思想方法上的收获（教师让学生先看书独立反思，然后让学生在班上自由畅谈自己的收获，教师予以激励评价）。

第二节　新课程八年级数学习题课课型教学模式的设计

《义务教育数学课程标准》（2022年版）认为，学生新知识和新技能的产生必须建立在已有的知识和能力之上，更应重视知识的探究、形成过程，更重视经验的归纳和运用过程。所以，笔者在八年级学生已具备独立探索、思考能力的前提下对八年级的例（习）题课形成了“搭桥—试例—碰撞—归纳—拓展”的教学模式。

下面我们就以人教版数学八年级上册“19.2.2一次函数”例5“分段函数”为例谈谈此教学模式的操作过程。

一、搭桥

师：请同学们迅速画出$y=20x+200$的图象

（从学生最熟悉的知识入手，引导学生快速融入课堂氛围）

生：（独立操作，并请一位同学上台来完成）

（教师巡视，学生基本上都画得对）

师：很好，如果我们再给自变量加一个条件（同时教师板书$0\leqslant x<5$），你会画它的图象吗？和刚才画的还一样吗？

生1：不一样，只有直线的一段了……

生2：是一条线段。

生1：不是线段，它只有一个端点。

生2：（同意）那图该怎么画呢？

生1：我也不知道了。

师：大家商量一下，会了就在黑板上展示。

（学生热烈讨论了几分钟）

生3：可在原图上画吗？

师：可以。

生：（上台对原图作如图3-4的改动）

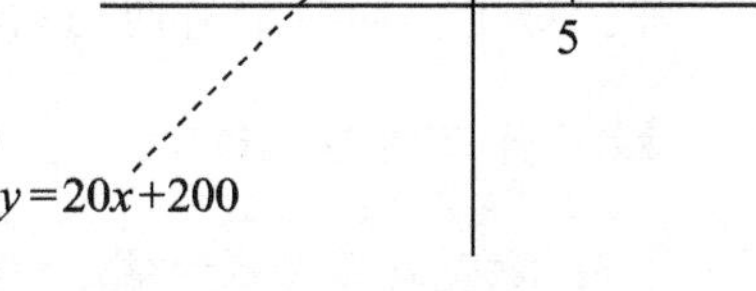

图3–4

生：用掌声表示支持。

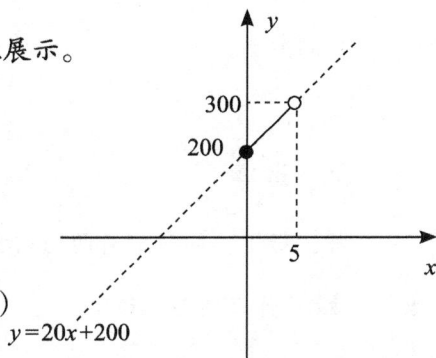

师：如果我请你直接画出$y=20x+200(0\leqslant x<5)$的图象呢？

生：（沉默）

生4：找两点（0，200）、（5，300），连接这两点.

生5：前面用实心，后面用空心。

师：非常好，大家在草稿本上动手画一画吧。（请生5上台展示）

（师巡视，并作个别指点，学生基本都能画）

（知识层层深入，使学生在不知不觉中形成思考的能力，并为后面的例题成功搭桥。）

二、试例

师：出示课本“19.2.2一次函数”例5：小芳以200米/分的速度起跑后，先匀加速跑5分，每分钟提高速度20米/分，又匀速跑10分钟，试写出这段时间里她的跑步速度y（单位：米/分）随跑步时间x（单位：分）变化的函数关系式，并画出函数图象.

生：（独立尝试，师巡视）

（例题出示后，教师不作任何指引，让其思维天马行空，更能发现学生知识的漏洞。）

三、碰撞

师：好了，同学们有问题的提问，有想法的说想法吧！

生6：什么叫匀加速？

生7：就是速度每分钟增加相同的量，这是物理名词。

生：（笑）

（学生的问题真是千奇百怪）

生6：我明白了，一分钟后速度就变成了220米/分，5分钟后就变成300米/分了。

师：函数关系怎么列？

生6：$y=20x+200$.

生8：匀速跑10分钟怎么理解？

生9：就是速度一直不变，一直是300米/分.

师：能列出式子吗？

生10：函数$y=300$.

生8：怎么没有x了？

生10：说明x可取一切实数时，y的值都是300.

师：这两个解析式哪一个是这道题的答案呢？

生11：都是，它们表示不同时间段的函数关系，当$0 \leqslant x < 5$时，$y=20x+200$；当$x>5$时，$y=300$.

生12：不对，应该是$5 \leqslant x \leqslant 15$时，$y=300$.

师：这就是我们今天要学的分段函数，可以这样书写：$y=\begin{cases}20x+200\ (0 \leqslant x<5)\\ 300\ (5 \leqslant x \leqslant 15)\end{cases}$，$x=5$在后面范围取了，前面就可不取了。

师：这个分段函数的图象怎么画？

生13：前面一个刚才已经画了，后面一个不知道怎么画。

生14：是平行于x轴的直线，过点(0，300).

生15：不对，它只是一条平行x轴的线段，过定点(5，300)，(15，300)，因为自变量x有范围限制.

生：（再次鼓掌表示赞同）

师：请同学们在同一坐标系下画出这两个函数。

（师巡视，并请一位同学在黑板上展示）

四、归纳

师：好了，看来同学们都会画了，现在我们再回过头来看这道题，我们为什么要这样做？大家讨论一下吧！

生16：因为本题y随x变化的规律分成两段（前5分钟与后10分钟），所以写出的关系式也要分成两部分，画函数图象也要分成两段来画。

五、拓展

师：看来大家对分段函数有所理解，再看下面的练习题（通过学生自己的自主探索互评、反思让学生充分体会成功带来的喜悦，提高学生学习数学的兴趣）。巴川镇出租车收费标准，2公里起租，起租金额3元，超过2公里后，每增加1公里，加收1.2元．设周教师乘车的距离为x公里，所支付费用为y元，请写出y与x的函数关系，并画出函数图象（以学生思维的就近发展区，出示变示练习，更有利于学生能力的形成）.

生：（很快列出关系式，并正确画图，如图3–5）

师：（出示变式：超过2公里后，不足1公里按1公里计算，它的解析式）是怎样的，图象该如何画？

生17：解析式是 $y=\begin{cases}3(0<x\leqslant 2)\\1.2x+0.6\ (x>2\text{的整数})\end{cases}$ 和前面差不多，只是第二图象不知怎么画了。

师：大家再讨论一下吧。

（学生讨论不起来，一片沉默）

师：（提示）如果乘车里程在2公里至3公里，周教师该交多少费呢？

生18：4.2元.

师：3公里至4公里呢？

生：（齐说）5.4元.

师：那它的图象是……

生19：一些线段。

生20：不对，是一些平行于x轴的线段。

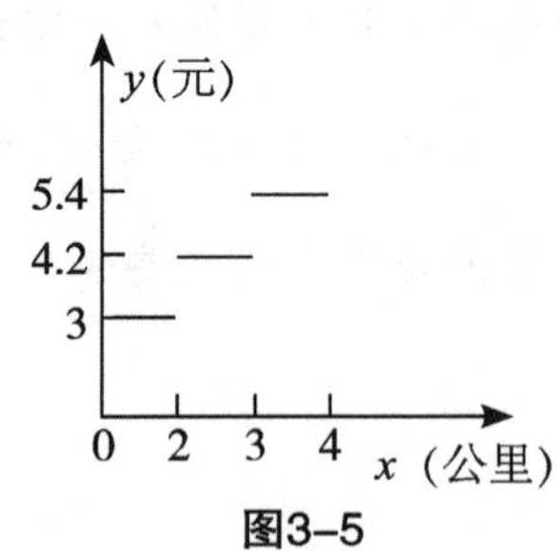

图3–5

生21：不全对，是前面空心，后面实心的线段。

师：很好，谁来给大家一个示范？

（生21上来，在黑板上画出了正确的图象）

生：（非常热烈的鼓掌）

师：太好了，看来同学们已经把这个知识点弄懂了，我来告诉大家，结果周教师乘车付费7元，请问周教师乘车了多远？大家下去思考一下吧，下课……

本堂课学生的思维已经完全激发了起来，很有兴趣将这个问题继续探究下去，所以它可以让学生将问题带到课外去，带到生活中去。

第三节　新课程七年级数学复习课教学案例

七年级数学主要研究生活中的一些数学问题，主要让学生通过感受生活中的数学问题，学会用所学的数学知识去解决问题，进而产生学习数学的动力和兴趣。对于新课程理念下的数学，更强调学生通过自己的亲身体验和亲自探索去学习数学。因此，探索一种适合七年级数学复习课的教学模式和在这种情况下的教师行为、学生行为是我们准备解决的课题。

通过探索，我们构建了如下复习课教学模式：忆—测—评—拓—悟，下面就具体模式的操作举例说明。

课题：第一章 有理数的加减运算复习。

复习目的：要求学生能熟练掌握有理数的加减的运算基本方法和基本技能。

复习重点：有理数的加减的运算基本方法和基本技能。

复习难点：有理数的加减的基本技能。

复习过程：

活动一：忆

算一算：（1）（+5）+（+3）=________；−5+（−3）=________；+5+（−3）=______；−5+（+3）=______；−7+（+7）=______；−7+0=______.

（2）15−（+6）=_____；−18−（+8）=_____；36−（−5）=______；

0–6=______.

师：想一想，以上运算主要依据什么具体的法则？

生：归纳（1）可知，同号两数相加，取相同加数的符号，再把绝对值相加；异号两数相加，取绝对值大的加数的符号，再用较大的绝对值去减较小的绝对值；互为相反数的两数相加为0；一个数同0相加仍得这个数.

（2）减去一个数等于加上这个数的相反数。

注：学生在通过简单的练习后诊断出自己对基本知识点掌握的情况，然后在交流中归纳出相应的运算法则，让学生在复习中真正落实到具体的知识点的掌握上，达到知识检索与巩固的目的，这就是复习的第一步——忆。

活动二：测

试一试（检测学生运用法则计算的情况）。

① –5.6+（+3）+（–7.5）+15+（+7.5）+（–2.4）；

② $\frac{1}{2}+(-\frac{2}{3})+\frac{4}{5}+(-\frac{1}{2})+(-\frac{1}{3})$；

③（–5）+（+8）–（–12）–（+6）；

④ 12–（–18）+（–7）–15；

⑤ 4.7–（–8.9）–7.5+（–6）.

生：定时（约7分钟）练习。

师：抽几名学生说出自己的答案。检查全班学生测试情况。

注：这是复习的第二步——测，其目的是了解学生掌握知识、技能的

情况。

师：怎么运算最快？你是怎么运算的？

（生交流自己的计算方法。）

生：我们通过交流可以得出最快的计算需要准确运用加减法法则并应用运算律和技巧，观察式子，应用加法交换律和结合律，采用“凑零”“凑整”方法最快，而且准确。

师：同学们总结得很好。

注：通过对学生的检测，一方面能复习具体的知识点；另一方面能复习掌握该掌握的一些运算技巧。

活动三：评

教师通过检测了解的情况对学生进行适时的点评，表扬全对的同学，鼓励出错了的同学，并督促出错的学生纠错。这是复习的第三步——评。教师的适时点评，一方面可以让学生明白出错的原因；另一方面对该掌握的知识、技能得到进一步深化理解。

活动四：拓

做一做：

1. 食品店一周中各天的盈亏情况如下（盈余为正）：

132 元，−12.5元，−10.5元，127元，−87元，136.5元，98元. 请问该食品店一周总的盈亏情况如何？

学生先独立尝试，教师巡视作个别指导，然后小组交流，教师做必要的讲解。

2. 某做蔬菜生意的个体户去进了8筐白菜，他以每筐25千克为准，超过的千克数记作正数，不足的千克数记作负数，称重的记录如下：1.5千克，–3千克，2千克，–0.5千克，1千克，–2千克，–2千克，–2.5千克.

请你求出这8筐白菜的总重量是多少？

学生先独立尝试，教师巡视作个别指导，然后小组交流，教师做必要的讲解。

3. 小明在某年元旦假期期间连续三天观察了本地某商品的价格变动。第一天，这个商品的价格最高时比早上开门时的价格高了0.3元，而价格最低时比早上开门时的价格低了0.2元；到了第二天，这个商品的价格最高时比早上开门时的价格高了0.2元，而价格最低时比早上开门时的价格低了0.1元；第三天，这个商品的价格最高时与早上开门时的价格相同，但价格最低时比早上开门时的价格低了0.13元. 计算每天这个商品最高价与最低价的差值，并求出这些差值的平均值.

学生先独立尝试，教师巡视作个别指导，然后小组交流，教师做必要的讲解。

注：复习了基础知识后对该部分知识进行进一步深化和拓展，加强学生对知识应用的训练，提高学生综合应用知识的水平和能力。这是复习的第四步——拓。

活动五：悟

通过复习这部分的知识和运算的一些方法、技巧，你收获最大的是什么？你有什么问题还需要解决？生讨论、交流，然后谈自己的收获与不足，在这个过程中不断反思自己的学习能力、方法和效果。这是复习的第四步——悟。

作为一堂复习课，在学生已经学习过的基础之上，对已学的知识点，在引导学生回顾知识点的同时，同时回顾他们探索这些知识点的过程，有利于学生对已学知识的巩固和记忆。面对已学的数学知识，引导学生主动寻找它的实际背景并探索它的应用价值。

在这里的学习，同学习新课一样，我们主要采用发现学习的方法。所谓发现学习就是指学生在学习情景中通过自己的探索、调查从而获得问题的答案和形成观念的一种学习方式。这里的发现，包括让学生独立思考、改组材料、自行发现知识、发现事物的意义、掌握原理和原则。教师的任务不再是讲解现成的知识，而是帮助学生比较和推断不同材料之间的差异及理由，并鼓励学生为测试他们的推测做进一步的积极探索，得出必要的结论，从而达到对客观规律或知识的掌握。

之所以采用发现学习是因为发现学习有很多优点，比如：有利于提高智慧；有利于激发学生的好奇心及探索未知事物的兴趣；有助于学会“发现”的探索技巧与方法；有助于学习者解决今后实际生活中的问题，还有助于学生增强记忆能力等。

从建构主义来讲，我们希望学生能在已有的知识基础之上获得新的知识。在教育领域中常常谈论的建构主义具有认知理论和方法论的双重身份。对于方法论而言，“人类是认识的主体，人的行为是有目的的，今天人类具有高度发展的组织知识能力”。从认知理论的观点来看，建构主义是认知学习理论的新发展，是目前日渐流行的学习理论。建构主义的主要观点是：知识不是通过感官或交流被动获得的，而是通过认识主体的反省抽象来主动建构的；有目的的活动和认知结构的发展存在着必然的联系；儿童是在与环境相互作用的过程中，逐步建构起关于外部世界的知识，从而使自身认知结构得到发展。由此理论我们得到启发，希望学生在复习的过程中能领悟到新的东西。

在复习的过程中，我们注重讲解数学知识的来龙去脉，培养学生的推理能力，使学生能够通过观察、实验、归纳、类比等获得数学猜想，并进一步寻求证据给出证明或举出反例；使学生能够清晰、有条理地表达自己的思考过程，做到言之有理，落笔有据；使学生在与他人交流的过程中能应用数学语言合乎逻辑地进行讨论和质疑。不过，在培养学生推理能力的时候要注意层次性和差异性。

附　录

附录一　“数学课堂教学行为与学习行为”调查报告

一、“数学课堂中教师教学行为”调查分析

（一）调查目的

新课程下，无论是从学生成长还是从教师自身专业化成长的角度来看，教师都应该在教学过程中以研究者的心态置身于教学情境之中，以研究者的眼光审视传统课堂出现的各种问题。对我们的教学行为从预习、课堂教学和作业布置三个方面反思，对师生均欢迎的教师教学行为的合理性进行分析，找寻其理论基础，并加以继承和发扬；对教师喜欢但学生不欢迎的教学行为，或教师不喜欢但学生欢迎的教学行为，进行剖析，找寻其合理的成分及其理论基础，并决定取舍；对师生均不欢迎的教学行为的不合理性进行分析，找到其理论根据并坚决地舍弃。从而使众多教师从大量重复的、低效的劳动中解放出来。为此，我们调查了对仍处于传统课堂教学的2006级的9个教师教学行为，基于此作了分析。

（二）调查对象

我校2006级9位数学教师，分别从2006级32个班中教学效果好（每次月考均在年级前十名）的抽了三个教师；中间的（每次月考均在年级中间十名）抽了三个教师；后面的（每次月均考在年级后十名）抽了三个教师进行调查 。

（三）调查方法

问卷式调查。

（四）调查结果

本次调查报告共发放调查问卷9份，回收问卷9份，回收率100%（部分教师回答问题有两个答案）。

表1 数学课堂中教师教学行为调查统计表

题号	选项	人数	总人数	百分比
1	A	7	10	70.00%
	B	1	10	10.00%
	C	1	10	10.00%
	D	1	10	10.00%
2	A	1	10	10.00%
	B	1	10	10.00%
	C	8	10	80.00%
	D	0	10	0.00%
3	A	1	9	11.11%
	B	8	9	88.89%
	C	0	9	0.00%
	D	0	9	0.00%
4	A	1	9	11.11%
	B	8	9	88.89%
	C	0	9	0.00%
	D	0	9	0.00%

续表

题号	选项	人数	总人数	百分比
5	A	0	9	0.00%
	B	0	9	0.00%
	C	1	9	11.11%
	D	8	9	88.89%
6	A	0	9	0.00%
	B	6	9	66.67%
	C	2	9	22.22%
	D	1	9	11.11%
7	A	0	9	0.00%
	B	0	9	0.00%
	C	5	9	55.56%
	D	4	9	44.44%
8	A	0	10	0.00%
	B	0	10	0.00%
	C	6	10	60.00%
	D	4	10	40.00%
9	A	1	12	8.33%
	B	6	12	50.00%
	C	0	12	0.00%
	D	5	12	41.67%
10	A	0	10	0.00%
	B	6	10	60.00%
	C	0	10	0.00%
	D	4	10	40.00%
11	A	3	14	21.43%
	B	6	14	42.86%
	C	1	14	7.14%
	D	4	14	28.57%
12	A	0	9	0.00%
	B	9	9	100.00%
	C	0	9	0.00%
	D	0	9	0.00%
13	A	1	10	10.00%
	B	1	10	10.00%
	C	7	10	70.00%
	D	1	10	10.00%

（五）调查分析

1. 课前对学生的要求：教师在预习和刚开始上课时对学生的要求很到位，有70%的教师要求学生预习；有80%的教师是用问题引入去吸引学生。但也存在不足，只有10%的教师要求学生通过上网去查阅相关资料，说明传统课程中对新知识用网络去了解、查阅还做得很不够。

2. 上课对学生的要求：88.89%的教师让学生有选择地去活动，体现了以学生为中心，因人施教的教学理念，体现了培养学生的发散思维，不禁锢学生的思维的思想。88.89%的教师对学生在课堂上出现问题时能够正确地处理。66.63%的教师要求学生点名发言；22.22%的教师对学生有什么就说什么，也就是集体回答，这样不利于学生对知识的掌握。特别是一些成绩中等或中下的同学一节课上完以后，可能就没有什么思考的余地，不利于分层次教学。对学生回答问题中出现的“不是最好答案”教师做得很好，全部教师都尊重学生，保护学生的学习积极性。在对教学内容的处理上体现了以学生为中心的理念，91.62%的教师以教好学生为目的，只有8.33%的教师严格按教材进行讲述。授课方式中以教师讲和学生练习的结合为主，以展示思维过程为主，这样也体现了学生通过模仿教师所讲例题的情况。课堂练习要求学生独立完成的占21.34%，合作讨论完成的占71.43%，学生根据自身实际选择性做的只占7.14%，这种情况说明分层次要求学生课堂作业还做得很不够。

3. 在课后练习的处理上对学生的要求：所有教师都对学生进行了分层次布置作业，对知识的复习巩固做得很好，占了90%，但对学习数学应用生活做得很不好，只占10%的教师要求把所学知识应用到生活实际中去。

二、关于数学课堂中学生学习行为的调查问卷分析

（一）调查对象

我校2006级9个班学生，分别从32个班中教学效果好的（每次月考在年级前十名）抽了三个班的学生；中间的（每次月考在年级中间十名）抽了三个班学生；后面的（每次月考在年级后十名）抽了三个班的学生进行调查。

（二）调查方法

问卷式调查。

（三）调查结果

本次调查报告共发放调查问卷465份，回收问卷465份，回收率100%（部分回答问题有两个答案）。

表2　数学课堂中学生学习行为调查统计表

题号	选项	人数	总人数	百分比
1	A	202	465	43.44%
	B	223	465	47.96%
	C	35	465	7.53%
	D	5	465	1.08%
2	A	88	475	18.53%
	B	318	475	66.95%
	C	27	475	5.68%
	D	42	475	8.84%

续表

题号	选项	人数	总人数	百分比
3	A	20	473	4.23%
	B	350	473	74.00%
	C	16	473	3.38%
	D	87	473	18.39%
4	A	87	475	18.32%
	B	323	475	68.00%
	C	19	475	4.00%
	D	46	475	9.68%
5	A	89	461	19.31%
	B	167	461	36.23%
	C	185	461	40.13%
	D	20	461	4.34%
6	A	36	470	7.66%
	B	375	470	79.79%
	C	45	470	9.57%
	D	14	470	2.98%
7	A	3	453	0.66%
	B	54	453	11.92%
	C	245	453	54.08%
	D	151	453	33.33%
8	A	126	462	27.27%
	B	263	462	56.93%
	C	42	462	9.09%
	D	31	462	6.71%
9	A	13	493	2.64%
	B	80	493	16.23%
	C	140	493	28.40%
	D	164	493	33.27%
	E	96	493	19.47%
10	A	93	469	19.83%
	B	52	469	11.09%
	C	83	469	17.70%
	D	241	469	51.39%

续表

题号	选项	人数	总人数	百分比
11	A	83	467	17.77%
	B	186	467	39.83%
	C	165	467	35.33%
	D	33	467	7.07%
12	A	14	466	3.00%
	B	245	466	52.58%
	C	181	466	38.84%
	D	26	466	5.58%
13	A	74	506	14.62%
	B	119	506	23.52%
	C	282	506	55.73%
	D	31	506	6.13%
14	A	9	458	1.97%
	B	123	458	26.86%
	C	258	458	56.33%
	D	68	458	14.85%

（四）调查分析

1. 课前学生预习情况：没有预习的占55.49%，对通过上网或其他资料查阅更是少之又少，只占1.08%，说明学生查阅知识的能力太差了；教师对上课前的准备工作做得很好，说明学生上课前预习做得还很不够。在上课准备上做得很好，有3/4的学生做了很好的准备。但学生自己动手能力太差，根据自己对教材的理解自制学具的只占8.84%，说明学生主动学习，特别是动手实践做得不够好。

2. 上课情况：学生自觉学习做得很好，只有3.38%的同学开始上课时精力不集中。在学习过程中，严格按教师方法的同学占18.32%，有68%的同学有选择地掌握教师所讲的去掌握，但创新的很少，只有4%的同学自己想办法去完成。绝大多数的学生学得太死，不符合创新的意识是我们教学的一种败笔。学生学习知识的过程中，学生想以教师讲为主的占19.31%，以问题出现解决问题为主的占了76.46%，可以看出学生还是带着问题来学习的目的是非常明确的，有利于学习的成绩的提高。但可以看出，想自己看书来获取知识的占很少的一部分，只占4.34%，这样对学生自学能力的培养存在问题。上课时举手发言的同学很少，只占7.66%，80%的同学都是由教师点名才发言，说明课堂不活跃，也说明学生不愿意发表自己的不同意见，有问题也是藏在心里，从不发言的同学占了12%可以看到这一点。在有不同意见的时候，87%的同学能认真倾听别人的意见，但只有1/3的同学能够发表自己的意见，说明还有2/3的同学在上课的过程中无话可说，只是一个听众，没有把自己当成课堂的主人、学习的主人，认为课堂是教师的而不是自己的，自己只是一个旁观者，不是一个参与者，这样应该变被动学习为主动学习。学生的作业情况方面，有36.3%的同学认为很多，只有6.71%的同学认为作业很有趣、贴近生活，这说明作业太多，而且太数学化，脱离学生的生活实际。由此可知，学生要求在作业布置上还要做到少，而且要有趣、贴近学生的生活实际，让他们愿意学，自觉地学习，真正成为学习数学的主人。对待学习上的困难自己想办法解决的同学只占1/3，有近2/3的同学是请教教师或同学，独立解决的能力有待于进一步引导、培养。对一道数学题的答案问题可以看出学生在学习过程中的自信心还是有的，对可能存在的其他答案或解题方法都愿意去想一想。有1/3多的同学注重解题的方法和解题的思路，2/3的同学只注重答案本身，这样解题的目的不明确。解题的目的就是掌握解题的方法，教师在这方面应注重一题多练和多题一练的训练，加强对已学过知识的联系。对数学学习的认识还有23.52%的同学认为是为了考试，这样对学生的学习兴趣的培养、学习动力的长久性培养都存在一个问题，只有6.13%的同学认为学习数学改变了自己对世界的看法。对自己的数学成绩很满意的同学只占不到2%，对自己成绩担忧的占了56.33%，说明教学还存在问题。

三、问题分析

综合两个调查情况可以看出，在课前预习方面：教师要求学习预习占90%，而学生预习的只占44%，说明还没有养成课前预习的习惯。特别是要求学生通过上网或其他途径查阅相关资料，教师要求学生只占10%，而学生做了的只占1%。这可能存在两种情况，一是没有电脑；二是没有时间，我们觉得最主要的是没有这个意识。拥有计算机硬件已经不是一个根本性的问题，关键是教师的观念滞后、信息技术素养欠缺，从而难以对学生运用信息技术手段从事学习数学知识进行有效指导。

在课堂中，在开始上课时，学生注意力集中程度做得很好，但教师用问题吸引学生的只占11.4%，学生认为应该自己就把注意力转向教师占80%。教学方式上按教师规定内容方法参与教学活动的占全部，没有学生活动的充分时间和空间。在学生方面，按教师所说的去做的占86%，说明数学的学习方式还是以教师讲授为主，没有让学生通过自己的活动与实践去获取知识，得到发展。在数学教学活动中，学生没有处于积极主动的状态，这样的教育教学很难使学生达到真正的理解，更难以培养学生的独立性与创造性意识。学生没有举手发言的习惯，有80%的学生上课不举手而由教师点名才发言，有2/3的教师也是要求学生不举手由教师点名发言，还有12%的同学没有发言，说明这些学生有一定的顾虑。这就要求我们的课堂尽可能给学生创设一个宽松的环境，才能让学生尽情地表达自己的意见和见解，这也说明课堂气氛不活跃。对在课堂上合作学习做得很好，多数同学都能积极参与合作学习，这也跟教师对学生的要求是一样的，当学生在课堂上回答问题不够准确时，教师的态度是尊重和欣赏。占80%学生学习过程中养成了有问题进行同学之间、师生之间的合作探讨，从而掌握数学知识。

四、有关问题及策略

1. 在课堂教学中，教师的授课方式是以教师为中心，只注重了学生对数学知识的掌握，而且作业量相对较大，这样没有考虑到超负荷的训练可能会给学生的数学学习经历留下太多的阴影。对于课堂学习中的课堂作业，有36%的同学认为作业太多太累，这说明健康与有活力的数学学习活动、独立思考与合作交流的学习方式、自信以及相互尊重的学习氛围非常有利于学生非智力因素的发展，也有利于健康人格的形成。调查中，能够用心倾听并发表自己意见的，只占1/3，这就要求教师应当为学生创设一个宽松的数学学习环境，使他们能够在其中积极自主地、充满自信地学习数学、平等地交流各自的数学理解，并通过相互合作去解决所面临的问题。对课后学生的要求，教师只重视知识上的复习，不重视知识与自己实际的联系。只有10%的教师要求学生将所学知识应用于自己的生活实际。学生方面觉得数学课的学习也仅仅是为了获取知识，为了考试，只有6.13%的同学认为数学使我改变了对世界的看法。事实上，数学发展到今天，与社会的关联越来越紧密，应用性越来越强，教师应该让学生知道数学的应用价值，让学生树立应用数学的意识，形成解决日常生活中的数学问题的能力，并通过这一应用过程学会用数学的眼光去看社会，形成正确的数学态度。

2. 学生在对数学成绩方面很不乐观，对自己成绩满意的同学只占28%，对数学担忧的占56%，这说明学生对成绩，也就是对考试的态度值得我们反思。对自己成绩很满意的同学只占2%，就是说成绩非常优秀的同学对自己的考试成绩都不是很满意，对考试成绩差的同学更不用说了，说明学生害怕考试，对考试过后有一种恐惧感，也说明我们的考试过频、过难、分量过重。考试不是以学生掌握知识的多少为目标，而是以把学生考倒为目的，形成考试试题中强调知识点的大集中，人为编造的试题而且没有任何实际意义的题大量存在。也说明教师和家长对学生的要求太高，学生感到不能轻易达到教师和家长的要求，这样无形中加重了学生的心理负担，觉得考得不好，就会用大量的时间去做大量的习题，去死记公式、定理，导致学生觉得学习数学难、枯燥，形成学生对自己的数学成绩不满意，很担忧。教师在教学中都是以考试去衡量自己教学的成功与否，教师也是以考试成绩去衡量学生的学习成绩。而考试中人为设置的障碍太多，用一个学生的话来说，“教师上课时就是把一个问题讲明白、讲清楚，让所有学生都能听得懂、做得对作业；考试就是把一个问题弄复杂，让我们做错”。这样人为加重学生的学习负担，也会加重学生的精神负担。在每次考试之前，就是对学生针对这一部分内容进行强化训练，每天都做大量的试题，学生成了做题的机器、解题的工具，学生哪有什么兴趣可言，除极少数成绩特别优秀的学生有成功感以外，绝大多数学生都是一个字“怕”。频繁的考试和高强度的试题训练，造就了更多学生都是失败者，这样导致学生数学学习自信心的失落，形成了考试是筛子，成为判断学生是优秀还是差生的唯一工具。

建议在以后的考试中思考性、开放性的问题要进一步增加，联系学生实际的问题要进一步加强，让学生觉得数学就在身边；单纯强调技巧、需要繁杂运算的和反复计算的应该减少，让学生从题海中解放出来，把数学学习认为是一种乐趣、一种享受。

附录二　“数学课堂中教师教学行为”调查问卷

“数学课堂中教师教学行为”调查问卷①

老师们，为了总结我们在数学课堂中的良好教学习行为惯，了解影响我们数学课堂教学行为的因素，以利于提高我们的数学课堂教学效益，便于课题研究，敬请如实填写下表。谢谢!

1. 上课前预习,你对学生的要求是（　　）

A．要求看教材（含练习）　B．随意浏览

C．不要求预习　　　　　　D．通过上网或其他途径，查阅了相关知识

2. 上课开始时，要求学生注意力转向老师，您是（　　）

A．用教师的口吻进行命令　　B．以劝告的口吻

C．随学生　　　　　　　　　D．用问题去吸引

3. 数学课堂中，对学生的课堂活动要求是（　　）

A．按老师的规定内容、方法去活动

B．按老师规定内容、方法有选择去活动

C．不按老师的内容、方法自己随意去活动

D．没有学生活动的充分时间和空间

---

① 本“调查问卷”由原重庆市巴川中学校王道勇、李良国老师设计。

4. 课堂上，学生出现不正常的偶发事件，你是（　　）

A．停下课来及时处理　　B．暗示制止后，留在课后处理

C．交班主任老师处理　　D．由当事学生自己处理

5. 当学生出现思想或学习上的问题时，你对当事学生采取（　　）

A．批评警告　　B．有条件的许诺

C．提要求　　D．朋友式的引导和帮助

6. 对学生在课堂上发言在形式上的要求是（　　）

A．举手，老师同意后发言　　B．由老师点名发言

C．随时有什么就说什么　　D．无要求

7. 当学生提出的问题不够准确，或者学生回答你的提问而不够准确时，你的态度是（　　）

A．立即否定　　B．不置可否

C．觉得学生理解得还可以　　D．仍作出肯定的评价

8. 课堂上，对学生所发表的不同意见（不是最好的同学），您表现出的态度是（　　）

A．批评　　B．漠然并表现出不满

C．尊重　　D．欣赏

9.对教学内容的处理是（　　）

A．严格按教材讲述　　B．根据学生情况，做适当的增删

C．按知识体系讲授　　D．以问题串的形式层层递进

10. 课堂中时，您的常用授课方式是（　　）

A．以讲知识和解题为主　　B．老师讲和学生练习有机结合

C．以学生练习为主　　　　　D．以暴露师生的思维过程为主

11. 课堂内练习的要求是（　　）

A．独立思考，独立完成　　　B．合作讨论完成

C．学生根据其自身实际，选择性做　D．独立操作，师生共同评价

12. 对学生的书面作业要求是（　　）

A．必须全部独立完成　　　　B．分层要求

C．不一定做，只要会讲就行　D．做后应归纳总结

13. 课后对学生的要求是（　　）

A．复习巩固所有知识点

B．复习巩固重点、难点、考点

C．总结归纳在知识、方法、能力上的得失

D．应用于自己的生活实际

14. 您常用的课堂教学行为还有________________________________

15. 您认为会影响您的课堂教学行为的因素依次为________________

____

____

附录三 “数学课堂中学生学习行为”调查问卷

“数学课堂中学生学习行为”调查问卷①

同学们，为了了解您们的数学课堂学习行为习惯和哪些因素影响您的数学课堂学习行为，以便于教师的教学和同学们的学习，请如实填写下表。谢谢合作！

1. 上课前的预习情况（　　）

A．基本已预习　　B．从不预习

C．不必预习　　D．通过上网或其他资料查阅了相关知识

2. 课前学具准备情况（　　）

A．准备不全　　B．根据老师要求已准备

C．不准备　　D．根据自己对教材的理解自制了学具

3. 上课开始后，注意力转向老师，你是（　　）

A．因为老师的要求　　B．因为自己认为应该

C．觉得没有必要　　D．被问题所吸引

4. 对老师在课堂上所教给的数学方法，你是（　　）

A．严格按老师所讲的方法去套用

① 本“调查问卷”由原重庆市巴川中学校王道勇、雷龙翔老师设计。

B．对老师所讲的方法有选择的去掌握

C．不按老师所讲的方法，自己想办法完成

D．还找到了多种解法

5. 上课时，你认为应该（　　）

A．以老师讲解知识和解题为主

B．以老师提出问题，学生解决问题为主

C．以老师提出一个接一个的问题，以师生协作解决问题为主

D．自己看书学习

6. 你在课堂上发言是（　　）

A．经常举手发言　　B．不举手，由老师点名发言

C．不发言，听他人的　D．无话可说

7. 课堂中，对同一个问题，他人有不同的观点，你是（　　）

A 从没有这种情况发生　B．不管，只管做自己的

C．用心倾听　　D．用心倾听并发表自己的意见

8. 对现在数学课中的作业量，你认为（　　）

A．很多，做得很苦、很累，但这是这是我们应该也是必须的

B．作业设置合理，做得轻松

C．很多，觉得没必要做这么多

D．很有趣，因为它贴近自己的生活

9. 你在数学学习上出现了困难，你采取的解决方式是（　　）

A．不管　　B．分析原因,向老师请教解决的方法

C．与同学讨论解决　D．与老师同学协作都有

E．自己想办法解决

10. 对教材，你认为（　　）

A．严格地去读和记

B．觉得没有必要去读、记

C．有选择地去学自己喜欢的内容

D．联系生活实际来理解和掌握

11. 遇到数学难题时，你是（　　）

A．问同学或老师，请他们讲

B．自己去钻研，做不起再请教老师

C．由几个同学讨论来解决，不得已再请教老师

D．不管

12. 一道数学题的答案，你认为（　　）

A．只有一个标准答案，其他的都不正确

B．根据自己的理解，可能存在其他情况（包括解法）

C．是什么答案无所谓，关键是解这道题的方法和思想

D．只要得到一个答案就行，其他无所谓

13. 数学课老师的教学，你认为（　　）

A．使我长了知识

B．对“迎考”很有好处

C．获取了发现、分析和解决问题的能力

D．使我改变了对世界的看法

14. 你对你的数学成绩（　　）

A．很满意

B．比较满意

C．担忧

D．分数的高低无所谓，在知识和能力上有所收获就算成功

15. 您常有的数学课堂学习行为习惯还有________________________

____

16.您认为会影响您的数学课堂学习行为的因素依次为____________

____

附录四　初中数学后进生成因初探——初中学生数学学习行为调查报告[①]

我们在从事初中数学教育教学活动中，遇到远远大于3%的后进生，而且这些后进生平时所表现出的聪明才智让我们认为他们绝不应该沦为后进生。转化后进生已成为现代教育的焦点。

优生为什么“优”？后进生为什么“差”？从学习的行为习惯——学习过程的各个环节看，优生是否处处都优，后进生是否处处都“差”？差异程度又如何？带着这些问题，笔者对两个初二班级的优生、后进生进行了问卷式调查。其中，把经常获90分以上（含90）（注：总分100分）者定为优生，共63人；经常获60分以下者定为后进生，共18人。

① 本文在中国教育学会全国数学教研第九届年会中获一等奖，并刊载于《全国初中数学教育第九届年会论文集》。

一、学习态度

表1 优生与后进生“学习态度”调查统计表

项目	自信心			学习目标			数学作息		
内 容	自信能学好数学	无绝对把握能学好	自已不具备数学细胞	有目标，努力达到	有目标，经常半途而废	学多少算多少	按计划作息	偶尔按计划作息	随心所欲地作息
优生比率（%）	98.44	1.56	0	77.78	22.22	0	44.44	55.56	0
后进生比率（%）	0	100	0	44.44	55.56	0	0	55.56	44.44

项目	用具准备			课前预习			遇到难题时，最多采用的办法			课堂问题处理办法		
内 容	准备齐全	上课才慌忙准备	不要求就不准备	基本按要求	偶尔预习	从未预习	独立思考或查阅资料或与教师探讨	思考后问同学	不管或抄袭	经常遇到问题并处理	很少有问题并等待处理	无问题
优生比率（%）	73.02	26.98	0	44.44	55.56	0	44.44	55.56	0	73.02	26.98	0
后进生比率（%）	72.22	27.78	0	11.11	88.89	0	0	77.78	22.22	33.33	66.67	0

从上表可以看出，后进生的数学信心是造成其在数学学习上被动甚至后进的根本症结，这从根本上冻结了他们在数学学习上的计划性、主动性和积极性。同时，也心酸地看到，后进生们怀揣一颗冰冷的“数学心”，虽几乎一步一跌，但仍在顽强地抗争着。因此，来自师生的嘲笑、讽刺、

歧视（哪怕是轻微的或是变相的）都对他们是极不公正的，甚至是“雪上加霜”。教师的主动接近、鼓动、搀扶才是后进生们所殷切期盼的。教师的工作也应是去帮助他们制定切实可行的近期目标，帮助他们努力实现而肯定、而鼓励。这一方面早已被“罗森塔尔效应”所证实。

二、课堂行为习惯

表2 优生与后进生“课堂行为习惯”调查统计表

项目	最喜欢的课堂形式			课堂回答问题				听讲持续能力			
内容	教师一讲到底	主教练结合	教师指导下自学	积极思考，争取回答	积极思考，听回答	有时思考，听回答	很少思考，很少回答	约45分钟	约30分钟	约20分钟	20分钟以下
优生比率(%)	0	98.44	1.56	39.68	55.56	4.76	0	55.56	44.44	0	0
后进生比率(%)	22.22	77.28	0	0	0	77.78	22.22	11.11	55.56	33.33	0

项目	课堂接受能力				课堂笔记			课堂练习		
内容	听懂全部	听懂2/3	听懂1/2	听懂1/3	简明扼要记要点	详细记下（含课后）	无笔记习惯（或能力）	脱书练习	边看书（问）练习	完不成练习
优生比率(%)	50.79	46.65	1.56	0	66.67	33.33	0	100	0	0
后进生比率(%)	0	55.56	33.33	11.11	11.11	88.89	0	22.22	77.78	33.33

纵观课堂环节，后进生在听懂讲授、听课持续时间份额和对课堂形式上存在的差距并不大，问题出在自信心不足而不善动手动脑（据口头调查，他们最喜欢模仿例题做作业，并声称自己没有逻辑思维，因此出现了部分后进生在最后一项中填上多种情形）上。平心而论，后进生也想专心听讲而取得优异成绩。然而，他们缺乏良好的行为——积极思考并主动回答问题。就由懒动懒说发展到不动、不说，再到分心开“小差”，甚至过失性违犯课堂纪律，从而失去了获取知识、培养思维能力的良机。因此，他们需要教师的信任、经常性鼓动及指点（不少后进生呼吁教师多抽问于他们）和灵活多变的教学方式。

三、作业习惯和课后复习

表3　优生与后进生“作业习惯和课后复习”调查统计表

项目	作业态度			作业准确率				作业纠正		
内容	先复习笔记，再作业	教师讲完，立即作业	应付了事（含不规范）	全部正确	大部分正确	一半正确	少部分正确	全部矫正并小结	部分独立纠正	抄他人的
优生比率（%）	28.57	71.43	0	11.11	87.31	1.58	0	77.78	22.22	0
后进生比率（%）	0	55.56	44.44	0	11.11	44.44	44.44	11.11	66.67	22.22

续表

项目	作业时间安排			课后自觉复习			期末（中）自觉复习			
内容	基本按计划	偶尔按计划	无计划	对照笔记熟记要点	有时复习	很少复习	三遍	二遍	一遍	0遍
优生比率（%）	88.89	11.11	0	61.90	33.34	4.76	11.11	77.78	11.11	0
后进生比率（%）	22.22	55.56	22.22	11.11	77.78	11.41	0	33.33	66.67	0

人非圣贤，能在作业中不出差错者毕竟是凤毛麟角。尽管课堂作业在深、难度方面确实不大，并且教师授课时是做过某种程度的暗示的，但后进生们除了在课堂上丢掉了发展思维、培养能力的时机外，又在作业这一巩固、消化和提高阶段重蹈覆辙，更有超过20%的同学采用了“掩耳盗铃”之下下策——抄袭他人的作业，岂不又一次让“成功”的机会付诸东流。从这一方面讲，教师在减负提质的同时，还须有计划地安排、组织学生的作业时间。

我们看到，后进生在自尊心的驱使下，同时又在不科学的学习方法作用下，平时在慌忙中做作业，在考试前挤出时间力争“上游”。从此意义上讲，他们是有人格的、有血性的，也是非常艰辛的和了不起的。

四、“转化”后的后进生前后的比较

根据美国心理学家、行为主义创始人汉森的理论，对同一班级四名数学“特差生”——初中入学数学成绩20分及20分以下者进行了分阶段分层次逐步落实上述“行为习惯”，结果全部先后进入期末（中）90分及以上的优生行列，更有甚者成为数学的尖子生（仅在数学方面）。并将“转化”前后上述表格对比，结果全从劣次行为转化到优秀行为。同时，因故其中3名学生又猛然还原到原来的成绩，跟踪调查显示：与三人第一次表格如出一辙。

五、几点说明

首先，本次数据取自两个平行班级，对于初中不同年级的结果，笔者仅根据十余年的初中数学教育教学经验而得。其次，实验人数及方法因受条件限制未加以扩大，其“通性意义”（本文企图说明的）也为笔者在不同学校初中数学教育教学中的感受。最后，本实验主要根据汉森行为理论、休金娜认识兴趣论、列昂捷夫活动论和马洛斯需要层次论，并参考了《初中生学习指导》。

参考文献

[1] 钟启泉,崔允漷,张华.基础教育课程改革纲要（试行）解读[M].上海:华东师范大学出版社,2001.

[2] 中华人民共和国教育部.全日制义务教育数学课程标准[M].北京:北京师范大学出版社,2001.

[3] 彭钢,张晓东.课程观念的更新[M].北京:首都师范大学出版社,2001.

[4] 沃斯,德莱顿.学习的革命[M].顾瑞荣,陈标,许静,译.上海:上海三联书店,1998.

[5] 学习策略课题组.学习的策略[M].北京:红旗出版社,1999.

[6] 何克杭.建构主义:革新传统教学的理论基础[J].教育结构与技术.1996(3).

[7] 王坦.论合作学习的基本理念[J].教育研究.2002.

[8] 钟启泉,崔允,张华.为了中华民族的复兴，为了每位学生的发展[M].上海:华东师范大学出版社,2001.

[9] 钟启泉.社会建构主义：在讨论与合作中学习[J].上海教育,2001.

[10] 龚春燕.创新学习方式的革命[M].北京:科学技术文献出版社,2002.

[11] 关鸿羽.教育就是培养良好的习惯[M].北京:新世界出版社,2003.

[12] 王道勇.初中数学“后进生”成因初探:初中学生数学学习行为调查报告[J].中小学数学（初中教师版）（学术增刊），1998.

[13] 中华人民共和国教育部. 全日制义务教育数学课程标准[M].北京:北京师范大学出版社，2011.

[14] 中华人民共和国教育部. 义务教育数学课程标准[M].北京:北京师范大学出版社，2022.